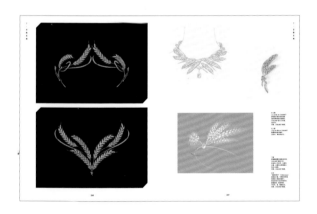

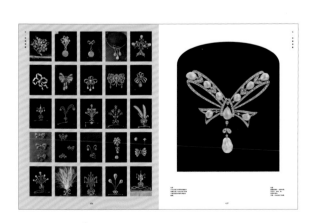

CHAUMET, 传世风华

《CHAUMET，传世风华》是一场深入CHAUMET世家核心精髓的璀璨旅程，娓娓诉说了这家创建于1780年的巴黎高级珠宝商的辉煌历史和不为人知的秘辛往事。

全书以塑就CHAUMET世家独特个性的十二个关键元素为主线，以数字"12"致敬CHAUMET世家位于芳登广场12号的历史名址。逐一剖析具有代表意义的重要主题，引领读者徜徉于字里行间，收获出人意表的惊喜。从巴黎底蕴到国际化客群，细数传统工艺、技术创新、灵动趣味、对色彩和大自然的热爱及历史渊源，图文并茂的翔实内容令读者沉浸于CHAUMET世家的世界，将CHAUMET世家的万千秘密尽诉无遗。本书礼赞CHAUMET世家曾为历朝历代的皇后、皇帝和印度邦主王公，以及演员、舞者、音乐家和文学巨匠而打造的别具匠心的惊世之作，同时走进CHAUMET世家的核心所在——芳登广场12号的幕后空间。其内部的各个沙龙是自成一格的建筑瑰宝，亦是古今作品交融荟萃的创意中心；颇具传奇色彩的CHAUMET工坊则是良工巧匠的舞台，他们在此虔诚守护着历史悠久的手工艺传统。

本书立足于珠宝专家嘉柏丽尔·德·蒙莫兰（Gabrielle de Montmorin）对CHAUMET档案的详实研究，是一本关于世界顶级珠宝世家的权威著作。近450幅精美插图内容丰富，包括来自私人收藏的许多罕见作品和来自CHAUMET档案的臻美宝石，同时涵盖原始设计手绘稿、老照片等等。对于珠宝和奢侈品爱好者以及渴望了解CHAUMET世家历史及其秘闻轶事的人士而言，本书是不容错过的精品佳作。

Thames &Hudson

ISBN 978-0-500-02665-6

CHAUMET,
传世风华

CHAUMET,
传世风华

嘉柏丽尔·德·蒙莫兰
（Gabrielle de Montmorin）

目 录

引 言

1780年，马利-艾虔·尼铎（Marie-Étienne Nitot）在法国巴黎创立了珠宝商行，后来冠以CHAUMET之名，由此开启他当初未曾预料的辉煌历程。CHAUMET世家于1812年在巴黎芳登广场开业，成为卓越法国珠宝的象征。法国皇帝拿破仑之妻子约瑟芬皇后授予CHAUMET世家"皇后御用珠宝商"的尊贵荣衔。CHAUMET世家旋即以轻盈灵动的作品享誉欧洲，麦穗冠冕便是当时的典范之作。时至今日，麦穗仍然是CHAUMET世家钟爱的图案。约瑟芬皇后以出众的时尚造型和渊博的植物学知识著称，是CHAUMET世家的灵感缪斯。一如约瑟芬皇后，如今的传奇CHAUMET世家亦流露出万千风情与意韵。我们可以用十二个词句来描述CHAUMET世家的多重个性，与位于芳登广场12号的历史名址巧妙呼应。CHAUMET是巴黎风情的缩影，拥有这座"光之城"的优雅内蕴，但同时对世界各地的多元文化保持开放态度。数代珠宝大师薪火传承，开拓大胆前卫的创意精神，彰显兼包并蓄的理念。1780年以来，CHAUMET已历经十三任工坊总监。有赖他们的非凡才识，冠冕成为代表权力与爱情的标志性象征，为今天的女王、公主、商界女性精英及社交媒体影响者的穿戴增光添彩。自法国皇帝拿破仑为挚爱定制珠宝以来，CHAUMET世家便成为浓情爱意的象征，以私密动人的作品享负盛誉，与世界各地的顾客结下深厚渊源。CHAUMET世家作品，无论私人穿搭或正式场合佩戴皆合宜得体，增添灵动俏皮的气息，同时遵循CHAUMET世家作品别具特色的精妙色彩美学。除了不同寻常的宝石，CHAUMET世家亦以精致究究的搭配和惊艳卓绝的对比设计闻名遐迩。CHAUMET世家创始人自诩为一名"自然主义珠宝匠"，CHAUMET世家秉承其理念，直接从普遍存在的自然奇观——海洋、天空、植物与动物中撷取灵感。CHAUMET世家对万事万物怀有好奇之心，在各个时期紧随音乐、文学和建筑领域的艺术风潮。CHAUMET世家亦秉持前瞻精神，于19世纪末设立摄影实验室，为CHAUMET世家收录丰富详实的影像资料档案，由此构建世界上规模最大的传世珠宝典藏之一。CHAUMET以历史的守护者自居，致力与普罗大众分享其悠久传承。正如马利-艾虔·尼铎于1793年在法国大革命期间积极行动以拯救法国王冠珠宝，如今，CHAUMET世家继续与广大社会密切互动，在其历史名址芳登广场12号及北京、利雅得、东京、摩纳哥等世界各大城市举办展览和组织别开生面的教育项目。这些计划展现CHAUMET世家的精湛工艺和令人惊叹的魅力，亦旨在鼓励行业新秀。两个多世纪以来，CHAUMET不断创新演绎"风雅于型，自在于心"的珠宝作品，在勇于拓新的同时，赓续历史脉络。

世 家 融 蕴 ……

"约瑟芬皇后与拿破仑大帝，一段非凡的史诗传奇"展览 – 44

巴 黎 风 情

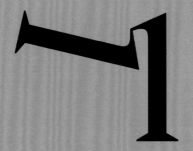

“给巴黎（PARIS）一词
再添三个字母，它便化身为
天堂（PARADISE）。”
——于勒·列那尔（JULES RENARD）

第8页
巴洛克珍珠冠冕，尚美时期，
1963年，银，黄金，
珍珠和钻石。
巴黎，CHAUMET典藏。

一切始于18世纪的巴黎，马利-艾虔·尼铎在此开启珠宝匠的职业生涯。他在西岱岛（Île de la Cité）创设商行，后来冠以CHAUMET之名，并率先入驻芳登广场，其他珠宝商紧随其后。1812年，他在芳登广场15号开设首家高级精品店，随后于1907年迁至12号，并在此屹立至今。

芳 登 广 场 ：
建 筑 瑰 宝

法国国王路易十四的首席建筑师于勒·阿尔杜安·芒萨尔（Jules Hardouin-Mansart）准备开工营造凡尔赛宫的镜厅时，受国王之命在巴黎市中心设计一座广场。建造工程始于1677年，延续数十年之久。竣工后的新空间，包含27座私人宅邸，构成和谐的八边形。整齐划一的石材立面背后的地块完全空置，宛如舞台布景。所有者可按照自己的形制喜好建造宅邸，意味着每座建筑均与众不同。

这座广场见证了法国历史上的许多重大事件，其得名自亨利四世和情妇加布丽埃勒·德斯特雷（Gabrielle d'Estrées）之子芳登公爵（Duke of Vendôme），此前他的府邸就坐落于广场上。

广场中央的立柱建造于1810年，旨在纪念法国皇帝拿破仑的军事胜利。作为约瑟芬皇后和皇室的御用珠宝商，弗朗索瓦-勒尼奥·尼铎（François-Regnault Nitot）与法国皇帝拿破仑关系密切。时至今日，这座纪念碑仍是CHAUMET世家的灵感源泉：*Torsade de CHAUMET*旋舞·芳登高定珠宝套系便是从柱体上的螺纹雕饰汲取灵感（参见第14-15页）。

芳登广场，改编自索尔·斯坦伯格（Saul Steinberg）为《时尚芭莎》杂志（*Harper's Bazaar*）设计的封面插图局部细节，1947年5月。

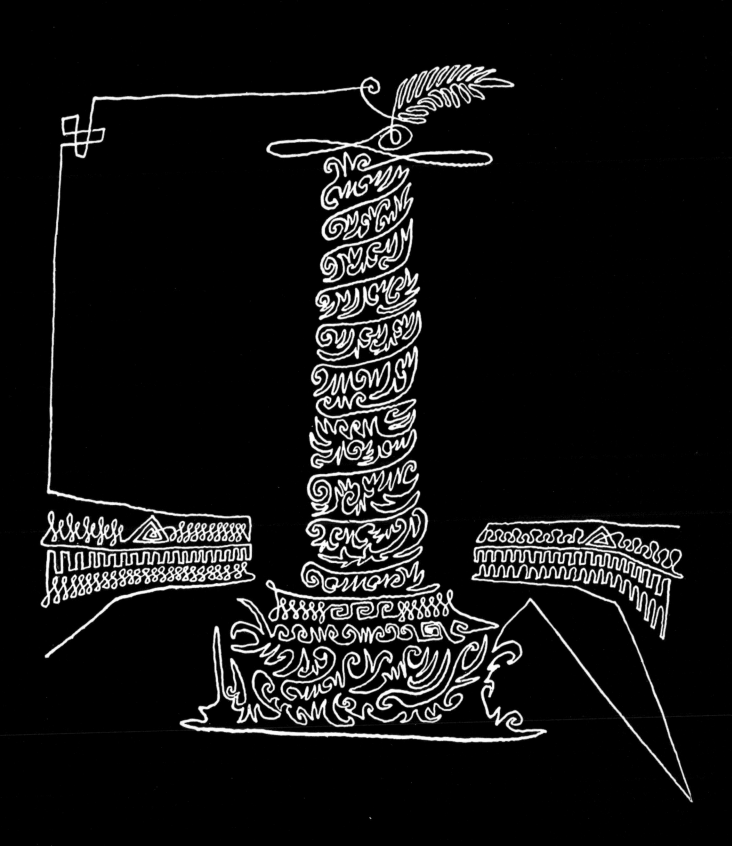

左上图
建造于1810年的芳登广场
立柱上的螺纹雕饰，
启发CHAUMET世家创作了
Torsade de CHAUMET
旋舞·芳登高定珠宝套系。

右上图
Torsade de CHAUMET
旋舞·芳登高定珠宝套系
"négligé"项链、耳环及
戒指，2021年，白金和钻石。

下图
Torsade de CHAUMET
旋舞·芳登高定珠宝套系
冠冕，2021年，白金和钻石。

左页
Torsade de CHAUMET
旋舞·芳登高定珠宝套系
项链和戒指，2021年，
白金和钻石。

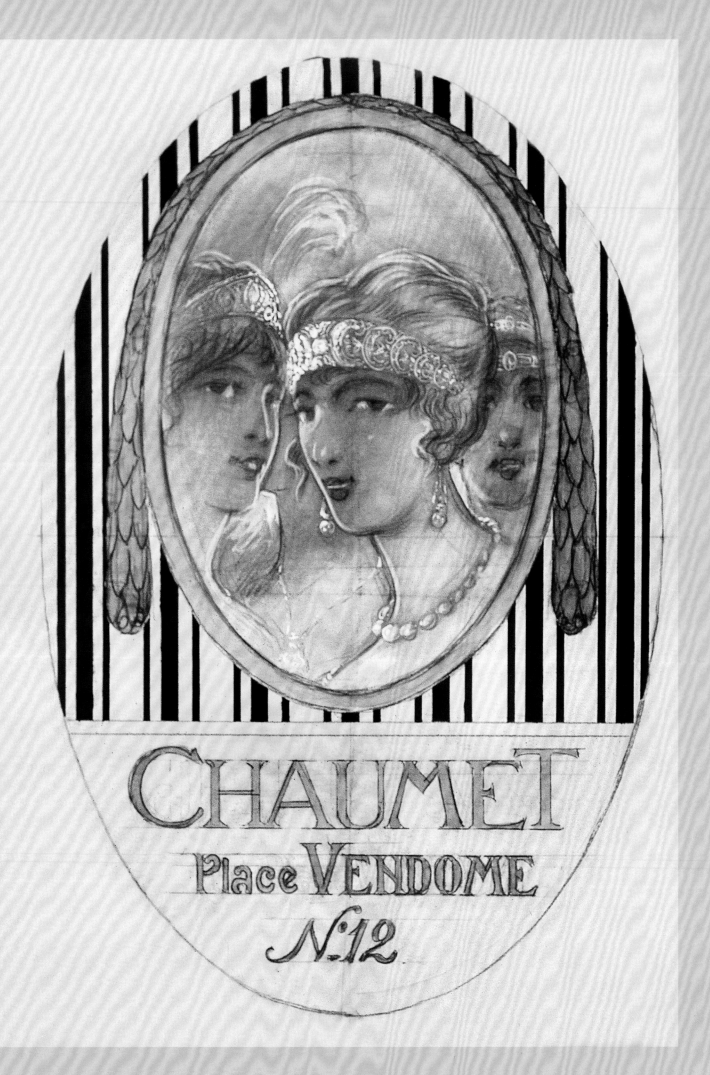

卓 越 象 征

继马利-艾虔·尼铎于1812年在芳登广场开设高级精品店后，其他珠宝商紧随其后入驻广场；芳登广场由此成为国际高级珠宝中心，此地位延续至今。究其原因，主要是因为广场拥有得天独厚的地理位置、时尚氛围及光照条件。

芳登广场位于19世纪的时髦娱乐场所——巴黎歌剧院和杜勒丽公园（Jardin des Tuileries）之间，地理位置优越，而广场的精致环境及其"宏大风格"的优雅布局令其更加引人入胜。

查尔斯·弗雷德里克·沃斯（Charles Frederick Worth）使邻近的和平街成为时尚潮人趋之若鹜的胜地。他专擅制作舞会礼服和宫廷觐见礼裙，他不愿自称为女装裁缝，而是"裙装艺术家"或"造型创作者"。他为上流社会的达官显贵设计服装，其中包括俄罗斯皇室成员，他们亦是CHAUMET的重要主顾。沃斯首开先河，创制了在真人模特身上展示服装的时装秀，并构建了季节性系列的理念。雅克·杜塞（Jacques Doucet）紧随其后，他设计的绣球花图案茶歇裙深受贵族、名伶及中上层阶级实业家青睐。他们皆佩戴CHAUMET创作的装饰艺术风格长项链、冠冕及手镯，这些珠宝作品镶嵌排列成行的狭长方形切割钻石，以迎合全新服饰风尚。声名赫赫的女性设计师让娜·帕奎因（Jeanne Paquin）进一步稳固巴黎作为"时尚之都"的地位。美国和俄罗斯的名媛千金蜂拥前往巴黎，下榻丽兹酒店，以便就近购买帕奎因设计的毛皮滚边时装和奢华的日式和服大衣，而她们的丈夫则去正对面的Charvet和Hammond & Co.定制衬衫。

芳登广场还拥有独特的北向光照。珠宝从业者公认，这是从事珠宝制作和鉴定宝石的理想光照条件，见证者包括目前在芳登广场12号四层的高级珠宝工坊孜孜工作的二十位珠宝师、镶嵌师、抛光师及学徒。

"约瑟芬皇后风格"冠冕和
发饰的广告设计图，约1920年。
巴黎，CHAUMET典藏。

左上图
广告设计图，展示芳登广场
12号大会客厅中一位身穿
"新风貌"风格时装的
巴黎女郎。P.布尔雷
（P. Bourlet），1947年。
巴黎，CHAUMET典藏。

右上图
20世纪60年代的
CHAUMET宣传手册。
巴黎，CHAUMET典藏。

下图
CHAUMET销售目录，1967年。
巴黎，CHAUMET典藏。

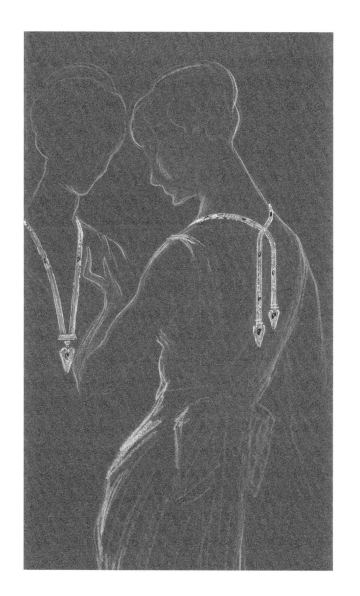 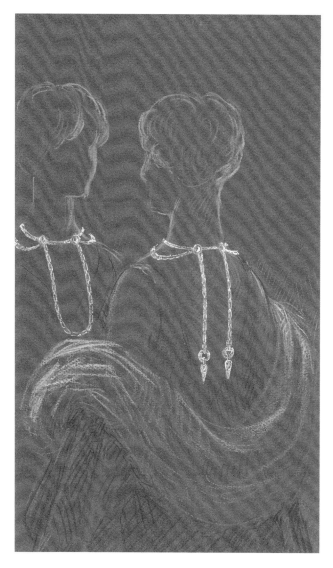

"巴黎的街区或会变迁，巴黎城的面貌或会不同从前，
但世人皆知，在歌剧院和芳登广场之间，
始终可以在珠宝店内寻得珍贵珠宝，
在帕奎因时装屋觅得华美衣裙。"
——《MARIE CLAIRE》杂志，1937年9月10日

上图
一套钻石和祖母绿晚装
珠宝的两份设计图稿，
CHAUMET绘画工坊，
约1920年，以粉彩在
色纸上绘制。
巴黎，CHAUMET典藏。

欢 庆 气 息

1739年8月29日和30日，巴黎举城欢庆玛丽·露易丝·伊丽莎白（Louise Élisabeth），别称伊丽莎白夫人（Madame Élisabeth）大婚。法国国王路易十五和玛丽·莱什琴斯卡（Marie Leszczynska）王后共育有十个子女，她便是其中长女。年仅十二岁的"Babette"（父亲对她的昵称）在与西班牙菲利普王子（Infante Philip of Spain）成婚后，成为"王妃殿下"（Madame the Infanta）。庆典活动包括缤纷绚烂的烟花表演和为新婚伉俪举办的盛大舞会，花彩缤纷，令人难忘，甚至可与太阳王路易十四举办的盛会相媲美。芳登广场经久长存这一欢庆氛围。

芳登广场是世界上首座安装煤气照明灯的广场，这些街灯于1829年首次亮起，流光璀璨，为巴黎赢得"光之城"（City of Light）的美誉。巴黎是坠入爱河的鸳侣向往流连的胜地，英国女王伊丽莎白二世就是其中之一。1957年，她在登基成为英国女王后第一次对法国进行国事访问，首选之地便是巴黎。与其高祖母维多利亚女王一样，伊丽莎白天性浪漫。13岁时，她对表兄希腊王子菲利普一见钟情，甚至没有征求父亲乔治六世国王的意见即许下白首之约。巴黎以满腔热情欢迎她的首次正式访问。芳登广场的立面装饰玫瑰和康乃馨，在一百支火炬烈焰的照耀下熠熠生辉，伴随着肖邦名曲，盛情迎接从歌剧院出发的皇家仪仗队。

在法兰西第一帝国期间，芳登广场15号的格拉蒙公馆（Hôtel Gramont）曾是CHAUMET最早的高级精品店所在地和CHAUMET世家创始人弗朗索瓦-勒尼奥·尼铎的私宅，后来变身为充满传奇色彩的丽兹酒店。其创始人凯撒·丽兹（César Ritz）在蒙特卡洛大酒店（Grand Hotel in Monte Carlo）和伦敦萨沃耶酒店（Savoy Hotel）开启职业生涯。丽兹酒店树立了现代奢华的标准，为每间房间配备电器、电话和浴室，提供餐饮单点服务，并采用杏黄色的灯罩，为宾客营造温馨怡人的灯光。丽兹酒店吸引了一众名流顾客，包括马塞尔·普鲁斯特（Marcel Proust）、弗朗西斯·斯科特·菲茨杰拉德（F. Scott Fitzgerald）和欧内斯特·海明威（Ernest Hemingway）等作家，安娜·温图尔（Anna Wintour）和凯特·摩丝（Kate Moss）等时尚界人士，查理·卓别林（Charlie Chaplin）和乔治·克鲁尼（George Clooney）等电影明星，以及玛丽亚·卡拉斯（Maria Callas）、麦当娜（Madonna）及戴安娜王妃等其他名人。丽兹酒店的很多住客会光顾CHAUMET，其中包括印多尔大公（Maharaja of Indore）、巴勃罗·毕加索（Pablo Picasso）、尤苏波夫公主（Princess Yusupov）及马塞尔·普鲁斯特的灵感缪斯格雷福尔伯爵夫人（Countess Greffulhe）。

*Joséphine*约瑟芬皇后高级
珠宝系列*Valse Impériale*
圣雅·蹁跹主题冠冕，
2021年，白金和钻石。

左上图
伊丽莎白二世造访巴黎，
首次对法国进行国事访问，
1957年4月。

右上图
CHAUMET广告，1946年。
巴黎，CHAUMET典藏。

左下图
关于 *Le Cirque de Chaumet*
系列的媒体文章，
1992年11月28日。
巴黎，CHAUMET典藏。

右下图
法国作家马塞尔·普鲁斯特，
1900年。

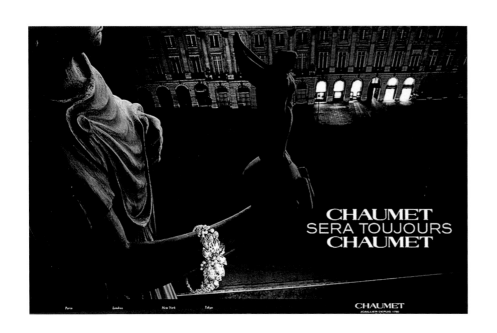

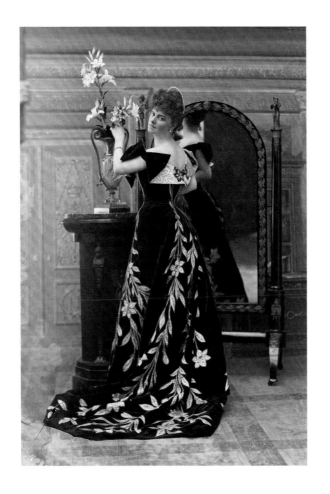

上图
广告海报，
附有"CHAUMET永远是
CHAUMET"的标语，
屹立在巴黎芳登广场纪念柱
顶端的拿破仑雕像手腕上
佩戴着一只CHAUMET手镯，
俯视着下方的CHAUMET
高级精品店，1989年。
巴黎，CHAUMET典藏。

中图
芳登广场12号正面外墙
装饰花环，以庆祝
CHAUMET世家创立
240周年。

下图
格雷福尔伯爵夫人，
马塞尔·普鲁斯特所著
《追忆似水年华》
(À la recherche du temps
perdu) 其中一个人物的
灵感原型。

芳登广场12号

12号公馆以克劳德·博德·德·圣詹姆斯男爵（Claude Baudard de Saint James）的名字命名，他于1777年购入公馆，由此与珠宝世界初建关联。新屋主曾是路易十六时期的海军总财务官。他富可敌国，此前曾向皇家珠宝商Boehmer & Bassenge出借80万里弗尔，供其购买650颗钻石以制作一条项链。这条项链后来声名狼藉，令玛丽·安托瓦内特（Marie Antoinette）王后陷入丑闻，她被诬告秘密购买项链和骗取珠宝商钱财。博德·德·圣詹姆斯是宫廷常客，收藏了当时大量艺术大师的作品。画家小让-雅克·拉格内（Jean-Jacques Lagrenée Le Jeune）在椭圆形画布上描绘出海洋之神尼普顿（Neptune）和大洋河神俄刻阿洛斯（Oceanus）的形象，并嵌入由卢梭兄弟（Rousseau brothers）为这座官邸雕刻的木制雕饰之中。门扉装饰精雕细刻的鎏金船首、桅杆、三叉戟和船锚，以及海豚、贝壳和海蟹，地板饰以中央散射而出的罗盘玫瑰图案（参见第32页），所有元素均呼应男爵与海军的密切渊源。

不知是历史的巧合还是命运的安排，1850年初，芳龄26岁的窈窕佳人，泰巴女伯爵（Countess of Teba）欧仁妮·德·帕拉福斯·波托卡雷罗（Eugenia de Palafox y Portocarrero）在母亲蒙蒂霍女伯爵（Countess of Montijo）的陪同下到访芳登广场12号，彼时她刚刚解除婚约。拿破仑三世对欧仁妮倾慕不已，展开热烈追求，两年后向她求婚，欧仁妮由此成为法国皇后。他们的结婚戒指由于勒·弗森（Jules Fossin）制作，其父让-巴提斯特·弗森（Jean-Baptiste Fossin）先前已接替尼铎执掌商行（参见第176页）。

博德·德·圣詹姆斯男爵的私人公馆，如今的芳登广场12号的外墙。

CHAUMET 世家

1907年，约瑟夫·尚美（Joseph Chaumet）从以举办盛大派对而闻名巴黎的布罗伊亲王（Prince de Broglie）及其妻子玛丽·塞（Marie Say）手中租下芳登广场12号。CHAUMET的所有部门均设于该建筑内。除了金饰、珠宝和设计工作室外，亦设有电镀、机械和珠宝盒工作坊。此外还设有摄影工作室，为CHAUMET的所有珠宝作品摄影留档，出于宝石学科研目的拍摄宝石影像，以及记录被送来鉴定或拆解的个人珠宝。约瑟夫·尚美由此为一个伟大的巴黎现代珠宝世家夯实了本底。自此，CHAUMET便在这座现被称为"芳登广场12号"的私人宅邸内蓬勃发展。

2020年2月，适逢CHAUMET创立240周年华诞之际，历经大规模翻修工程的芳登广场12号盛装启幕，重焕蓬勃生机，成为热忱待客的现代府邸，在恢弘瑰丽的18世纪装饰氛围中与访客亲密互动。为庆祝高级精品店焕新揭幕，建筑外墙呈现CHAUMET标志性的蓝色色调（第23页右图），工坊则以城市建筑为主题创作一系列限量戒指。以打造承载丰厚情感的珠宝传统享负盛名的CHAUMET，制作了一对带有隐形隔层的戒指，精巧重现巴黎大皇宫的屋脊线，另两件作品镶嵌糖包山切割圆凸面形宝石——分别为鹰眼石和绿松石，勾勒出巴黎凯旋门的轮廓。此外，另有两款戒指顶部各镶嵌一颗6.51克拉马达加斯加枕形切割蓝宝石和一颗5.1克拉哥伦比亚枕形切割祖母绿（第29页），戒身嵌饰巴黎屋顶常见的牛眼窗，别有趣致。

修葺工程历时18个月，旨在修复约瑟夫·尚美最初为芳登广场12号规划的三项功能。底层和夹层为顾客接待区。顾客继续上行，可前往传承部门和历史沙龙了解CHAUMET世家的历史和理念、观赏作品，以及参观临展，浏览来自CHAUMET世家档案和CHAUMET历史典藏系列的珍品。最后，CHAUMET世家的能工巧匠在顶层高级珠宝工坊中尽情挥洒精湛技艺。

完全修复历史保护建筑是意义非凡而复杂浩大的工程。在历史古迹建筑师弗朗罗·理查德（Florent Richard）的监督管理下，修复项目面临的艰巨挑战迎刃而解，即在保护建筑传承和原汁原味的历史特征的同时，通过安装安全和舒适必需的供暖和照明系统，使其能够适用于现代功能。修复工程采用了各种各样的卓绝手工艺。首要原则是令CHAUMET之家焕发21世纪的新风貌，同时确保一应改造皆恰到好处。

博德·德·圣詹姆斯男爵
私人公馆的宏伟楼梯，
通向历史沙龙。

上图
Légende de Chaumet
圆形铭牌，2020年，
玫瑰金。

上图
*Trésors d'Ailleurs*琼宇瑰宝
高定戒指系列*Artemisia*戒指，
2020年，玫瑰金，
绿松石和钻石。

中图
*Trésors d'Ailleurs*琼宇瑰宝
高定戒指系列*Isadora*戒指，
2020年，黄金，彩漆，
白色蓝宝石和祖母绿。
私人收藏。

下图
*Trésors d'Ailleurs*琼宇瑰宝
高定戒指系列*Oriane*戒指，
设有隐秘隔间，2020年，
黄金，水晶石，钻石，
祖母绿和缟玛瑙。

私人宅邸

进入门厅，首先映入眼帘的是一尊约瑟芬皇后雕像，原样复制了雕塑家加布里埃-维塔尔·杜布雷（Gabriel-Vital Dubray）创作的雕像，原作现珍藏于凡尔赛宫。自CHAUMET世家创始人马利-艾虔·尼铎将"摄政王钻石"镶嵌于拿破仑加冕之剑（参见第388–89页）起，他便与这对皇室爱侣结下不解之缘，他们也自然成为CHAUMET世家的重要主顾。

主楼层经细致整修，重焕昔日荣光，房间之间的原始关联及功能经修复还原。"珍珠沙龙"（Salon des Perles，参见右图）恢复宴会厅功能。"芳登沙龙"（Salon Vendôme）用于接待重要宾客。"冠冕沙龙"（Salon des Diadèmes，参见第80–81页）陈列逾200件镍银冠冕模型及其他以铜镍锌合金打造的珠宝作品（CHAUMET世家系列作品共计700余件）。另外两个沙龙用于分享和传播在全球具有重要地位的CHAUMET世家历史传承。这些展览凭借优质展品和鲜明主题，吸引了众多参观者。

位于四层的全新高级珠宝工作坊在传承历史方面亦发挥独到作用（参见第464–65页）。CHAUMET世家自创立以来的第十三任工坊主管贝诺·维胡勒（Benoît Verhulle）负责特别订制和全新系列。

芳登广场12号"珍珠沙龙"，
现用作举办宴会的活动空间。

"肖邦沙龙"（SALON CHOPIN）

弗里德里克·肖邦（Frédéric Chopin）在英格兰举办了多场音乐会，并为CHAUMET世家的尊贵顾客维多利亚女王献奏，此后精疲力竭地返回巴黎。他不幸罹患肺结核，于1849年9月迁居芳登广场12号。他在此谱写了绝笔乐曲，其中包括未竟之作《F小调玛祖卡舞曲，作品68之4》（*Mazurka in F minor, op.68 no.4*）。如今，该沙龙冠以作曲家肖邦之名，并于1927年被列入法国国家历史遗产名录。

天花板上绘制的是音乐女神和希腊神话中司掌艺术的九位缪斯之一：欧忒耳佩（Euterpe）。自2020年起，一架普雷耶（Pleyel）三角钢琴在古香古色的人字纹地板上占据瞩目位置。肖邦是卡米尔·普雷耶（Camille Pleyel）的挚友，经常感叹普雷耶钢琴无出其右。为纪念肖邦，CHAUMET买下这架蔷薇木小型三角钢琴并复旧如新，以便在举办特别活动时演奏音乐。

房间的窗扉与建筑外墙齐平（广场上其他窗户均采用内凹设计），并设有许多镜面，部分镜面安装在内侧百叶窗上，从沙龙向外眺望，入目之景更显绝色。

"肖邦沙龙"以著名作曲家
肖邦的名字命名，
他在这里谱写了自己的
最后一部玛祖卡舞曲。

高 级 精 品 店

坐落于芳登广场12号的全新高级精品店被设计为接待亲朋好友的温馨家宅，其风格与摩纳哥、台北、马德里、东京、迪拜及香港利园等早期高级精品店异曲同工。宾客环顾四周，举目皆是CHAUMET世家的经典象征符号。雪花石膏墙面雕刻着麦穗、野草图案，饰以植物和鸟类浅浮雕珐琅，一系列精巧元素向大自然致意，让人联想起CHAUMET世家长久以来对于动植物的浓厚兴趣。

拱廊厅（L'Arcade）位于底层，其名称取自CHAUMET世家于1970年揭幕的开创性高级精品店（参见第36-37页）。这一空间专为寻求非正式珠宝作品的年轻客群而设，陈列最早的*Liens d'Or*系列。2020年翻修一新的拱廊厅糅合20世纪70年代的迷人气息和焕发现代风格的原创系列，例如*CHAUMET Liens*缘系·一生系列*Jeux de Liens Harmony*圆·缘主题：镶嵌珍珠母贝、红玉髓、缟玛瑙或孔雀石的项链可铭刻密语箴言，化作适合日常佩戴的护身符（参见第170页）。

双楼梯盘旋通向二层，见证梦想成真。第一座恢弘华丽的楼梯装饰从拿破仑和约瑟芬皇后的往来情书中摘录的由衷心曲。第二座楼梯上点缀的树皮、橡树叶和榆树枝图案，呼应CHAUMET世家对大自然的热爱及其创始人"尼铎，自然主义珠宝师"树立的设计理念。

二层亦充满优雅、亲和的自然元素，令参观者徜徉于自然气息之中。安静而私密的沙龙俯瞰芳登广场，令每次访问都是难以忘怀的体验。此处备有别具一格的作品以供试戴，同时也接待订婚恋人及提供特别订制服务。

上图
拱廊厅，1970年开设的
CHAUMET世家现代
高级精品店。
巴黎，CHAUMET典藏。

上图
芳登广场12号的拱廊厅，
灵感来自20世纪70年代的
高级精品店。

次页
二楼，CHAUMET在私密而
优雅的氛围中展示高级珠宝
系列。

芳登广场12号的修复工程

工期长达
18个月

拱廊厅的橡树叶
浅浮雕耗时**8**个月完工

运用将近**20**种工艺，
包括细木工艺、麦秆镶嵌工艺、
刺绣工艺、宝石雕刻工艺、
铸模、绦边和绘画

"芳登沙龙"专门用于接待CHAUMET世家最重要的顾客。

"艺术家的内心住着两种人：
诗人和工匠。
一种生而为诗人。
一种积斫削而为工匠。"

——爱弥尔·左拉（ÉMILE ZOLA）致
保罗·塞尚（PAUL CÉZANNE）的信，1860年

左上图
AC Matière工坊为主楼梯
复刻拿破仑和约瑟芬皇后的
手写体笔迹。

右上图
高级精品店其中一个私人
沙龙的天花板，装饰以手工
镶贴的金叶图案。

下图
修复期间"珍珠沙龙"的
华丽木制品。

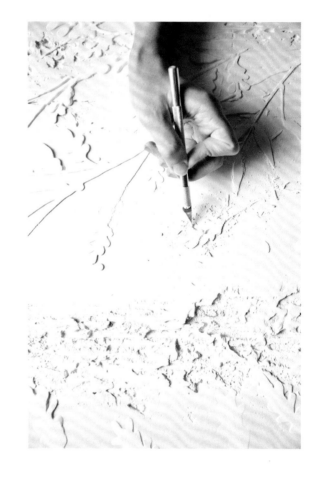

上图
在Atelier de l'Étoile装饰
艺术学校中，工匠手工绘制
拱廊厅的雀鸟图案。

下图
高级精品店墙面装饰麦穗
图案点缀生动鲜活的金叶。

左中图
Yann Jallu细木工坊，
制作手工麦秆镶嵌作品。

右中图
手工雕刻浅浮雕呈现
枝繁叶茂的树冠。

"约瑟芬皇后与拿破仑大帝，
一段非凡的史诗传奇"展览

2021年，拿破仑大帝逝世两百周年之际，CHAUMET世家在芳登广场12号举办公开展览，在多个沙龙中展示150件作品。CHAUMET是唯一受邀参加此纪念盛事的私人机构。CHAUMET世家汇集了诸多首次公诸于世的作品：出自私人收藏的帝座、拿破仑大帝写给约瑟芬皇后的炽烈情书、马勒梅松（Malmaison）城堡的约瑟芬皇后肖像；卢浮宫出借的一对水滴形珍珠耳环；"洛伊希滕贝格"（Leuchtenberg）珍珠项链（参见第252页），以及来自丹麦皇室收藏的"藏头诗"手链（参见第182页）。展览备受欢迎，共吸引12,500人次参观。

左图
展区外的大厅中，拿破仑和
约瑟芬皇后的肖像分别从拿破仑
的帝座两侧向参观者致意。

右图
苏菲·列那尔（Sophie
Liénard）绘制的约瑟芬皇后
肖像，19世纪上半叶，
陶瓷。弗朗索瓦·黛维尔
（Françoise Deville）收藏。

左图
装饰拿破仑姓名首字母 "N"
和王冠的匣盒，维多利亚·
布瓦佐（Victoire Boizot），
1809–19年，金，钻石和
珐琅。巴黎拿破仑基金会。

右上图
加冕之剑和教皇庇护七世
冠冕的复古设计图挂在
2016年创作的 *Firmament
Apollinien* 月桂颂歌主题
项链旁。

右下图
艺术家安妮–路易·吉罗
德（Anne-Louis Girodet）
临摹并装裱的《拿破仑大
帝身穿加冕礼服的肖像》
（*Portrait of Napoléon I in
Coronation Robes*）局部
细节，作为"约瑟芬皇后与
拿破仑大帝，一段非凡的
史诗传奇"展览的展品。

左上和左下图
微型马赛克拼镶珠宝套装，
被认为是弗朗索瓦-勒尼奥·
尼铎的作品，约1811年，金，
珍珠，珐琅，玻璃马赛克。
布拉格装饰艺术博物馆。

右上图
"约瑟芬皇后与拿破仑大帝，
一段非凡的史诗传奇"展览
的约瑟芬皇后主题展厅。

右下图
胸针，来自一套约瑟芬皇后
孔雀石浮雕肖像珠宝套装，
被认为是弗朗索瓦-勒尼奥·
尼铎的作品，约1810年，
金，孔雀石和珍珠。
巴黎拿破仑基金会。

CHAUMET 与巴黎

自1780年马利-艾虔·尼铎在太子广场（PLACE
DAUPHINE）开设珠宝工坊，CHAUMET在
巴黎辗转多地，见证CHAUMET世家的发展历程。

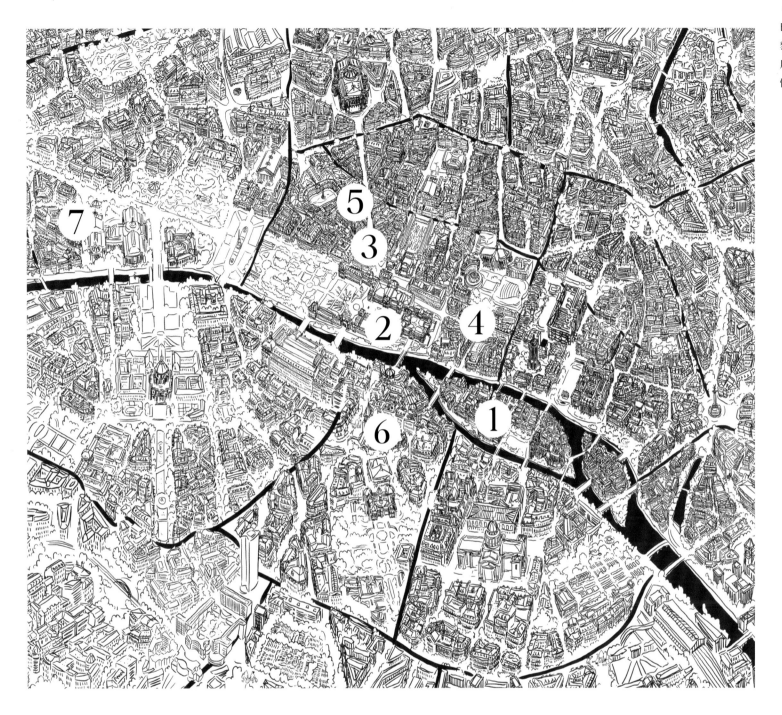

1
1783年：
太子广场
（Place Dauphine）

2
1806年：
皇冠广场36号
（36 Place de la Couronne）*

3
1812年：
芳登广场15号
（15 Place Vendôme）

4
1831年：
黎塞留街62号
（62 Rue de Richelieu）

5
1907年：
芳登广场12号
（12 Place Vendôme）

6
2019年：
圣日耳曼大街165号
（165 Boulevard Saint-Germain）

7
2017年，巴黎第二处地址：
弗朗索瓦一世街56号
（56 Rue François 1er）

*旧称为卡鲁塞尔广场（Place du Carrousel），邻近芳登广场；该地址后变更为里沃利街2号（2 Rue de Rivoli）。

无 畏 先 锋

"冠冕近来大行其道，引人瞩目。
女性佩戴冠冕出席不同场合，
雍容得体，仪态万方。"

——《VOGUE》杂志，1935年

左图
2003年，CHAUMET世家
以钻石金钟花冠冕作为
模特史蒂娜·坦娜特
（Stella Tennant）的衣饰，
糅合精致韵味和自信气质。

第50页
*Joséphine*约瑟芬皇后系列
Aigrette Impériale
鹭羽·冠冕主题冠冕，
白金，钻石和珍珠，
2018年。

CHAUMET与冠冕的深切渊源，始于CHAUMET世家创始人马利–艾虔·尼铎最早为约瑟芬皇后打造的头饰。冠冕象征着权力、女性魅力和爱意，是欧洲王室结婚礼物的必备之选，无论是官宦贵族，还是后来的中产阶级，无不对冠冕推崇备至。CHAUMET冠冕数百年来坚持不懈，勇于创新，始终彰显现代气质。从庄严国宴到拥有数百万社交媒体粉丝的名流婚典，随处可见CHAUMET冠冕的身影。每件作品不仅彰显自我态度，亦宣扬个性，有时更承载着少女的瑰丽绮梦。

风格各异的冠冕：
十二位名媛佳丽

上图
左起顺时针方向：
Le Jardin de CHAUMET
游园漫步高定珠宝套系
Fougère 蕨灿生茂主题冠冕，
2023年；卢森堡女大公
夏洛特，1926年；安妮·
冈宁·派克（Anne Gunning
Parker），1953年；伊琳娜·
尤苏波夫王妃，1914年；
瑞典维多利亚公主，
2010年；瑞典王妃约瑟芬，
1836年。

上图
左起顺时针方向：
巴洛克珍珠冠冕，
制作于1963年；
汉诺威卡罗琳王妃，
2004年；埃德温娜·
蒙巴顿夫人，1937年；
日本侯爵夫人前田菊子，
1929年；摩洛哥拉拉·
哈斯娜公主，1994年；
约瑟芬皇后，约1807年。

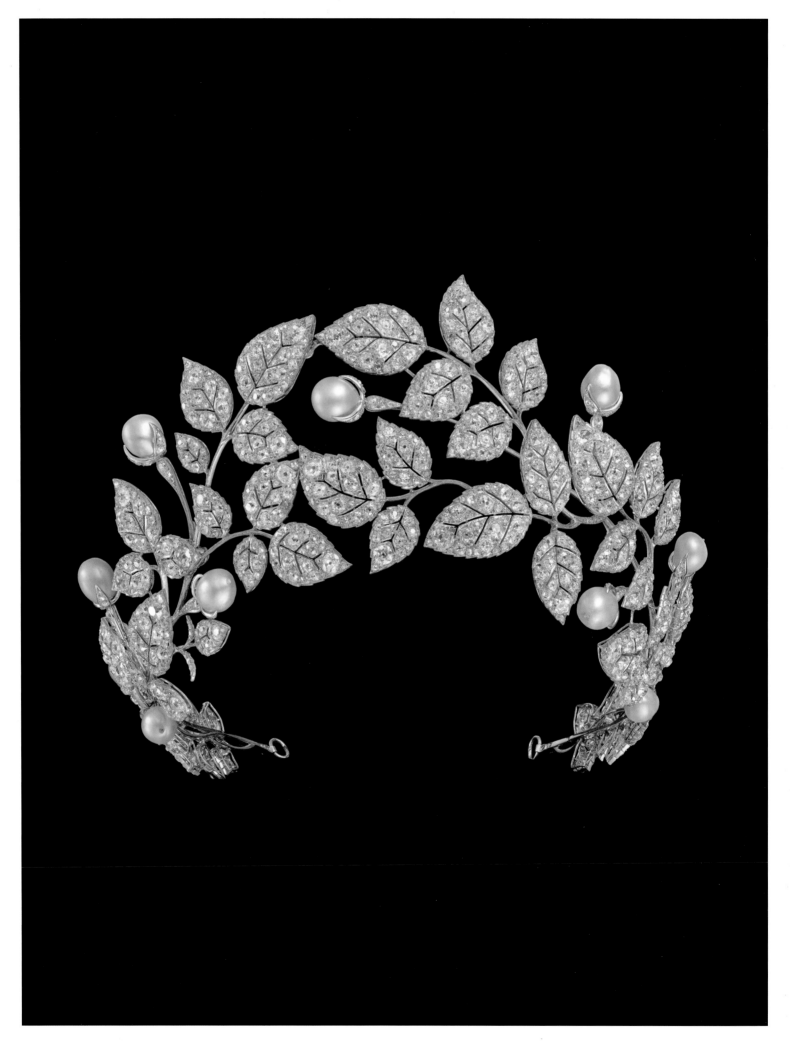

CHAUMET 标 志 之 作

约瑟芬皇后是CHAUMET的重要主顾，也是CHAUMET世家的首位灵感缪斯。她使冠冕成为权力象征和时尚配饰。冠冕尊贵大气，雍容典雅，是皇家婚礼必不可少的配饰，亦深受银行业新贵和后来的技术精英青睐，用以彰显财富地位。自1780年起出自CHAUMET世家巴黎工坊的冠冕，无疑是值得悉心珍藏、代代传袭的家珍。

CHAUMET作品糅合非凡创意、摩登气质和精湛工艺，展现动人心弦的卓雅风格。作为19世纪浪漫主义时期的典范之作，这些作品从大自然撷取灵感，以惟妙惟肖的写实风格呈现旋花、金银花、月桂、橡树和常春藤叶、睡莲、樱桃、燕麦、野蔷薇、三色堇和菊花。从19世纪以来，在法国圣克卢（Saint-Cloud）和贡比涅（Compiègne）的皇宫、歌剧院、恰尔托雷斯基（Czartoryski）亲王和王妃歌舞宴客的兰伯特府邸（Hôtel Lambert），以及CHAUMET世家主顾查尔斯·德·贝斯特古（Charles de Beistegui）盛邀巴黎社会菁英共襄盛会的库赛城堡（Château de Groussay）举办的各种时尚舞会上，佩戴冠冕蔚然成风。为搭配以精美丝缎、罗缎和塔夫绸裁制而成的璀璨华丽的高级定制礼裙，CHAUMET世家工坊创作了样式各异的珠宝作品，包括1963年"美好年代"风格的巴洛克珍珠冠冕（参见第254页，下图）和2017年 *CHAUMET est une fête* 欢沁盛宴 *Valses d'Hiver* 维也纳华尔兹主题冠冕（参见第58页，下图）。南海珍珠和Akoya珍珠镶嵌于盘旋萦绕的钻石之间，邀人步入舞池，恣意旋舞一整夜。

野玫瑰冠冕，尚美时期，
1922年，铂金，钻石和
天然珍珠。私人收藏。

左上图
冠冕是19世纪巴黎上流社会
女性参加时髦舞会的标配；
《1867年世博会期间在杜
勒丽宫举办的官方宴会》
(Fête officielle au palais
des Tuileries pendant l'
Exposition Universelle de
1867)，亨利・查尔斯・
安托万男爵（Henri Charles
Antoine），水彩画，
1867年。法国贡比涅城堡
博物馆。

右上图
橡树叶冠冕，尚美时期，
1913年，铂金和钻石。
私人收藏。

下图
CHAUMET est une Fête
欢沁盛宴高定珠宝套系
Valses d'Hiver维也纳华尔兹
主题冠冕，2017年，白金，
钻石和珍珠。

La Nature de CHAUMET
自然妙境高定珠宝套系
Passion Incarnat 百合柔情
主题冠冕，2016年，白金和
玫瑰金，红色尖晶石，
红石榴石，绿色碧玺和钻石。
巴黎，CHAUMET典藏。

"昨晚，在杜多维尔府上（顺便提一句，她头上戴着祖母绿冠冕形发饰，
身上穿着有长拖裙的玫瑰色晚礼服，显得光彩照人），
她的一边坐着德沙涅尔先生，另一边坐着德国大使。
她正在向他们滔滔不绝地讲述着中国。"

——马塞尔·普鲁斯特《盖尔芒特家那边》（MARCEL PROUST, *THE GUERMANTES WAY*），1920年

左图
波旁-布塞伯爵夫人
（Bourbon-Busset）身着
浪凡礼裙，头戴CHAUMET
冠冕，在查尔斯·德·
贝斯特古的府宅库塞城堡；
罗伯特·杜瓦诺（Robert
Doisneau）摄影，1957年。

右图
属于皮莫丹伯爵夫人
（Comtesse de Pimodan）
的祖母绿冠冕，尚美时期，
1924年，铂金，钻石和祖母绿。
私人收藏。

属于洛伊希滕贝格公爵夫人
的冠冕，可转换为胸针和
发饰，弗森时期，
约1830-40年，金，银，
祖母绿，钻石。
巴黎，CHAUMET典藏。

斯特凡纳·伯恩三问三答

斯特凡纳·伯恩（Stéphane Bern）是媒体人、CHAUMET世家挚友、多部历史传记的作者以及2019年在摩纳哥举办的CHAUMET"御冕传世——始于1780年的珍宝艺术展"的联合策展人。他被授予大英帝国官佐勋章（OBE），以表彰其在皇室宫廷方面的精深知识。

历史上，是否只有部分阶层人士在特定场合才能佩戴冠冕？
的确如此，冠冕是"简版"王冠。例如，在英国君主加冕礼上，上议院的贵族成员均佩戴小冠冕，即带有貂皮花边的小巧红色天鹅绒头冠。女性头戴冠冕，其中部分冠冕由CHAUMET制作。女性贵族成员通常亦会在宫廷宴会和舞会上佩戴冠冕。

您是否发觉年轻人重新对冠冕产生兴趣？
当然。如今，年轻公主和参加元媛舞会的少女以更现代时尚的方式佩戴冠冕，有时披散着秀发。冠冕再度盛行，但风格更加随意休闲。

上图
电视节目《历史隐秘》
（Secrets d'Histoire）的
法裔卢森堡籍主持人
斯特凡纳·伯恩。

右图
佩戴冠冕参加巴黎名媛舞会的
少女，巴黎歌剧院，
1962年11月。

在现代时尚的外观下，冠冕是否仍象征着权力与爱情？
当然如此。佩戴冠冕时，女性往往保持昂扬姿态。冠冕代表较高的社会地位和举足轻重的身份。无论佩戴者是女王还是演员，冠冕均象征着尊贵和威仪。冠冕开始吸引新客群，尤其深受亚洲女性的青睐，同时仍是瑞典、西班牙及荷兰王室的国宴配饰。王室圈的邀请函上会注明男宾需着"晚礼服和饰物"与女宾需着"舞会礼裙和冠冕"。我于2021年10月在圣彼得堡参加了一位罗曼诺夫家族后裔的婚礼，当时大多数女性均佩戴冠冕。

匠 心 臻 艺

CHAUMET冠冕不断推陈出新以满足世界各地的顾客诉求，以非同寻常的轻盈质感而著称。CHAUMET世家珠宝工匠挥洒日益炉火纯青的技艺，攻克每件新作带来的挑战。颤动式镶嵌工艺采用细小弹簧，令珠宝作品于举手投足之间微微颤动，装饰野蔷薇和茉莉花的贝德福冠冕（参见右图）因此化作清新动人的花冠。1905年，德·温德尔夫人（Madame de Wendel）向约瑟夫·尚美订制一顶冠冕，用于出席爱子婚礼，十二支石竹围绕一颗19.56克拉钻石粲然盛放，镶座柔软灵动，仿佛不胜微风，枝影横斜（参见第276页）。创作于2020年的 *Lacis* 光影之歌钻冕顶部铺陈璀璨耀目的织网（参见第99页），而2022年推出的 *Chant de Sirènes* 鲛韵颂歌钻冕在大溪地珍珠上方镶嵌冰绿色调的碧玺，犹如呈现信风掠过热带海洋的壮观景象（参见第254页上图）。

近250年来，CHAUMET冠冕礼赞蓬勃生命力和灵动活力。无论是何种图案——希腊图案、羽翼、星斗、枝叶、交叠钱币，CHAUMET世家珠宝工匠竭力打造自成一格的作品韵律。他们时常突破技术界限。*Torsade de CHAUMET* 旋舞·芳登高定珠宝套系的冠冕作品便融入高超技艺，以回旋灵动的白金镶钻线条萦绕中央环带（参见第15页下图、第69页和第242页）。*Déferlante* 涛澜生辉冠冕以珠宝雕塑捕捉波浪形态，作品由44个璀璨夺目的独立部分组成，密镶1000余颗明亮式切割渐变钻石（参见第68页和331页下图）。

CHAUMET世家冠冕轻灵律动，且经常采用可转换设计，更显超凡脱俗：例如，1935年创作的榄尖形图案冠冕带有可拆卸部分，搭配双行钻石细链即可作为项链佩戴（第70-71页）；又如 *Perspectives de CHAUMET* 筑艺万象高定珠宝套系 *Mirage* 浮光秘境主题冠冕，具有三种佩戴方式（第72-73页）。*Firmament Apollinien* 月桂颂歌主题冠冕（参见第161页）镶嵌一颗产自斯里兰卡的14.55克拉蓝宝石，可转换为发饰。作品选用的图案象征着宁芙女神达芙妮（Daphne）的坚毅力量和柔美气质，她为了拒绝阿波罗（Apollo）的追求而化身为一棵月桂树。

尽管CHAUMET世家已然拥有丰富多变的风格和超卓精湛的匠艺，但始终不忘与时偕行。此般创作精神在2022年于巴黎高等美术学院（Beaux-Arts de Paris）举办的《植艺万千》艺术大展（Végétal - L'École de la Beauté）中尽显无遗，珠宝与其他作品在此同台展出（参见第302-305页）。尼铎于1811年左右制作的麦穗冠冕（参见第258页）优美动人，而Yves Saint Laurent圣罗兰1986-87年秋冬系列推出了饰以麦穗刺绣图案的黑色羊毛绉纱晚礼服，两者相映成趣。

野蔷薇与茉莉花冠冕，
又称"贝德福"冠冕，
弗森时期，约1830年，
金，银和钻石。沃本修道院
（Woburn Abbey）收藏。

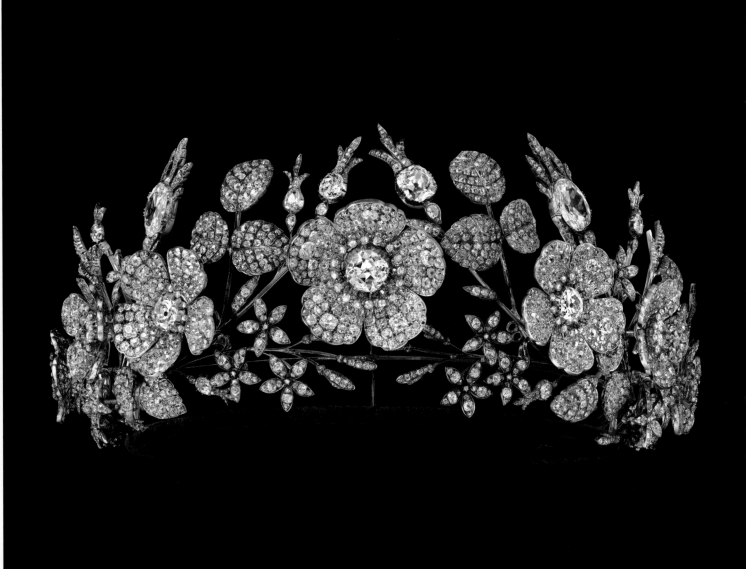

左图
*Ondes et Merveilles
de CHAUMET*
瀚海史诗高定珠宝套系
*Déferlante*涛澜生辉主题
冠冕，2022年，白金和钻石。

右图
在光线下细观*Torsade
de CHAUMET*旋舞·
芳登高定珠宝套系冠冕，
2021年。

左图
榄尖图案项链照片,
可转换为一顶冠冕,
CHAUMET摄影实验室,
1935年,玻璃底板负片冲印
的正片图像。
巴黎,CHAUMET典藏。

右图
榄尖图案冠冕,可转换为
项链,尚美时期,1935年,
铂金和钻石。私人收藏。

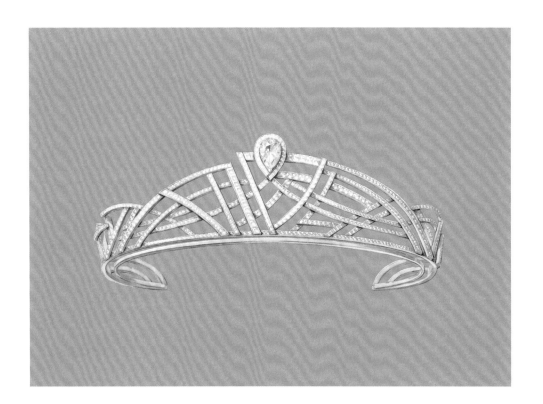

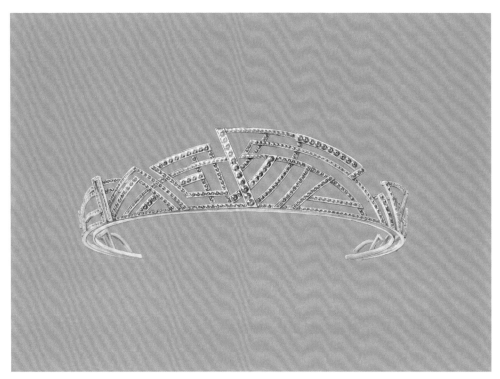

左图
Perspectives de CHAUMET
筑艺万象高定珠宝套系
*Mirage*浮光秘境主题可转换
冠冕，2020年，白金，
钻石和蓝宝石。

上图
Perspectives de CHAUMET
筑艺万象高定珠宝套系
*Mirage*浮光秘境主题可转换
钻石冠冕的水粉设计图，
2020年，CHAUMET设计
工作室，以水粉和高亮颜料
在色纸上绘制。
巴黎，CHAUMET典藏。

下图
Perspectives de CHAUMET
筑艺万象高定珠宝套系
*Mirage*浮光秘境主题可转换
蓝宝石冠冕的水粉设计图，
2020年，CHAUMET设计
工作室，以水粉和高亮颜料
在色纸上绘制。
巴黎，CHAUMET典藏。

发 饰 和 鹭 羽 冠 冕

约瑟芬皇后藉由冠冕彰显其丈夫拿破仑大帝的统治地位，使冠冕成为时尚配饰，正如其着装艺术来引领潮流。珠宝配饰不仅与其服装协调相称（她一天至少更衣三次），还需搭配她所处的房间色调，从而使她从芸芸人群中脱颖而出。

在CHAUMET世家诸多顾客的带动下，冠冕成为必备配饰。贝娅特丽斯·德·罗斯柴尔德（Beatrice de Rothschild）对粉色珍珠和凸显其精致面容的冠冕情有独钟。粉色是她钟爱的颜色。蒙巴顿夫人（Lady Mountbatten）佩戴冠冕时光彩照人。她与维多利亚女王（她也是CHAUMET世家顾客）的后裔蒙巴顿伯爵是20世纪中叶英国的风云伉俪（参见第109页，左下图）。

18世纪末，"Titus"短发发型风靡一时，女性流行佩戴头带。头带比冠冕轻薄，缀于前额眉部上方。芳登广场12号的CHAUMET世家工坊彼时制作了许多头带，进一步提升了CHAUMET精湛工艺和前卫创意的声誉。一个多世纪后的1925年，玛歌城堡（Château Margaux）主人的孙女玛德莲娜·皮耶-威尔（Madeleine Pillet-Will）与乔治·德·皮莫丹（Georges de Pimodan）喜结良缘，由此成为洛林家族成员。她的结婚礼物中包括一顶装饰棕榈叶和羽毛图案、顶部镶嵌一颗水滴形祖母绿的头带（参见第61页）。四年后，日本侯爵夫人前田菊子（Maeda Kikuko）在觐见英国国王时，佩戴一顶装饰艺术风格的冠冕，中央部件可转换为三角胸衣胸针（参见第55页右图和第438页）。

利涅王妃（Princess de Ligne）和杰奎琳·德·里贝斯（Jacqueline de Ribes）相差数十岁，两者均是各自时代的"巴黎女王"。她们拥有天鹅般的高雅风姿，备受同时代女性的热议和艳羡，鹭羽冠冕令她们更显气度高华。鹭羽冠冕从鸟羽中撷取灵感，通常饰有一簇羽毛，是CHAUMET世家工坊的一大灵感源泉。其造型不拘一格，包括瀑布、新月、蝴蝶、星河、蜂鸟、花卉、水果、树叶及织网造型。风流倜傥、喜好奢华的博尼·德·卡斯特兰伯爵（Boni de Castellane）与家财万贯的美国女继承人安娜·古德（Anna Gould）结为夫妇，不过两人的婚姻最终走向破裂。他大量购入CHAUMET世家作品，其中包括赠予安娜的一顶发带冠冕。1906年前，这对夫妇在玫瑰宫（Palais Rose）——一座位于福煦大街（Avenue Foch）40号的私人宫邸，仿制隶属于凡尔赛宫的大特里亚农宫（Grand Trianon）而建造——举办的宴会备受国际上流社会推崇，其中包括一场以"羽毛和鹭羽冠冕"为主题的精彩晚宴。

玛丽·斯图亚特鹭羽冠冕，
约1900年，尚美时期发饰，
1924年，金，银，
珍珠和钻石。
巴黎，CHAUMET典藏。

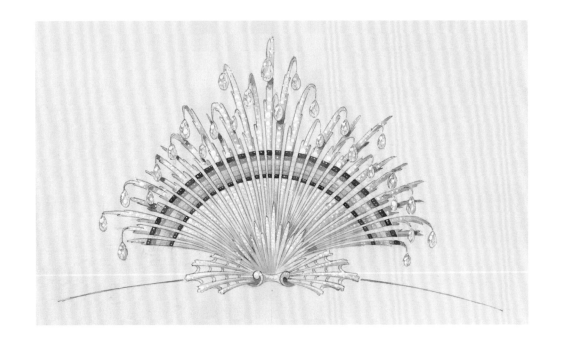

"弃戴礼帽，而尚之以冠冕。"

——《女士与时尚杂志》（JOURNAL DES DAMES ET
DE LA MODE），1804年1月

上图
喷泉和彩虹鹭羽冠冕
设计图，CHAUMET绘画工坊，
约1900年，以石墨、水彩薄层
和水粉在色纸上绘制。
巴黎，CHAUMET典藏。

下图
旭日冠冕设计图，CHAUMET
绘画工坊，约1910年，
以石墨、水彩薄层和水粉在
色纸上绘制。
巴黎，CHAUMET典藏。

铰接式发带冠冕，
尚美时期，1924年，
铂金，钻石和珍珠。
私人收藏。

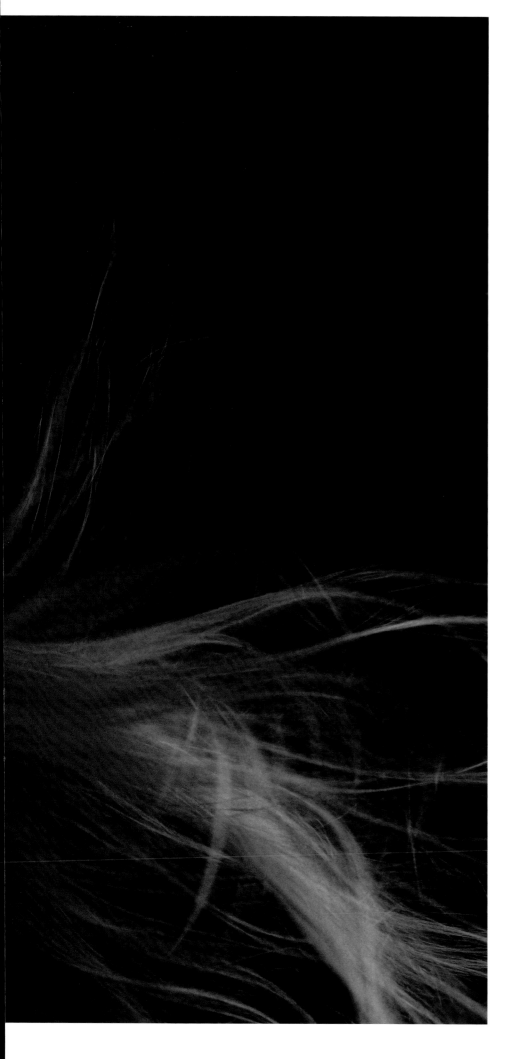

玛丽·斯图亚特鹭羽冠冕，
约1900年，尚美时期发饰，
1924年，金，银，珍珠和
钻石。
巴黎，CHAUMET典藏。

冠 冕 沙 龙

冠冕沙龙设于CHAUMET世家自1907年以来的历史基地——芳登广场12号的二层，通过不同时期风格各异的冠冕，引领参观者展开探索之旅。CHAUMET标志性的蓝色墙面上展示了数百件镍银冠冕模型。这些模型采用铜、镍和锌合金打造，经切割、塑形并以水彩上色，以呈现每款冠冕选用的宝石。约瑟夫·尚美于1890年引入模型并将其确立为CHAUMET世家创作流程的必经步骤，顾客可以试戴其计划购买的作品的模型，由于模型易于修改，从而可在以贵金属和宝石制作实物前对设计作最后的调整。典藏系列如今包含716件作品模型。

12,500人次到访芳登广场12号的沙龙，参观了2021年举办的"约瑟芬皇后与拿破仑大帝，一段非凡的史诗传奇"展览，高级珠宝工坊令历史最悠久的档案作品之一——一顶可追溯至19世纪初期的冠冕重焕生命力。CHAUMET世家向来致力于分享其历史传承，根据此档案设计制作了一顶植物图纹冠冕模型，汇集珍珠、芦苇、桃花锦簇、成串醋栗和麦穗（参见次页）。

CHAUMET世家坐拥240多年的独特工艺积淀，但亦运用前沿创新技术。例如，高级珠宝工坊配备一台扫描仪，可精确测量顾客头围，以便制作全尺寸模型，用于确保冠冕的贴合度。

芳登广场12号冠冕沙龙墙面
细节，装饰镍银冠冕模型。

上图和下图
制作CHAUMET其中一顶历史最悠久（可追溯至19世纪初）的冠冕的镍银模型。

右图
两款冠冕设计图，一款装饰棕榈叶图案，另一款饰有狄安娜和克瑞斯两位女神的象征物，马利-艾虔·尼铎绘画工坊，19世纪初，以印度墨、水墨和水彩绘制。巴黎，CHAUMET典藏。

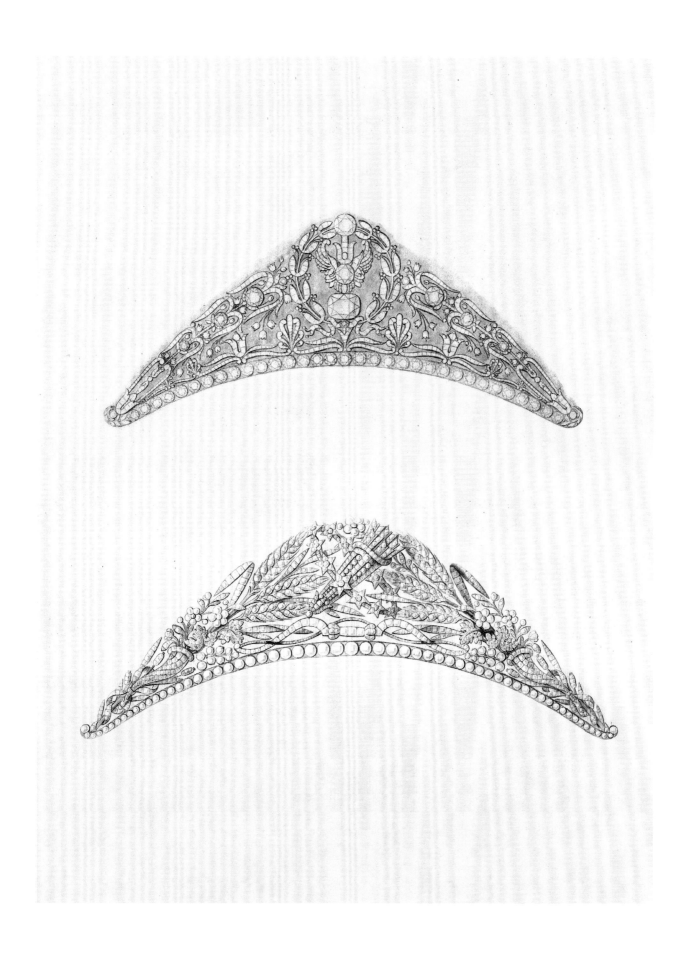

拍 售 纪 录

2011年，曾属于亨克尔·冯·唐纳斯马克王妃（Princess Henckel von Donnersmarck）的一顶冠冕在苏富比以127万美元落槌。19世纪时期，圭多·亨克尔·冯·唐纳斯马克（Guido Henckel von Donnersmarck）在普鲁士拥有仅次于克鲁伯家族的可观财富，他为第二任妻子卡塔莉娜·瓦西里耶夫纳·斯勒普佐（Katharina Wassilievna de Slepzow）订购了这顶冠冕。他的第一任妻子是法国名媛拉·佩瓦（La Païva），他亦曾向其赠送大量珠宝。月桂叶花环底座上交错镶嵌11颗黄色枕形切割钻石与铃兰，顶部镶饰11颗总重逾500克拉的水滴形祖母绿。它们来自拿破仑三世的妻子和CHAUMET世家的重要主顾欧仁妮皇后的私人收藏。拿破仑三世在普法战争中战败后，她前往英国开始了流亡生涯。1872年，她在佳士得托售了123件藏品，其中包括25颗抛光水滴形祖母绿。

上述冠冕（参见右图）如今保存于卡塔尔博物馆。卡塔尔博物馆同意将其出借，参与CHAUMET于2019年在摩纳哥举办的"御冕传世——始于1780年的珍宝艺术展"。在阿尔贝二世亲王（Prince Albert II）殿下的赞助下，此次展览共荟萃250件珍品、艺术作品和历史悠远的稀世之作。其中包括一顶卢森堡大公宫殿特别出借的装饰艺术风格冠冕，镶嵌一颗重约45克拉的祖母绿，由约瑟夫·尚美于1926年为卢森堡女大公夏洛特（Grand Duchess Charlotte）制作。神奇女侠佩戴的束发带（参见次页）便是以此冠冕为原型。

属于卡塔莉娜·亨克尔·冯·唐纳斯马克王妃的冠冕，尚美时期，1896–97年，金，银，祖母绿和钻石。多哈，卡塔尔博物馆管理局。

装饰艺术风格冠冕，
尚美时期，1926年，
铂金，镶嵌钻石和1颗近
45克拉的凸圆形祖母绿。
卢森堡大公宫殿收藏。

左上图
卢森堡女大公夏洛特佩戴
CHAUMET装饰艺术风格
冠冕。

右上图
琳达·卡特（Lynda Carter）
在电视剧《神奇女侠》
（Wonder Woman）中的
形象，1975年。

两 项 数 据 统 计

制作一顶CHAUMET冠冕需耗费
1,200至**2,000**小时工时。

自1780年创立以来，
CHAUMET世家共制作了约
3,500款冠冕。

上图
Firmament de Minuit
夜舞长天冠冕，2019年，
白金和钻石。

次页
CHAUMET冠冕，CHAUMET
世家标志性作品，历经时光
变迁和潮流迭变，不断演变。

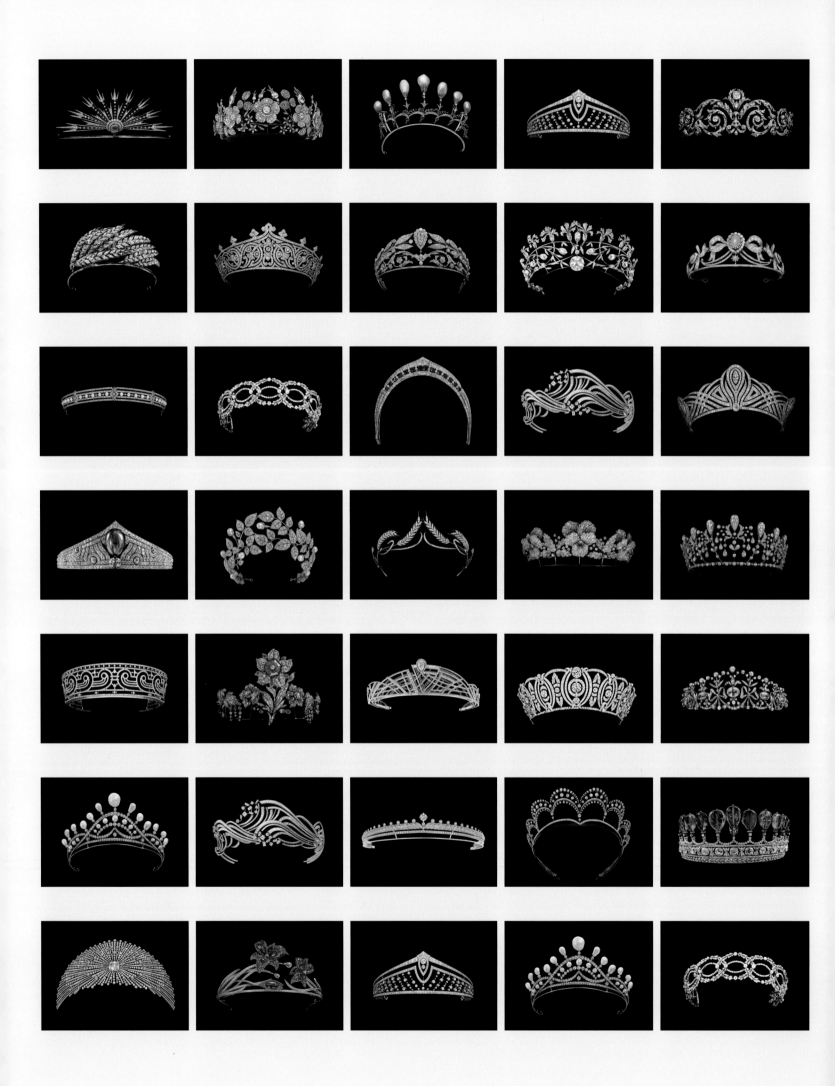

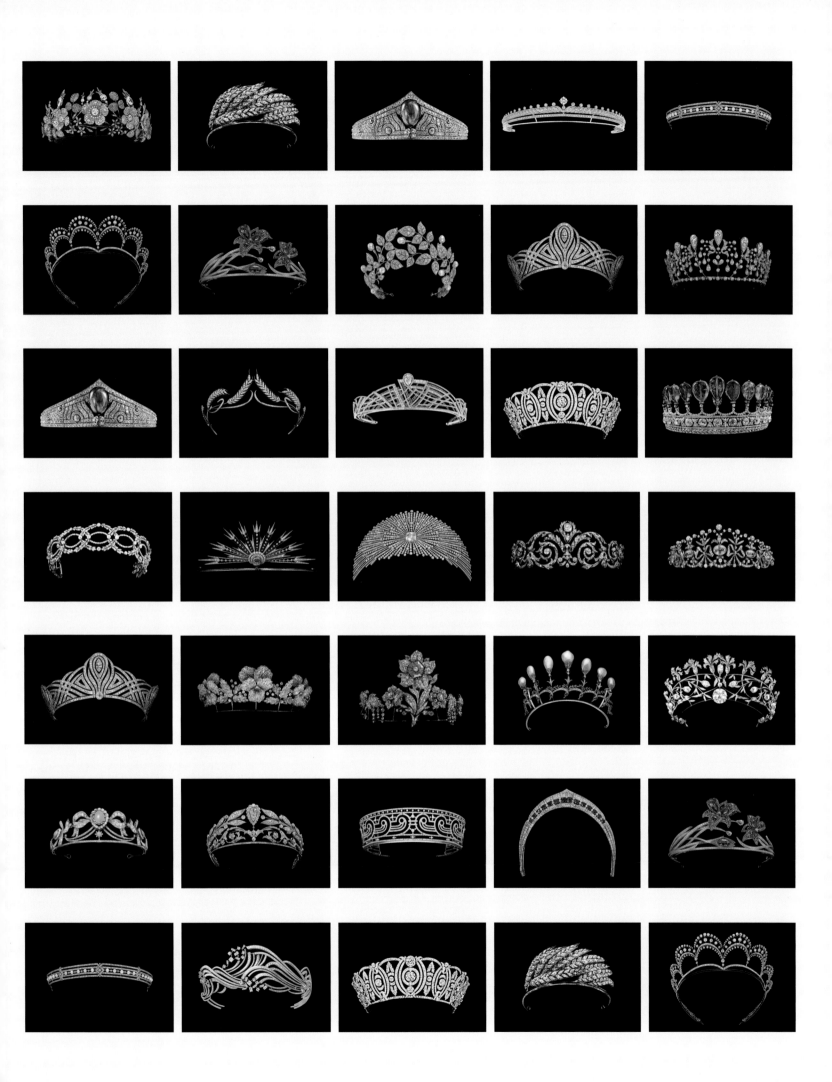

JOSÉPHINE
约瑟芬皇后系列

在法国大革命中死里逃生之后，约瑟芬与比她小六岁的拿破仑大帝成婚，成为母仪天下的法国皇后。她是一位魅力非凡的独立女性，身兼多重身份——植物学家、音乐家、两个孩子的母亲及激情充盈的爱人。她令冠冕成为坚毅力量和女性魅力的象征。

2010年，冠冕造型变身为一款戒指，成为致敬约瑟芬皇后系列作品中的核心。系列作品点缀约瑟芬皇后钟爱的水滴形切割钻石和珍珠，包括耳钉、中性风格的 *Joséphine* 约瑟芬皇后系列 *Duo Éternel* 比翼·和鸣主题胸针、可叠戴戒指及不设链环或搭扣的造型腕表（参见次页）。*Joséphine* 约瑟芬皇后系列的V形设计经常在高级珠宝作品中重新演绎，例如2023年 *Le Jardin de CHAUMET* 游园漫步高定珠宝套系的麦穗项链（参见第269页左上图）。

Joséphine 约瑟芬皇后高级
珠宝系列 *Valse Impériale*
圣雅·蹁跹主题冠冕，
2021年，白金和钻石。

左上图
*Joséphine*约瑟芬皇后系列
Aigrette Impériale
鹭羽·冠冕，铂金，
白金，钻石和珍珠。

右上图
*Joséphine*约瑟芬皇后系列
Aigrette Impériale
鹭羽·冠冕钻戒，
2015年，铂金，黄钻和白钻。

左中图
*Joséphine*约瑟芬皇后系列
*Aigrette*白鹭主题项链，
白金和钻石。

右中图
*Joséphine*约瑟芬皇后系列
Aigrette Impériale
鹭羽·冠冕，白金，
蓝宝石和钻石。

右下图
*Joséphine*约瑟芬皇后系列
*Aigrette*白鹭主题戒指，
白金，珍珠和钻石。

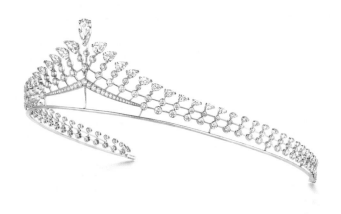

左上图
*Joséphine*约瑟芬皇后系列
*Aigrette Impériale*鹭羽·
冠冕主题项链，白金，
红宝石和钻石。

左下图
*Joséphine*约瑟芬皇后系列
*Aigrette Impériale*鹭羽·
冠冕主题手镯，铂金，
白金，祖母绿和钻石。
巴黎，CHAUMET典藏。

右上图
*Joséphine*约瑟芬皇后高级
珠宝系列*Valse Impériale*
圣雅·蹁跹主题冠冕，
2021年，白金和钻石。

右下图
*Joséphine*约瑟芬皇后系列
*Splendeur Impériale*初旭
主题钻戒，铂金和钻石。

记 忆 传 承

在CHAUMET世家的历史顾客中，多位罗曼诺夫家族成员对俄罗斯传统风格的光环造型冠饰"*kokoshnik*"情有独钟。据悉，CHAUMET为因主演《天鹅湖》(*Swan Lake*)而闻名的俄罗斯芭蕾舞名伶安娜·帕夫洛娃(Anna Pavlova)创作了一顶光环冠冕。澳大利亚和新西兰均宣称发明了以她的名字命名的蛋白酥皮蛋糕。此外，CHAUMET为霍普·威尔(Hope Vere)夫人伊丽莎白·海尹(Elizabeth Hay)打造了一件镶嵌钻石和蓝色珐琅的作品，后来售予西敏公爵(Duke of Westminster)。约瑟夫·尚美将"*kokoshnik*"冠饰重新演绎为一款光芒四射的"太阳"冠冕，中央钻石重约10克拉，专为沙皇尼古拉二世的侄女伊琳娜·亚历山德罗夫娜·罗曼诺娃(Irina Alexandrovna Romanov)，未来的尤斯波夫公主(Princess Yusupov)打造(参见第119页)。

2021年，在罗曼诺夫家族后裔、俄罗斯大公乔治·米哈伊洛维奇·罗曼诺夫(George Mikhailovich Romanov)的婚礼上，新娘瑞贝卡·贝塔里尼(Rebecca Bettarini)——现在的维多利亚·罗曼诺娜王妃(Victoria Romanovna)——佩戴*Lacis*光影之歌冠冕，由CHAUMET基于传统"*kokoshnik*"造型特别改良而成(参见次页)。

夏特莱剧院(Théâtre du Châtelet)俄罗斯季宣传海报，1909年5月和6月，安娜·帕夫洛娃主演。

左上图
19世纪俄罗斯贵族女子佩戴传统
"*kokoshnik*" 头饰，《博雅尔的
妻子》(*Boyar's Wife*)，
康斯坦丁·马可夫斯基
(Constantin Makovski)，
布面油画，约1880-90年。
私人收藏。

右上图
芭蕾舞名伶安娜·帕夫洛娃佩戴
"*kokoshnik*" 风格冠冕，
约1920年。

下图
意大利维多利亚·瑞贝卡·
贝塔里尼在与俄罗斯大公乔治·
米哈伊洛维奇·罗曼诺夫的婚礼
上佩戴 *Lacis* 光影之歌冠冕，
圣彼得堡，2021年10月。

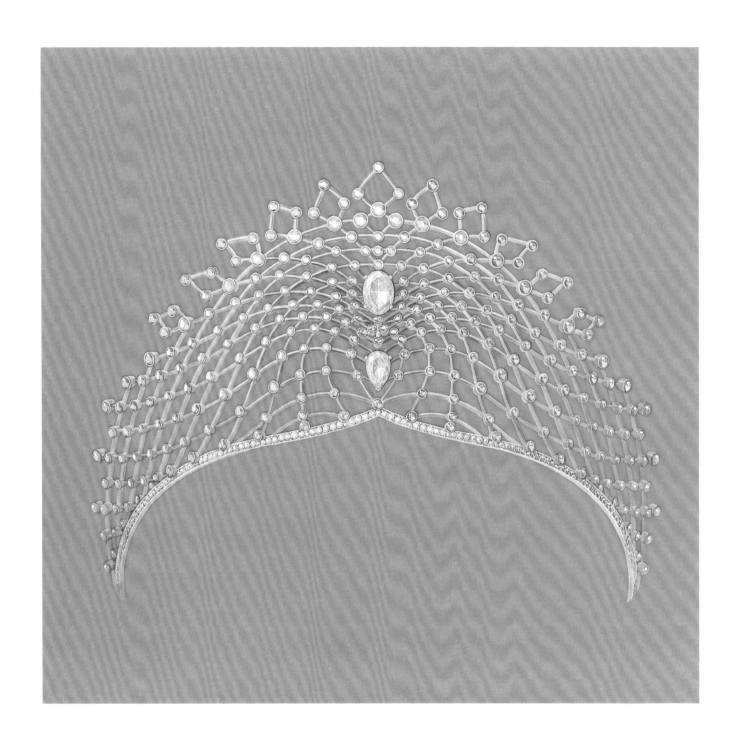

"继订婚戒指之后，
冠冕成为最为人津津乐道的话题，
人们热议的不仅是底座，
还有根据佩戴者悉心挑选的宝石。"

——《VOGUE》杂志，1930年

Perspectives de CHAUMET
筑艺万象高定珠宝套系
Lacis 光影之歌主题冠冕
的水粉设计图，2020年，
CHAUMET设计工作室，
以水粉和高亮颜料在
色纸上绘制。
巴黎，CHAUMET典藏。

"TIARA DREAM
冠 冕 绮 梦 " 沉 浸 式 互 动 体 验 大 展

有别于亮相世界各地的巡回展览，"Tiara Dream冠冕绮梦"沉浸式互动体验大展是一场穿梭于想象与现实之间的探索之旅，展现CHAUMET冠冕与展览举办地的文化传承之间的关联。

继2017年在北京故宫办展之后（参见第141页），2021年的"Tiara Dream冠冕绮梦"沉浸式互动体验大展进驻摩登时尚的三里屯街区。展览结合历史作品、全息投影与互动装置，以沉浸式体验展现冠冕在其整个历史中富有象征意义的重要地位。1924年，中国末代皇帝溥仪的妻子婉容佩戴一顶白鹭羽饰（参见第143页）。一个世纪后，演员高圆圆、歌手张艺兴及歌手欧阳娜娜出席"Tiara Dream冠冕绮梦"沉浸式互动体验大展，赏鉴CHAUMET作品。

2022年，"Tiara Dream冠冕绮梦"沉浸式互动体验大展登陆沙特阿拉伯的首都利雅得。这是CHAUMET首次在中东举办历史传承主题展览。本次展览与当地才华之士联合策划，讲述作为权力和梦想象征的冠冕传奇，彰显沙特阿拉伯和法国出于对艺术和美的共同热爱而结下的深厚情缘。

3D冠冕全息投影充斥
2022年"Tiara Dream
冠冕绮梦"沉浸式互动体验
大展的一个展厅。

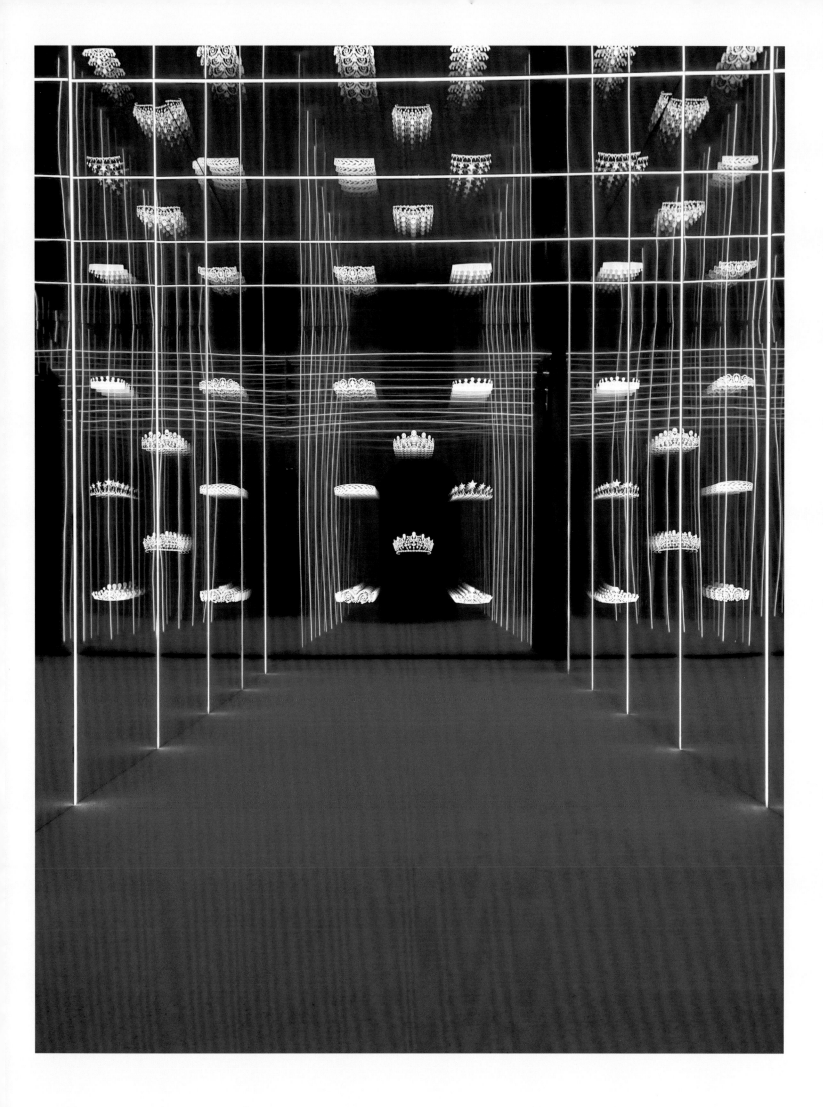

兼 包 并 蓄

"眼见异域奇花异草在花园中葳蕤多姿，欣欣向荣，
喜悦之情无以言表。"

——约瑟芬皇后的书信，1804年

与约瑟芬皇后一样，CHAUMET世家始终对广阔世界怀揣强烈好奇心，很早便将目光投向其他国家并从中撷取创作灵感。约瑟芬皇后出生于马提尼克岛，对于这座岛屿抱有深深的眷恋之情。作为饱含热情的植物学家，她在马勒梅松城堡的花园中养育了从中国、高加索地区、弗吉尼亚和澳大利亚引进的植物。CHAUMET同样秉具国际视野，于1848年和1901年相继在伦敦和圣彼得堡设立分公司，并于1900年进驻纽约。早在1910年，约瑟夫·尚美即已派遣亲信前往印度，而巴黎高级精品店则与俄罗斯公主、南美外交官夫人、法国贵族等名流显贵建立密切关系。多年来，CHAUMET世家与名媛佳丽和艺术家结下不解之缘，并从多元文化中撷取灵感，创作出非凡杰作，例如2020年CHAUMET世家240周年华诞之际推出的*Trésors d'Ailleurs*琼宇瑰宝高定戒指系列（参见第134-35页，第139页）。

CHAUMET 与 英 国

时光变迁，但对于国际时尚雅士而言，总有一些必赴之约。每年年初，他们前往时尚和奢侈品之都巴黎，添置新款服饰与珠宝。在19世纪和20世纪，上流社会通常在春夏两季前往伦敦选购新季作品。1848年，CHAUMET工坊总监让-瓦伦丁·莫雷尔（Jean-Valentin Morel）在伦敦上流住宅区梅费尔街区新伯灵顿街7号（7 New Burlington Street）开设了伦敦首家高级精品店，最初由于勒·弗森经营。那时，英国人对一切法国风物着迷不已，从在蓓尔美尔街（Pall Mall）欧内斯特·甘巴特画廊（Ernest Gambart）举办的现代艺术展到维多利亚女王本人钟爱的CHAUMET作品，不一而足。维多利亚女王的女侍臣和侍长向让-瓦伦丁·莫雷尔传递了来自温莎城堡的邀请。女王热爱珠宝，她成为了CHAUMET的顾客，并很快授予CHAUMET"女王御用珠宝商"的官方荣衔。她从莫雷尔处订购胸针、十字勋章、项链及哀悼徽章。CHAUMET以蕴含情感寄托的珠宝闻名于世，此类作品在女王的挚爱阿尔伯特亲王（Prince Albert）去世后，有了别样的深沉寓意。女王哀恸不已，余生皆以黑色丧服示人。她不愿放弃佩戴珠宝，便订购黑色珠宝，从而开创了经久不衰的哀悼珠宝风潮，*CHAUMET Liens*缘系·一生系列*Jeux de Liens*欢·缘主题缟玛瑙项链、耳环及手链可为佐证。

与他们的女王一样，英国人对CHAUMET作品情有独钟，蜂拥前往1903年在新邦德街154号（154 New Bond Street）开设的全新高级精品店。马尔博罗公爵夫人（Duchess of Marlborough）、曼彻斯特公爵夫人（Duchess of Manchester）及伦道夫·丘吉尔夫人（Lady Randolph Churchill）及玛丽·佩吉特夫人（Lady Mary Paget）均曾现身于高级精品店内。佩吉特夫人，即亚瑟·亨利·佩吉特爵士（Sir Arthur Henry Paget）的妻子，是一位富有的美国名媛，继承了1000万美元的遗产。佩吉特夫妇坐落在贝尔格雷夫广场（Belgrave Square）的宅邸成为伦敦上流社会的聚会场所，威尔士亲王亦是他们的座上宾。

埃德温娜·阿什利（Edwina Ashley）的外祖父是金融大亨欧内斯特·卡塞尔（Ernest Cassel），教父是英国国王爱德华七世。其外祖父是爱德华七世的首席顾问。1922年，她与当时英格兰最具影响力的人物之一路易·蒙巴顿（Louis Mountbatten）勋爵结为连理。蒙巴顿夫人是一位现代女性，游历丰富，曾去过西伯利亚和太平洋地区。蒙巴顿勋爵于1947年被任命为印度总督时，她自然随同前往。圣雄甘地（Mahatma Gandhi）亲昵地称其为"小妹妹"。佩戴CHAUMET冠冕的她尽显高贵风华，其中包括一顶印度风格三叶草冠冕，饰有花叶卷草纹（参见第55页和第109页左下图）。

2017年，CHAUMET世家邀请伦敦中央圣马丁学院（Central Saint Martins）的学生设计一款21世纪的CHAUMET冠冕，进一步加强巴黎和伦敦之间的紧密关联。这座享负盛誉的时装设计学院名不虚传，校友包括丝黛拉·麦卡妮（Stella McCartney）、约翰·加利亚诺（John Galliano）及里卡多·堤西（Ricardo Tisci）。英国学生斯科特·阿姆斯特朗（Scott Armstrong）从法国国王路易十四的首席园艺师安德烈·勒诺特尔（André Le Nôtre）的园林作品中汲取灵感，凭借大胆前卫、富有个性的设计摘得桂冠（参见第325页）。他毕业后立即加入了CHAUMET创意工作室。

格纹蝴蝶结胸针，尚美时期，
约1900年，金，铂金，
祖母绿，红宝石，
彩色蓝宝石和钻石。
私人收藏。

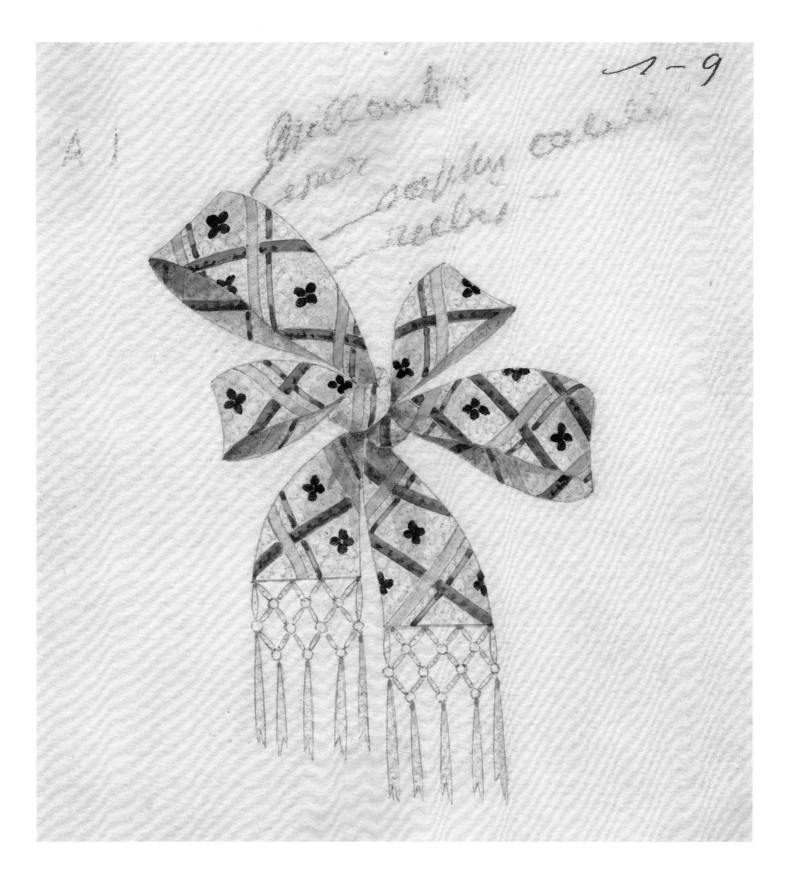

格纹蝴蝶结胸针设计图，
CHAUMET绘画工坊，
约1900年，以水墨、
水彩薄层和水粉在
色纸上绘制。
巴黎，CHAUMET典藏。

如今，CHAUMET世家在全球50个国家与地区设有
82家高级精品店和200个独家销售点。

上图
缅甸的蒙巴顿伯爵夫人，
末任印度总督夫人的百合花
冠冕，尚美时期，1934年，
铂金和钻石。私人收藏。

左下图
埃德温娜·蒙巴顿夫人佩戴
百合花冠冕出席乔治六世国
王加冕礼，1937年。叶冯德
夫人（Madame Yevonde）
摄影。

右下图
胸针设计图：维多利亚女王
的两幅手绘图稿，并以手写
体标注"Exhibition May 1,
1851"（1851年5月1日展览）
字样，纸本水墨。
巴黎，CHAUMET典藏。

CHAUMET 与 美 国

格特鲁德·范德比尔特·惠特尼（Gertrude Vanderbilt Whitney）是美国"海军准将"科尼利尔斯·范德比尔特（Cornelius Vanderbilt）的孙女，后者凭借蒸汽船和铁路发家致富，是"镀金时代"（1865年至1901年美国的繁荣时期）千万富豪的代表人物。她希望投身雕塑创作，随即搬迁至巴黎，师从奥古斯特·罗丹（Auguste Rodin）。她大力支持年轻艺术家，包括美国画家爱德华·霍普（Edward Hopper），并构建规模宏大的美国艺术收藏，目前珍存在她于1931年在纽约创立的惠特尼美国艺术博物馆（Whitney Museum of American Art）。

格特鲁德·范德比尔特·惠特尼钟爱标新立异的珠宝设计，购买了许多CHAUMET作品，其中包括一顶蝙蝠翼冠冕、一顶旭日冠冕（参见次页）及一顶可转换式羽翼冠冕（参见右图）。这顶羽翼冠冕以理查德·瓦格纳（Richard Wagner）歌剧中女武神所戴的鸟翼形头盔为原型创作，大胆前卫，于2017年被纳入CHAUMET历史典藏系列。同年，德裔美籍演员黛安·克鲁格（Diane Kruger）荣获戛纳电影节最佳女主角奖。作为CHAUMET的熟客，她对范德比尔特·惠特尼冠冕上的羽翼一见倾心，决定在亮相CHAUMET独家杂志《Rendez-Vous》2021年刊封面时，将其别在晚礼服的翻领上，作为全身唯一的珠宝出镜。

博尼·德·卡斯特兰伯爵是古老的法国贵族后裔，1895年与身家丰厚的美国女继承人安娜·古尔德结婚，后者带来1500万美元的嫁妆（相当于今天的4.4亿美元）。这对爱侣是CHAUMET的顾客，在上流社会如鱼得水，并结识了同为CHAUMET顾客的巴勃罗·毕加索和尤苏波夫亲王。

在"美好年代"期间，美国富豪热衷于在法国海滨胜地度假，诺曼底埃特雷塔小镇（Étretat）便是他们趋之若鹜的目的地之一。后来，比亚里茨（Biarritz）和维希（Vichy）成为时髦度假胜地，戛纳（Cannes）和多维尔（Deauville）亦是游人如织，CHAUMET在两地的卡尔顿酒店和皇家酒店分别开设分店。顾客中既有上流社会的风云人物，也有年轻貌美、八面玲珑的交际花，例如罗西·多莉（Rosie Dolly）和珍妮·多莉（Jenny Dolly），她们经常光顾戛纳和诺曼底的分店。

多莉姐妹出生于匈牙利，在纽约长大（CHAUMET于1924年在第五大道730号开设高级精品店），是著名的音乐厅舞者和无声电影演员。她们长袖善舞，从西班牙国王到美国百货公司创始人哈里·戈登·塞尔福里奇（Harry Gordon Selfridge），一众富翁纷纷拜倒在她们的石榴裙下，无愧其"百万美元宝贝"的艳名。她们是CHAUMET的重要主顾，购买了诸多发饰、珍珠长项链及一枚镶嵌一颗51克拉钻石的戒指（参见第114-15页）。这对姐妹花嗜赌如命，企图逃避法国的奢侈税。她们先是将这颗时值4百万法郎的51克拉钻戒派送至她们位于伦敦奎因街（Quinn Street）的寓所，并假装忘记申报，然后指使秘书将戒指藏在口袋中带回法国。不料东窗事发，珍妮不得不出庭受审，于1929年被判三天缓刑并处罚金1100万法郎。一个世纪后，富有的美国顾客对CHAUMET大胆鲜明的风格愈加推崇备至，对芳登广场12号和里维埃拉的热情不减，2019年在蒙特卡洛大赌场成功开设的摩纳哥高级精品店可为明证。

羽翼冠冕，可转化为胸针，
格特鲁德·范德比尔特·
惠特尼于1910年定制，
尚美时期，铂金，
钻石和蓝色玻璃。
巴黎，CHAUMET典藏。

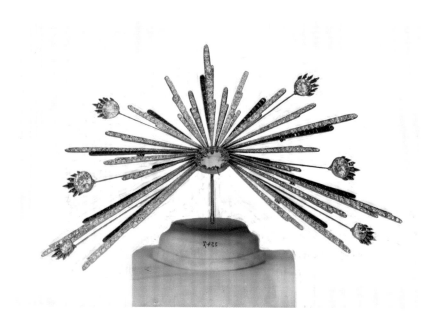

中图
为格特鲁德·范德比尔特·惠特尼打造的胸针照片，镶嵌红宝石、钻石和灰色珍珠，CHAUMET摄影实验室，1905年，玻璃底板负片冲印的正片图像。巴黎，CHAUMET典藏。

左页
哈里·佩恩·惠特尼的妻子格特鲁德·范德比尔特照片，她佩戴旭日冠冕、数条项链及手镯，约1909年。

上图
为格特鲁德·范德比尔特·惠特尼打造的旭日图案鹭羽冠冕照片（铂金、钻石和红宝石），CHAUMET摄影实验室，1905年，玻璃底板负片冲印的正片图像。巴黎，CHAUMET典藏。

下图
为格特鲁德·范德比尔特·惠特尼打造的蝴蝶结图案胸针照片（铂金、灰色珍珠、钻石和红宝石），CHAUMET摄影实验室，1905年，玻璃底板负片冲印的正片图像。巴黎，CHAUMET典藏。

上图
铂金镶钻耳环照片，
CHAUMET摄影实验室，
1927年，玻璃底板负片冲印
的正片图像。
巴黎，CHAUMET典藏。

下图
为罗西·多莉小姐打造的
钻石和珍珠耳环照片，
CHAUMET摄影实验室，
1928年，玻璃底板负片冲印
的正片图像。
巴黎，CHAUMET典藏。

中图
为蒙斯顿伯爵夫人
（Comtesse des Monstiers）
打造的镶钻编玛瑙环手链
照片，CHAUMET摄影
实验室，1927年，玻璃底板
负片冲印的正片图像。
巴黎，CHAUMET典藏。

上图
为珍妮·多莉小姐定制的
腕表和夹扣照片，
CHAUMET摄影实验室，
1927年，玻璃底板负片冲印
的正片图像。
巴黎，CHAUMET典藏。

下图
为珍妮·多莉小姐定制的
铂金袖扣照片，镶嵌红宝石
和钻石，CHAUMET摄影
实验室，1927年，玻璃底板
负片冲印的正片图像。
巴黎，CHAUMET典藏。

多莉姐妹佩戴CHAUMET
珍珠项链，1927年。

CHAUMET 与 俄 罗 斯

CHAUMET与俄罗斯的渊源与叶卡捷琳娜二世女皇（Empress Catherine II）开启的亲法主张密不可分。叶卡捷琳娜大帝出生于普鲁士，在废黜丈夫后登基称帝。她热爱法国文化，与伏尔泰保持书信往来长达十五年，她本人的回忆录便是以伏尔泰的语言风格撰写。

CHAUMET世家拥有许多俄罗斯顾客，包括阿列克谢大公（Alexis）、格奥尔基大公（George）、保罗大公（Paul）、弗拉基米尔大公（Vladimir）、奥尔洛娃公主（Orlov）、巴格拉季翁公主（Bagration）、加莉辛王子（Galitzine）、萨尔科科夫王子（Saltykov）及库达耶夫王子（Kudachev）。他们崇尚奢华，不吝重金购买大量金银珠宝，令英国驻巴黎大使夫人叹为观止，她在1836年举办的一场宴会上描述俄罗斯宾客"比他国之人更喜以锦衣华服和钻石珠宝炫耀己身"。阿纳托利（Anatole）和保罗·戴米多夫（Paul Demidov）伯爵善于欣赏艺术和女性之美，认定CHAUMET是首屈一指的珠宝供应商。当阿纳托利向妻子玛蒂尔德公主（拿破仑大帝的侄女和未来拿破仑三世的表妹）赠与华丽珠宝时，保罗则将桑希钻石（Sancy diamond）献给了自己的爱妻，并委托弗森镶嵌这颗重达55.23克拉的钻石。

20世纪初，有赖于弗拉基米尔大公夫人玛莉亚·帕弗洛娜（Maria Pavlovna）的提携，CHAUMET世家与俄罗斯的关系更加紧密。她在嫁给沙皇亚历山大三世的弟弟、沙皇尼古拉二世的叔叔后成为罗曼诺夫家族的一员。她对约瑟夫·尚美青眼相加，彼此心心相惜。在其支持下，CHAUMET成功参加1899年在圣彼得堡举办的法俄展览，1901年在圣彼得堡开设分店，并随后不久将版图扩至基辅和莫斯科。CHAUMET因大公夫人的举荐而获颁享负盛誉的俄罗斯帝国圣安娜勋章，CHAUMET世家为她制作了诸多作品，包括一顶令人惊艳的瀑布冠冕，从底座升起三簇末端悬坠水滴形钻石的锦簇（参见第121页）；迷你彩蛋和铃铛，大公夫人在复活节时将其排列成数行佩戴（参见第120页下图）；以及发饰和胸饰，其中一件饰有俄罗斯帝国国徽。

尼古拉二世的侄女伊琳娜·亚历山德罗夫娜·罗曼诺娃（Irina Alexandrovna Romanov）被公认为欧洲最美丽的公主之一，1914年嫁与英俊富有的费利克斯·尤苏波夫（Felix Yusupov）。为庆祝这桩婚事，新郎母亲，比沙皇更富有的尤苏波夫王妃将大量祖传宝石和珠宝委托给约瑟夫·尚美，以打造那个时期最华丽瑰美的订婚礼物。一系列超凡绝俗的珠宝就此诞生，正如亲王在回忆录中写道："他用钻石、珍珠、红宝石、祖母绿和蓝宝石打造的五套珠宝，每一套均美轮美奂。在伦敦举办的婚礼宴会上，这些珠宝备受赞誉。"其中包含一顶三重太阳冠冕，中央镶嵌一颗重约10克拉的钻石（参见第119页）。这对夫妇被迫逃离布尔什维克革命，并被禁止入境苏联。他们在巴黎定居，创立了Irfé时装屋。他们的服装深受摒弃紧身胸衣和其他束缚性服装的现代女性青睐，而与尤苏波夫夫妇结为密友的让·科克托（Jean Cocteau）曾就紧身衣裙写道："为这些女士宽衣解带着实耗费心力，必须事先周密计划，就像搬家一样。"

2018年，CHAUMET推出 *Les Mondes de CHAUMET* 寰宇艺境高定珠宝套系 *Promenades Impériales* 冬宫漫舞主题，以此致敬俄罗斯和俄语顾客，颂扬 CHAUMET世家与俄罗斯的悠久渊源。可转换项链、胸针、耳环、手链及钻石蕾丝圆拱戒指闪耀着色泽细腻精致的晶蓝色斯里兰卡蓝宝石或橙粉色帕帕拉恰蓝宝石，将佩戴者带至奇幻仙境，让人联想起圣彼得堡、涅瓦河冬季的白色河岸及雪中的叶卡捷林娜宫（参见第102页、117页、212页、213页和230页左图）。

应苏维埃政府的要求，专家们正在鉴定1925年在莫斯科尤苏波夫宫发现的伊琳娜·尤苏波夫王妃的珠宝。照片中可见多件CHAUMET作品，包括"棒形"装饰钻石项链、来自祖母绿套装的缎带和花环胸饰及三重旭日冠冕。私人收藏。

尤苏波夫王妃为儿媳
伊琳娜·亚历山德罗夫娜·
罗曼诺娃订制的三重旭日
冠冕照片，CHAUMET摄影
实验室，1913–15年，玻璃底
板负片冲印的正片图像。
巴黎，CHAUMET典藏。

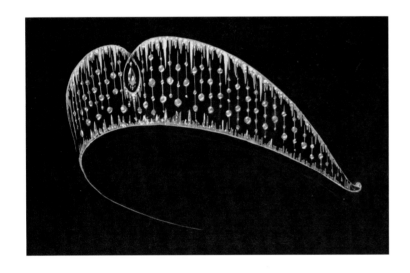

上图
冬季千里冰封的涅瓦河和
圣彼得堡圣伊萨大教堂。

右页
属于大公夫人玛莉亚·
帕弗洛娜的喷泉图案
冠冕，CHAUMET摄影实
验室，1899年，玻璃底板负
片冲印的正片图像。
巴黎，CHAUMET典藏。

次页
"kokoshnik"风格蓝色
珐琅装饰冠冕，CHAUMET
绘画工坊，约1910年，
以石墨、水粉和高亮颜料在
色纸上绘制。
巴黎，CHAUMET典藏。

中图
钟乳石和钻石水滴装饰冠冕
设计图，采用刀锋镶嵌法，
CHAUMET绘画工坊，
约1910年，以水粉和
高亮颜料在色纸上绘制。
巴黎，CHAUMET典藏。

下图
钻石和硬质宝石羽翼胸针
照片，CHAUMET摄影实
验室，1911年，玻璃底板
负片冲印的正片图像。
巴黎，CHAUMET典藏。

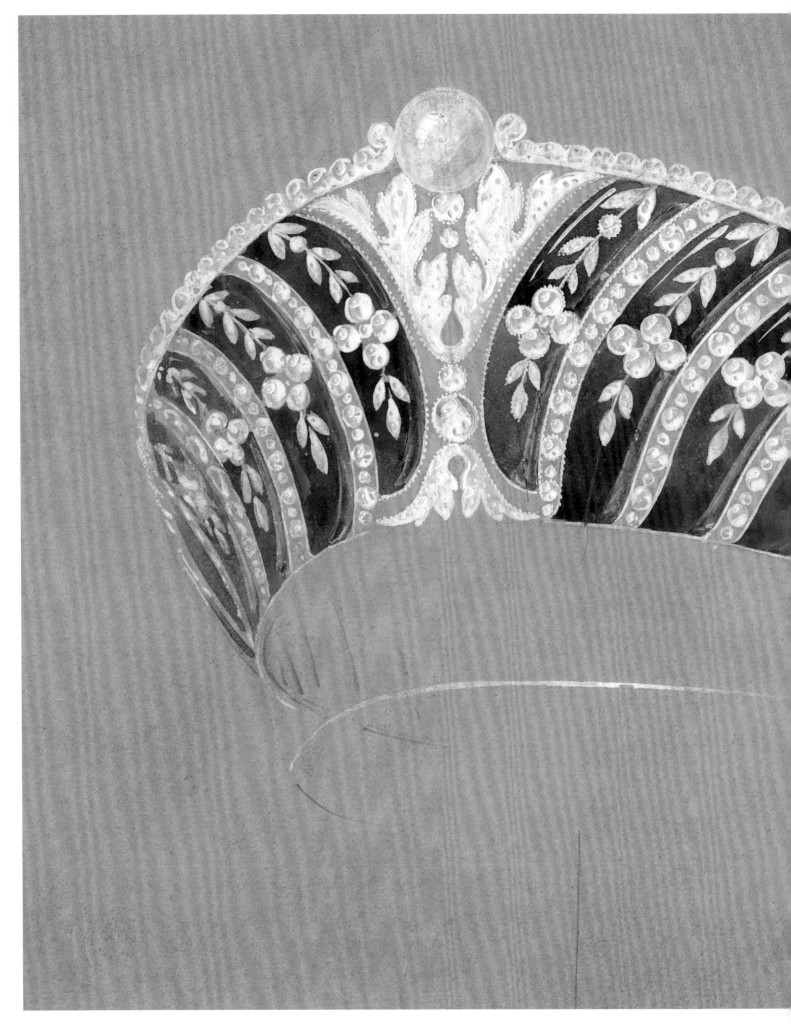

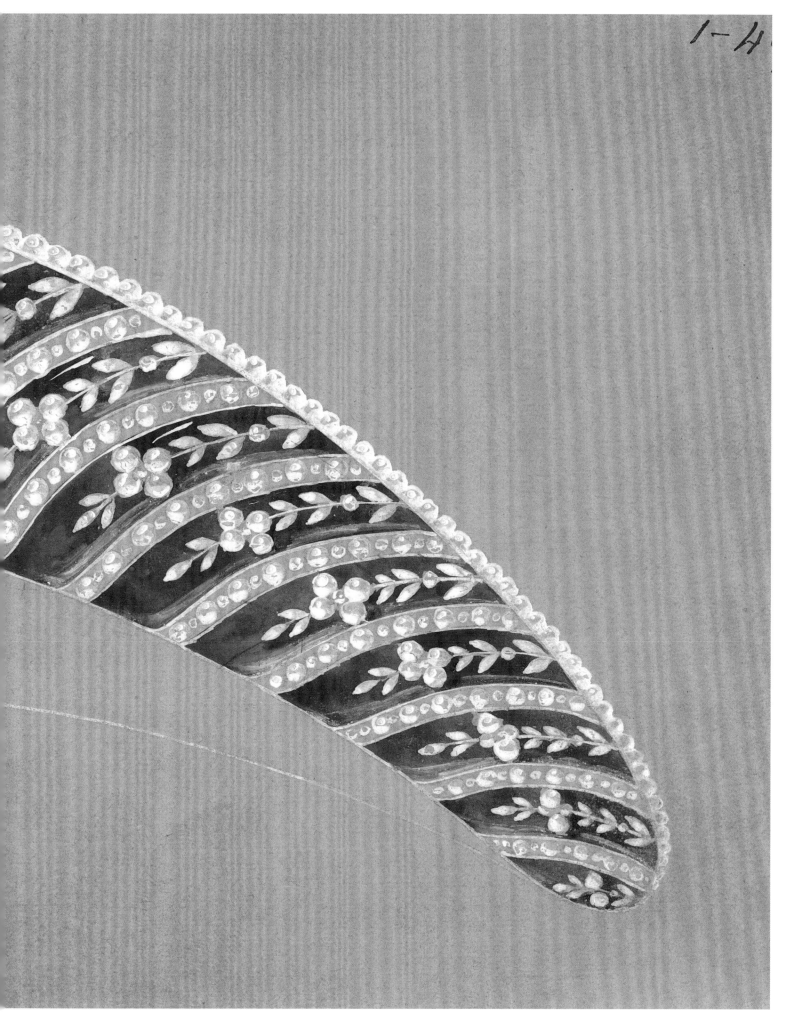

《印多尔大公殿下肖像》
(*Portrait of HRH. the
Maharaja of Indore*)，
布泰·德·蒙维尔
（Boutet de Monvel），
1933年，布面油画。
私人收藏。

CHAUMET 与印度

居住于距离巴黎约6000公里（3700英里）的古吉拉特邦巴罗达（今巴罗达市）大公萨雅吉拉奥三世（Sayaji Rao III）希望为他的珠宝收藏估价。他听闻CHAUMET在珍贵宝石方面的专长，为此于1910年接洽CHAUMET。约瑟夫·尚美是富有远见的权威宝石学家。他开办了自己的钻石切割工坊，并在19世纪末建立了识别合成宝石和甄别宝石真伪的分析和鉴定实验室。他派遣一组同事前往印度，实地鉴定大公的珍宝。萨雅吉拉奥三世是一位改革者。在其统治下，推行免费教育，禁止童婚且妇女在1908年获得选举权——比英国早十年，比法国早三十六年。他拥有的历史名钻甚至配有自己的祭司。他痴迷于宝石，视宝石为护身符。他的宝石收藏中包括"南方之星"（Star of the South）和"欧仁妮皇后"（Empress Eugénie）钻石。"南方之星"是一颗重128.48克拉的枕形切割钻石，闪耀浅粉色的光芒，是当时世界第七大钻石；"欧仁妮皇后"钻石则是拿破仑三世送给妻子的结婚礼物。萨雅吉拉奥的前任玛夏拉奥（Masher Rao）在佳士得的拍卖会上购得这颗钻石。萨雅吉拉奥拥有两座宫殿——拉克西米维拉斯宫（Lakshmi Vilas）和玛卡普拉宫（Makarpura），他乘坐一辆带有金色华盖的银色马车往返于两宫之间。每次造访巴黎时，他总能在CHAUMET觅得心仪之物：吊坠耳环、印度风格短颈链或配备祖母绿和钻石镶边表壳的坠饰表。

20世纪初，印度有629个在位王子和等同数量的珍宝库。CHAUMET的顾客中包括普杜科泰邦大公马尔坦达·倍胪·通德曼（Raja Sri Brahdamba Dasa Raja Sir Martanda Bhairava Tondaiman）和卡普塔拉邦大公贾加吉特·辛格（Jagatjit Singh）。卡普塔拉邦大公是身高六英尺的锡克教徒。他热爱珠宝且不吝以明珠美玉馈赠其20位妻子和87个子女。他是丽兹酒店的常客，总是开着一辆劳斯莱斯穿过芳登广场。1913年10月，印多尔大公图科吉拉奥·霍尔卡三世（Tukoji Rao Holkar III）造访芳登广场12号CHAUMET高级精品店。他对孔雀情有独钟，以孔雀作为其宫殿宴会厅的装饰图案，该厅被公认为英国统治时期最精美华丽的大厅之一。因此，他对CHAUMET的风格极为欣赏，尤其是以孔雀为灵感的诸多作品，例如创作于1870年左右的精致蓝宝石和钻石胸针，采用颤动式镶嵌工艺刻画孔雀羽毛造型（参见第129页右下图）。1913年，他在造访高级精品店时，沉醉于两颗分别重46.70克拉和46.95克拉的水滴形钻石的迷人魅力，以及它们所启发创作的令人惊艳的项链，钻石以不对称方式悬坠于柔软灵动的链绳末端（参见第126页右上图）。这两颗传奇钻石被称为"印多尔水滴形对钻"（Indore Pears），并在1933年绘制的大公之子亚什万拉奥·霍尔卡三世（Yeshwant Rao Holkar II）的肖像（参见左图）中得以书写不朽传奇。20世纪初CHAUMET世家的其他名流顾客还包括克什米尔大公哈里·辛格（Hari Singh）、库奇比哈尔邦大公吉坦德拉·纳拉扬（Jitendra Narayan）和贾加德迪普德拉·纳拉扬（Jagaddipendra Narayan），以及尼泊尔国王特里布万·比尔·比克拉姆·沙阿·德瓦（Tribhuvan Bir Bikram Shah Dev）。

巴黎的"印度热"和印度的"巴黎风"成为装饰艺术风格的一大灵感源泉，约瑟夫·尚美将此风尚潮流融入CHAUMET世家一贯的美学风格。点缀可拆卸水滴形珍珠的发带让人联想起珠光宝气的头巾（"*peshwa*"；参见第126页下图）。装饰性巾冠饰以佩斯利图案，又称巴丹姆纹（*boteh*）。长项链则呈现传统莫卧儿风格，装饰雕刻红宝石和祖母绿。以戴于上臂的印度传统臂环（*bazuband*）为原型制作的肩饰流行一时（参见第129页左图），例如格鲁吉亚王子亚历克西斯·姆迪瓦尼（Alexis Mdivani）送给第二任妻子，美国名媛芭芭拉·赫顿（Barbara Hutton）的肩饰。

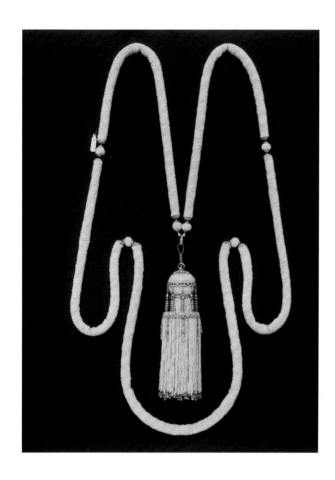

左上图
"Bayadère"印度风格项链
（米粒珍珠、珍珠、蓝宝石和
钻石），CHAUMET摄影实
验室，1913年，玻璃底板
负片冲印的正片图像。
巴黎，CHAUMET典藏。

右上图
一款装饰两颗华美梨形
切割钻石的项链照片，
为印多尔大公打造，
CHAUMET摄影实验室，
1913年，玻璃底板负片冲印
的正片图像。
巴黎，CHAUMET典藏。

下图
为一位印度大公设计的锦缎
头巾，满镶珍珠、钻石及
红宝石，约1920年，石墨，
白垩，水粉。
巴黎，CHAUMET典藏。

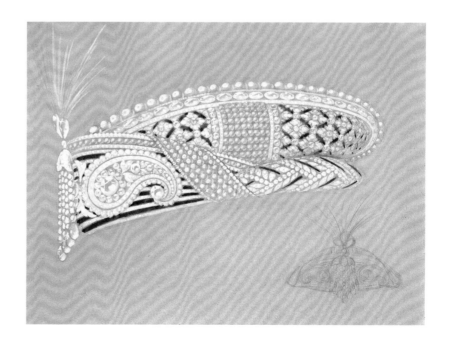

Maharani 冬灵俪影项链，
2019年，白金，镶嵌祖母绿
和钻石。

《印多尔王公妃肖像》
(*Portrait of the Maharani*
of Indore)，布面油画，
1933-34年。私人收藏。

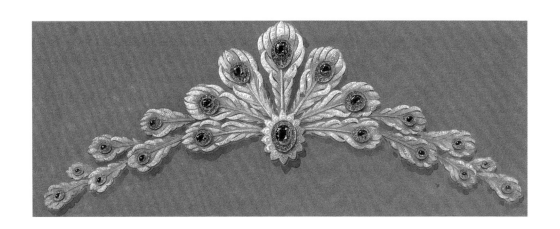

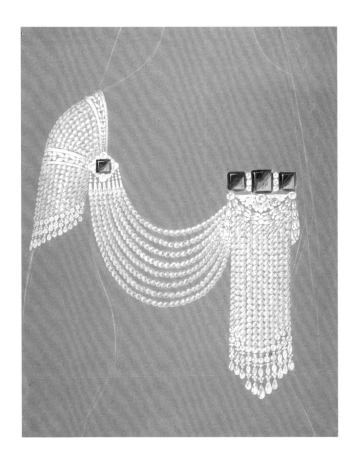

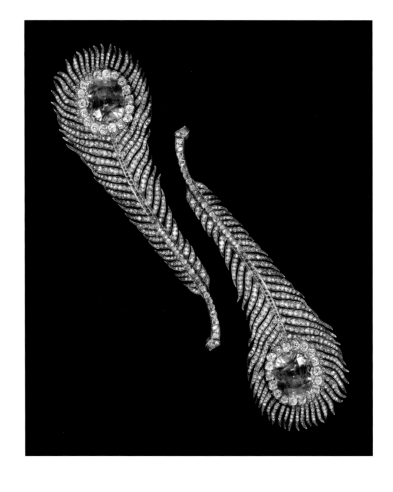

中图
印度风格肩饰和胸饰设计图
（珍珠，祖母绿和钻石），
CHAUMET绘画工坊，
约1920年，以石墨、白垩、
水彩薄层和水粉绘制。
巴黎，CHAUMET典藏。

上图
孔雀翎冠冕设计图，
约1915年，石墨，白垩，水粉。
巴黎，CHAUMET典藏。

下图
孔雀翎胸针，可转换为
蓝宝石胸针，莫雷尔时期，
约1870年，金，银，
蓝宝石，红宝石和钻石。
法贝热（Faerber）收藏。

"bayadère"印度风格项链淋漓尽致地展现了CHAUMET世家工艺特色，精致的米粒珍珠与圆凸面形蓝宝石和玫瑰式切割钻石交错相间（参见第126页左图）。项链名称取自葡萄牙语中的"*bailadeira*"一词，意为"舞者"，令人联想起印度表演艺术家佩戴的纤长流苏腰链。约瑟夫·尚美对珍珠的渊博学识（1924年，他甚至考虑在斯里兰卡培育珍珠）进一步提升了CHAUMET世家擅长于珍珠饰品的声誉（参见第251页）。CHAUMET珍珠沙龙（Salon des Perles）取名自20世纪在此孜孜工作的串珠师（参见第31页和第464页下图），在为纪念CHAUMET世家240年周年华诞而翻修芳登广场12号时重焕生机。遵循CHAUMET世家擅用珍珠的传统，*Ondes et Merveilles*瀚海史诗高定珠宝套系*Comète des Mers*汪洋彗星主题项链匠心独具地搭配浅灰色、淡紫色和橄榄绿色等色泽独特的天然珍珠，将点缀一颗帕帕拉恰蓝宝石的项链幻化为从海浪中升腾而起的彗星（参见右图）。*CHAUMET Maharani*冬灵俪影隐藏式腕间珍宝续写CHAUMET与印度之间的深厚情缘。系列作品点缀华彩缤纷的红宝石和祖母绿，现代风格中流露精致韵味，让人联想起为"印多尔水滴形对钻"（参见第127页）设计的不对称项链。

左图
双孔雀胸针设计图，
CHAUMET绘画工坊，
约1900-10年，以石墨、
水彩薄层和高亮颜料在
色纸上绘制。
巴黎，CHAUMET典藏。

右图
*Ondes et Merveilles de Chaumet*瀚海史诗高定珠宝套系*Comètes des Mers*
汪洋彗星主题项链和耳环，
2022年，白金，玫瑰金，
帕帕拉恰蓝宝石，
彩色蓝宝石，珍珠和钻石。

CHAUMET 与 日 本

2020年，CHAUMET推出 *Trésors d'Ailleurs* 琼宇瑰宝高定戒指系列，礼赞自创立以来为其提供源源灵感的建筑造型和丰富多样的文化。*Sakura*系列玫瑰金、黑玉和漆面戒指镶嵌一颗2克拉钻石（参见第135页左上图），致敬东西方之间的创意碰撞，散发樱花烂漫的动人诗意。*Madame Butterfly*系列戒指从普契尼（Puccini）的著名歌剧《蝴蝶夫人》（*Madame Butterfly*）中汲取灵感，设有隐秘隔间，顶部矗立精致的镂空编玛瑙亭台（参见134页）。这出歌剧讲述的是一位日本女子与其美国丈夫之间的爱情故事。

CHAUMET世家对"旭日之国"的青睐可追溯至其历史早期。马利－艾虔·尼铎师承玛丽·安托瓦内特王后的御用珠宝匠安格－约瑟夫·奥伯特（Ange-Joseph Aubert）时，发现并参与保存了王后的漆器。藏品约60件，包括水壶、匣盒、动物模型和扇子，精致华丽，据闻可堪媲美中国皇帝的收藏。凡尔赛宫黄金厅（又称漆器厅）中陈列的器物极其精致华美，包括一个漆艺文具盒，其上装饰着围棋、菊花和女诗人小野小町（Ono no Komachi）的肖像，现陈列于卢浮宫，摆放在CHAUMET世家为奥地利女大公玛丽－露易丝（Marie-Louise）与拿破仑大帝大婚制作的珠宝套装旁。

随着日本在19世纪末明治时期向西方开放，CHAUMET世家开始将CHAUMET的典雅风格与同样力求完美的日本精约文化相结合。2018年，*Les Mondes de CHAUMET*寰宇艺境高定珠宝套系 *Chant du Printemps* 樱之漫歌主题作品以生生不息的自然轮回为灵感，镶饰钻石、黑色尖晶石、鸽血红红宝石和红石榴石锦簇（参见第135页右下图）。一个世纪前，不同国家交流互鉴蔚为风潮，"*Raijin*"蛋白石、红宝石、祖母绿和钻石胸针便是这种风潮的典范作品，呈现日本文化中司掌闪电、光和风暴的雷神形象（参见第135页右上图）。一款创作于1916年的旭日鹭羽冠冕上，钻石光束从一颗祖母绿中央主石中散射而出（参见第222页）；一款化妆盒则装饰花卉和贝壳图案。

许多日本顾客与CHAUMET自1780年以来的美学追求不谋而合，对美有着共同的热爱。在派驻首尔、伦敦、北京和美国之后，外交官松井庆四郎（Matsui Keishiro）于1919年赴法参加巴黎和会。他借此次出访之便，购买了一款珍珠项链、一顶冠冕、发夹、胸针及手镯。前田利为（Toshinari Maeda）侯爵亦是芳登广场12号的常客，于1922年为他的妻子订购了一顶冠冕，为觐见英国国王乔治五世做准备。他的妻子（参见第55页）是一位珠宝鉴赏家，购买了一枚星光蓝宝石戒指和一枚星光红宝石领带夹。昭和天皇（Showa Tenno）是首个访问欧洲的日本亲王，不熟悉日本礼仪的西方人直呼其名"Hirohito"（裕仁）。他于1921年造访CHAUMET。当时他被立为皇太子已有五年，直至1926年他父亲去世后才登上"菊花宝座"。他对约瑟夫·尚美鉴定珍贵宝石的最新科学方法深感兴趣，在私人行程中参观了分析钻石和红宝石的暗房并观看演示（参见第235–37页和463页）。这位储君深为震撼，利用此次访问为他的父王和母后订购了珍珠、胸针，以及一条带有钻石花环坠饰的项链。

日式风格边角装饰镶金匣盒设计图，CHAUMET绘画工坊，约1920年，以石墨、水粉、水彩薄层和高亮颜料绘制。巴黎，CHAUMET典藏。

为增进与日本的密切关系，CHAUMET世家于2018年在东京三菱一号馆美术馆举办"CHAUMET寰宇艺境珍宝艺术展"展览，共展示300件作品。"CHAUMET：始于1780年的珠宝艺术"展览引领12万参观者踏上领略珠宝世界的独特旅程。从约瑟芬皇后的珠宝作品到可转换珠宝艺术，从情感珠宝到自然意象和权力象征，展览展现CHAUMET世家以谦恭之心对大自然的细致观察和工坊主管代代相承的传统技艺。日本授予大师工匠"人间国宝"的殊荣，同理，CHAUMET在"与艺术对话"（Virtuoso Conversations）展览中颂扬CHAUMET世家工匠（参见第136–37页）。该项目及相关播客系列诚邀饱含热忱的专家深入讨论CHAUMET特别关注的主题，包括亮度、色彩、光线和设计，在珠宝、手工艺和艺术之间建立关联。国际视野贯穿其中：例如，CHAUMET创意工作室总监埃桑·莫阿森（Ehssan Moazen）与建筑师让·努维尔（Jean Nouvel）的助理奥雷良·库朗日（Aurélien Coulanges）以建筑为主题展开对谈，两位秉具世界情怀的人士对匠心卓艺抱有共同的兴趣。

Trésors d'Ailleurs 琼宇瑰宝高定戒指系列 *Madame Butterfly* 戒指，设有隐秘隔间，2020年，玫瑰金，缟玛瑙，红石榴石，钻石和马拉亚石榴石。私人收藏。

左上图
Trésors d'Ailleurs 琼宇瑰宝
高定戒指系列 *Sakura* 戒指，
2020年，玫瑰金，钻石，
黑玉和黑漆。私人收藏。

右上图
日式风格胸针，"Raijin，
雨神兼雷神"，尚美时期，
约1900年，金，蛋白石，
红宝石，钻石和祖母绿。
巴黎，CHAUMET典藏。

下图
Les Mondes de CHAUMET
寰宇艺境高定珠宝套系
Chant du Printemps 樱之漫
歌主题项链，2018年，白金，
缟玛瑙，红宝石，红石榴石
和钻石。私人收藏。

左图
田边竹云斋（Chikuunsai
Tanabe）为"与艺术对话"
展览设计的竹艺装置，
日本，2021年。

右图
木村政彦（Masahiko
Kimura）为"与艺术对话"
展览布置的盆景，
日本，2021年。

CHAUMET 与中国

CHAUMET与中国之间的深厚情缘似乎是命中注定，值得一提的是CHAUMET世家的中文名称"尚美"二字意为"至臻之美"。中国是18世纪法国器物的重要灵感源泉，尤其是装饰华丽的乌木、琥珀、玉器和象牙鸟笼。早在1923年，CHAUMET作品中再度呈现鲜明的中国元素，例如一款点缀缟玛瑙和翡翠的天然珍珠流苏，搭配丝绳（参见第141页右下图）。数年后，备受追捧的帝王玉现身于一款精美胸针，其内嵌饰一叶穿云破浪的雕刻扁舟（参见第141页左下图）。2017年，CHAUMET在北京举办"尚之以琼华：始于十八世纪的珍宝艺术"大展，并借此机会推出 *CHAUMET Lumières Célestes* 天穹之光高定珠宝套系。作品从阴阳原理汲取灵感，混搭白钻、黄钻和珍珠，打造出精美绝伦的项链和戒指。一顶冠冕仿效京剧艺术家佩戴的盔头，运用CHAUMET世家标志性的刀锋镶嵌法，使宝石仿佛凌空悬浮，营造出轻柔迷人的光晕（参见第140页）。三年后的2020年，*CHAUMET Trésors d'Ailleurs* 琼宇瑰宝高定戒指系列以六款美戒延续东西方的交流对话。第一组三款乾隆主题戒指，以18世纪清朝乾隆皇帝的年号命名，在其统治时期，清朝国力昌盛，艺术尤其是建筑领域蓬勃发展。三款戒指分别采用粉色碧玺、绿色碧玺及璀璨迷人的蓝紫色坦桑石为中央主石，戒托上的漆面花纹与主石色调相辅相成（参见右图）。第二组三款魏夫人主题戒指，以乾隆皇帝后妃之首魏佳氏的姓氏命名，采用亭台造型，顶部分别镶饰一颗硕大的凸圆型多面体红碧玺、橙色石榴石及绿色碧玺。

CHAUMET在一处意义非凡的场馆——北京故宫博物院（参见第141页上图）举办在中国的首次回顾展。故宫又称紫禁城，该建筑群被联合国教科文组织列为世界文化遗产。CHAUMET世家拥有珠宝界最悠久深厚的历史传承之一，其档案典藏在这座曾是24位皇帝居所的历史和文化遗址激荡独特回响。多位皇室和贵族成员出席了展览开幕式，包括汉诺威卡罗琳王妃殿下（Caroline of Hanover）、波旁-两西西里王朝的卡米拉王妃殿下（Camilla of Bourbon-Two Sicilies）、西敏公爵夫人娜塔丽雅·菲利普斯（Natalia Grosvenor）和贝特福德公爵安德鲁·罗素（Andrew Russell），共吸引了50万位参观者。展览令公众得以领略CHAUMET世家波澜壮阔的瑰丽历史，CHAUMET世家作品与法国历史紧密相联。值此次展览之际，拿破仑大帝于1804年12月2日在巴黎圣母院加冕礼上佩戴的"摄政王之剑"，自CHAUMET世家创始人马利-艾虔·尼铎制成宝剑后，首次离开法国参展。珠宝作品、影像资料、设计图稿和艺术珍品等300件展品齐聚一堂，中国和法国珠宝工匠的匠心卓艺相互映照，展现他们共同的灵感之源。

Trésors d'Ailleurs 琼宇瑰宝高定戒指系列乾隆主题戒指，2020年，玫瑰金，彩漆，钻石和粉色碧玺。

"越是深究，中国越显得举足轻重。"

——弗朗西斯·德·米奥芒德尔（FRANCIS DE MIOMANDRE），
《LA GAZETTE DU BON TON》杂志，1914年

Lumières Célestes 天穹之光
高定珠宝套系冠冕作品，
2017年，金，钻石和珍珠。
私人收藏。

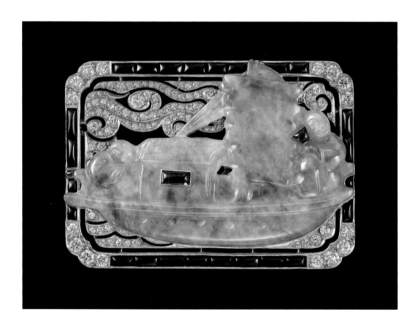

上图
2017年在北京故宫举办的
"尚之以琼华：始于十八世纪
的珍宝艺术"大展吸引了大
量参观者。

左下图
嵌玉中式帆船胸针，
尚美时期，1929年，铂金，
雕刻翡翠，红宝石，
钻石和缟玛瑙。
巴黎，CHAUMET典藏。

右下图
中国风格链坠，尚美时期，
1923年，铂金，钻石，
翡翠，缟玛瑙和珍珠。
巴黎，CHAUMET典藏。

章馼

中图
Lumières Célestes 天穹之光
高定珠宝套系戒指作品，
2017年，金，珍珠和钻石。
私人收藏。

下图
Lumières Célestes 天穹之光
高定珠宝套系戒指作品，
2017年，金和钻石。
私人收藏。

2021年末在北京举办的"Tiara Dream冠冕绮梦"沉浸式互动体验大展亦秉承同样的精神。展览融合想象与现实，从CHAUMET世家的历史冠冕作品中汲取灵感，为广大年轻公众带来一场惊喜连连的视觉盛宴。

中国末代皇帝溥仪的皇后
婉容佩戴鹭羽发饰，
20世纪初。

CHAUMET 与中东

CHAUMET世家素来对异域文化满怀好奇，打造融合自有风格与东方主义元素的珠宝。这一艺术运动由拿破仑发起的金字塔大战（1798-1801年）引发，拿破仑在称帝之前即是CHAUMET顾客。中东风潮启发了整个19世纪的作品：布尔努斯袍胸针、镶嵌刻有阿拉伯文的宝石的护身符戒指、大马士革镶金作品及宫娥胸针。在沙龙里亦或歌剧院的包厢里，东方元素随处可见。这种将柏柏尔、波斯和摩尔美学集于一体的风格概念热情洋溢，充满想象力，令巴黎人兴奋不已。弗朗索瓦-勒内·德·夏多布里昂（François-René de Chateaubriand）的游记《从巴黎到耶路撒冷》（*Itinerary from Paris to Jerusalem*，1811年）出版后大获成功，1903年的"伊斯兰艺术展"引发热烈回响。

约瑟夫·尚美创作自成一格的发饰和鹭羽冠冕，令顾客在中东主题舞会上惊艳全场，例如时装设计师保罗·波烈（Paul Poiret）于1911年在圣奥诺雷福宝街（Rue du Faubourg Saint-Honoré）的寓所中举办的"一千零一夜"舞会。CHAUMET世家巧妙演变传统图案，如阿拉伯式遮窗格栅等镂金花边、新月、马赛克瓷砖及珐琅陶瓷拼镶图案，其顾客中不乏中东王室贵胄。摩洛哥苏丹穆莱·阿卜杜勒阿齐兹（Moulay Abdelaziz）酷爱摄影，在19世纪末亦购买了不少CHAUMET世家珠宝。自此，摩洛哥王室成为了CHAUMET的重要顾客，王室成员热衷于购买手镯、胸针、戒指、项链及卡夫塔腰带。哈桑二世（Hassan II）国王为长女拉拉·梅耶姆（Lalla Meryem）的婚礼订购了一套钻石珠宝套系；为拉拉·哈斯娜（Lalla Hasna）的婚礼，订制了一顶摩尔建筑造型冠冕（参见第148页上图和第200页上图）。她们的兄弟穆罕默德六世国王（Mohammed VI）于2002年大婚时，新娘拉拉·萨尔玛王妃（Lalla Salma）佩戴一顶希腊横饰带图案冠冕，让人联想起CHAUMET的装饰艺术风格作品。2020年为CHAUMET世家240周年华诞设计的Shéhérazade戒指（参见第147页）致敬《一千零一夜》（*One Thousand and One Nights*）中收集的波斯、印度及阿拉伯故事，以及里姆斯基-柯萨科夫（Rimsky-Korsakov）创作的同名交响组曲。由谢尔盖·达基列夫（Sergei Diaghilev）为俄罗斯芭蕾舞团编舞的芭蕾舞剧，1910年首演于巴黎歌剧院时赢得满堂喝彩，自此经常在世界各地巡回演出。

2022年，CHAUMET选址利雅得举办在中东的首次历史传承主题展览——"Tiara Dream冠冕绮梦"沉浸式互动体验大展。展览场馆法赫德国王国家图书馆（King Fahad National Library）尽显奥拉亚街区的蓬勃活力。展览展示了过去240余年来，CHAUMET世家如何面对顾客的心愿，化梦想为现实。展览令参观者置身于过去与现在水乳交融的迷人世界，在沙特阿拉伯和法国之间建立崭新桥梁。

埃及武士图案胸针，鲁贝勒（Rubel）为CHAUMET设计，1924年，铂金，红宝石，祖母绿，钻石和缟玛瑙。私人收藏。

左图
埃德蒙·杜拉克（Edmund
Dulac），源于《一千零一夜》
的《航海家辛巴达》故事中
"被唤醒的睡者"插图，
1914年。

右图
*Trésors d'Ailleurs*琼宇瑰宝
高定戒指系列*Shéhérazade*
戒指，2020年，玫瑰金，
孔雀石，彩漆和祖母绿。

上图
摩洛哥拉拉·哈斯娜公主
在婚礼当天佩戴CHAUMET
冠冕，她的父亲摩洛哥哈桑
二世国王陪伴在侧，
1994年9月8日。

中图
东方风格胸针（金，祖母绿
和钻石），CHAUMET绘画
工坊，约1900年，以水粉、
水彩薄层和高亮颜料在
描图纸上绘制。
巴黎，CHAUMET典藏。

下图
乔治·勒帕普（Georges
Lepape），为他的著作
《保罗·波烈纪事》（Les
Choses de Paul Poiret）
绘制的彩色平版印刷时尚样
板画，1911年。

右页
Firmament de Minuit
夜舞长天冠冕，白金和钻石，
菲利普·杰伦斯卡（Philipp
Jelenska）为《VOGUE》
杂志阿拉伯版拍摄，
2022年3月。

CHAUMET 与 非 洲

非洲此前一直是高级珠宝的处女地，为向这片旖旎浪漫、色彩斑斓的传奇土地致敬，CHAUMET推出 *Les Mondes de CHAUMET* 寰宇艺境高定珠宝套系 *Trésors d'Afrique* 非域珍藏篇章（参见右图及下页）。该系列于2018年在当代艺术和文化中心——巴黎蓬皮杜中心发布，来自世界各地的嘉宾得以一窥其貌，包括名模娜奥米·坎贝尔（Naomi Campbell）、莉亚·凯贝德（Liya Kebede）、纳塔利·沃佳诺娃（Natalia Vodianova）、贺聪及演员欧嘉·柯瑞兰寇（Olga Kurylenko）。手镯和戒指镶嵌多面体切割孔雀石、绿松石、青金石和绿玉髓，乌木色调和金丝形成妙趣对比。马赛族（Masai）、富拉尼族（Fulani）和祖鲁族（Zulu）女性钟爱的色彩现身于成行排列的红色和黑色尖晶石、祖母绿和橙色石榴石编织而成的项链、耳环和镶嵌蓝宝石的手镯上。CHAUMET世家始终对不同文化和观点的邂逅碰撞兴趣浓厚，邀请肯尼亚青年艺术家埃文斯·姆布辜瓦（Evans Mbugua）合作设计一系列作品。姆布辜瓦从他在祖国肯尼亚与动物的邂逅经历中撷取灵感，构思出六则诙谐有趣的故事，作为六款胸针的设计主题，组成 Les Mondes de CHAUMET 寰宇艺境高定珠宝套系 *Trésors d'Afrique* 非域珍藏篇章 *Espiègleries* 狂野生灵主题，Espiègleries 在法语中意为"淘气的"（参见第165页和第167页）。

左图
象首黄金手镯设计图，
CHAUMET绘画工坊，
约1960–70年，以石墨、
水粉和高亮颜料在描图纸上
绘制。
巴黎，CHAUMET典藏。

右图
Les Mondes de CHAUMET
寰宇艺境高定珠宝套系，
2018年。
Terres d'Or 金色大地主题
戒指，白金，黄金，彩漆，
黄色蓝宝石和钻石。
Terres d'Or 金色大地主题
戒指，白金，黄金，彩漆，
红宝石，黄色蓝宝石和钻石。
Terres d'Or 金色大地主题
戒指，白金，黄金，红宝石，
黄色蓝宝石和钻石。
Terres d'Or 金色大地主题
耳环，白金，黄金，红宝石
圆珠，彩漆，黄色蓝宝石和
钻石。
Terres d'Or 金色大地主题
戒指，白金，黄金，鸽血红
红宝石和钻石。

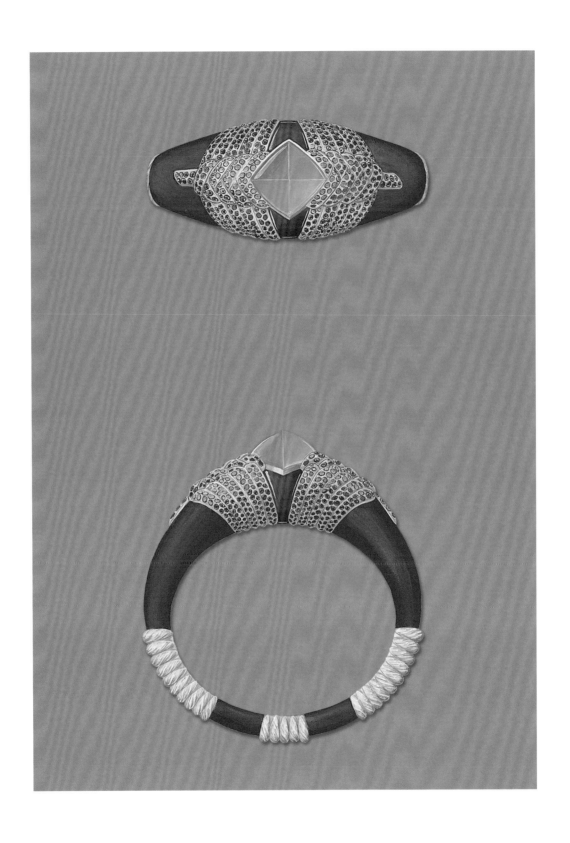

左图
Les Mondes de CHAUMET
寰宇艺境高定珠宝套系
*Cascades Royales*皇家瀑布
主题戒指、耳环和可转换
项链，2018年，白金，黄金，
祖母绿，缟玛瑙和钻石。

右图
Les Mondes de CHAUMET
寰宇艺境高定珠宝套系
*Talismania*护身图腾主题
手镯的水粉设计图2018年，
以水粉和高亮颜料在
色纸上绘制。
巴黎，CHAUMET典藏。

世家融蕴……

风雅于型，自在于心

灵 动 活 泼

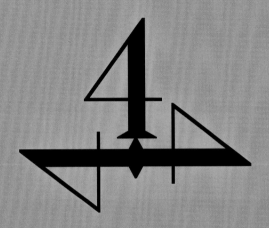

世家融蕴……

"我 最 爱 她 的 明 眸，
秋 水 横 波， 胜 似 璀 璨 星 空，
我 爱 她 灵 动 流 转 的 眼 眸 。"

——保罗·魏尔伦（PAUL VERLAINE），
《无词的浪漫曲》（*ROMANCES SANS PAROLES*），1874年

左图
*Ondes et Merveilles de CHAUMET*瀚海史诗高定珠宝套系*Encres*澜海爱印篇章腕间珍宝，搭载瑞士自动上链机芯，2022年，白金，钻石，蓝宝石，绿松石，大明火珐琅和鳄鱼皮表带。
*Ondes et Merveilles de CHAUMET*瀚海史诗高定珠宝套系*Encres*澜海爱印篇章胸针，2022年，白金，黄金，玫瑰金，钻石，大明火珐琅，绿松石和珍珠母贝。

第154页
一对曼奇尼风格发饰，弗森时期，约1840年，金，银和钻石。
巴黎，CHAUMET典藏。

CHAUMET世家的第一位灵感缪斯约瑟芬皇后恣情纵意，不受世俗束缚。CHAUMET世家与她一样，秉持自由精神，以幽默诙谐和奇思妙想带来灵动意趣，激发好奇心，令人会心一笑。从1909年创作的 "Antennas" 冠冕到近来受到水手纹身启发的*Encres*澜海爱印篇章高级珠宝胸针（参见第158页），CHAUMET以非凡创意和精湛工艺，为各个时代创作赏心怡情的惊艳之作。

左上图
*Ondes et Merveilles de
CHAUMET*瀚海史诗高定珠
宝套系*Encres*澜海爱印篇
章胸针，2022年，白金，
黄金，玫瑰金，钻石，
红宝石，水晶石和
大明火珐琅。

右上图
*Ondes et Merveilles de
CHAUMET*瀚海史诗高定珠
宝套系*Encres*澜海爱印篇章
胸针，2022年，白金，
黄金，玫瑰金，钻石，
红宝石，蓝宝石，锰铝榴石
和大明火珐琅。私人收藏。

左下图
*Ondes et Merveilles de
CHAUMET*瀚海史诗高定
珠宝套系*Encres*澜海爱印篇
章胸针，2022年，白金，
黄金，玫瑰金，钻石，
绿松石，编玛瑙和
大明火珐琅。私人收藏。

右下图
*Ondes et Merveilles de
CHAUMET*瀚海史诗高定
珠宝套系*Encres*澜海爱印篇章
胸针，2022年，白金，
黄金，玫瑰金，钻石，
绿松石，水晶石，
黄色蓝宝石，石榴石和
尖晶石，大明火珐琅和彩漆。

右中图
*Ondes et Merveilles de
CHAUMET*瀚海史诗高定珠
宝套系*Encres*澜海爱印篇章
胸针，2022年，白金，
黄金，玫瑰金，钻石，
大明火珐琅，绿松石和
珍珠母贝。

右图
*Espiègleries*狂野生灵主题
*Sonate d'Automne*胸针，
2019年，黄金，白金，钻石，
虎眼石和彩漆。
*Espiègleries*狂野生灵主题
蝴蝶和蜗牛胸针，2019年，
玫瑰金，石榴石，黄金和
虎眼石。

风雅于型，自在于心

2018年"风雅于型，自在于心"广告视觉以风趣不羁的三联画，从不同的角度展现CHAUMET世家精神，尽管其历史长达两个世纪之久，但并不以庄重端严自持。在这三道场景中，一位21世纪的灰姑娘，CHAUMET巴黎气质与轻灵风格的化身，穿着有机玻璃高跟穆勒鞋而非水晶鞋，脚踝饰以CHAUMET手镯；优雅天成的现代女郎佩戴白手套，四枚*Joséphine*约瑟芬皇后系列戒指闪烁指间；*Firmament Apollinien*月桂颂歌主题冠冕被反向佩戴（参见右图）。

2019年，不懈追求创新的CHAUMET以"变换的艺术"为主题举办"别样"（Autrement）展览，结合艺术和时尚，展现作品不拘一格的迷人佩戴方式。项链化作发饰；细链戴于前额或编入秀发；手镯转换为莫卧儿帝国时期朝臣戴于上臂的传统臂环"*bazuband*"；胸针别于发际。瑞典时尚摄影师茱莉亚·赫塔（Julia Hetta）悉数捕捉各种情态，她的摄影作品被装裱在可追溯至15世纪的历史相框中展示，妙趣盎然（参见下图）。

左图
在圣日耳曼大街165号举办的"别样"展览。

右图
La Nature de CHAUMET
自然妙境高定珠宝套系
*Firmament Apollinien*月桂颂歌主题冠冕，2016年，白金，钻石和蓝宝石。
私人收藏。

奇 趣 生 灵

20世纪60年代初，特立独行的雕塑家勒内·莫林（René Morin）的作品吸引了CHAUMET的目光，CHAUMET世家于1962年将其纳入麾下并赋予其自主创作的权力。一系列独特不凡的动物主题作品于焉诞生，例如以一块青金石雕刻而成的独角兽，带有以黄金和绿松石刻画的鬃毛（参见第164页）。此外，他还制作了赤铁矿野猪、石英猫头鹰及弥诺陶洛斯胸针和手镯，在芳登广场12号全新高级精品店的拱廊厅引发轰动（参见第34页、36页、37页和461页）。1970年，莫林采用巴卡拉（Baccarat）水晶原石边料制作了37个动物形象——CHAUMET在升级改造方面领先时代。1764年在洛林开设的巴卡拉制造厂和1780年创建于巴黎的CHAUMET世家惺惺相惜。在法国自然与环境保护部部长的支持下，双方在巴黎历史悠久的玛黑街区狩猎和自然博物馆（Musée de la Chasse et de la Nature）联袂举办"奇幻动物"（Bestiaire Fabuleux）展览，将诺亚方舟与让·德·拉·封丹（Jean de La Fontaine）的寓言故事交织相融。各个动物造型被赋予富有象征寓意的名字：山羊命名为"阿玛耳忒亚"（Amalthea），取自宙斯婴儿时期的乳母山羊；骆驼命名为"雷西塔"（Resita）；鹰命名为"武尔图尔"（Vultur）；公牛则命名为"维特里乌斯"（Vitellus）。每个生灵皆个性鲜明。狐狸"菲卢"（Filou）长着镀银胡须和流露嘲讽之意的虎眼石眼睛，于2022年被纳入CHAUMET世家的历史典藏系列（参见第166页）。

1974年，英国贵族和著名艺术收藏家、第六代阿尔宾斯男爵瓦伦丁·阿布迪（Valentine Abdy）爵士为妻子玛蒂尔德·德·拉费泰（Mathilde de La Ferté）购买了一条别具一格的CHAUMET章鱼图案项链（参见第299页）。章鱼以不透明白水晶雕刻而成，紧紧攀附碧玉海藻，象征着夫妻间的相依相生。然而，11年后，前任阿布迪夫人改嫁爱德华·德·罗斯柴尔德（Édouard de Rothschild），其家族亦是CHAUMET世家的重要主顾。CHAUMET再次从大自然中汲取灵感，以同样灵动活泼的风格，设计出兼具田园诗意与诙谐趣味的胸针。其中一款胸针上，一只蜗牛爬上鞋底镶饰钻石的园丁靴（参见第159页）。其他作品中，红碧玺、海蓝宝石和水滴形坦桑石（水滴形切工令约瑟芬皇后联想到清晨露珠，因此深受其喜爱）装饰着花园中的水管、铁锹或稻草人。

CHAUMET世家在圣萨文（Saint-Savin）修道院举办的年轻艺术家作品展上偶然发现艺术家埃文斯·姆布辜瓦的画作，因此邀请他合作设计珠宝作品。2018年，*Les Mondes de CHAUMET*寰宇艺境高定珠宝套系 *Trésors d'Afrique*非域珍藏篇章 *Espiègleries*狂野生灵主题的六款胸针应运而生，以颇具玩味而富有诗意的方式致意姆布辜瓦的祖国肯尼亚。其中一款胸针呈现一头镶嵌蓝宝石象目的粉色蛋白石大象，它仿佛正赶赴一场宴会，象鼻卷着一束鲜花，姆布辜瓦以此致意他在乞力马扎罗山（Mount Kilimanjaro）山脚下的安波塞利国家公园（Amboseli National Park）遇到的象群。其他胸针中，一只懒猴利用斑马的温良脾性爬上马背；一头雄狮一觉醒来，舒展筋骨（参见第165页）；数只活泼的蚂蚁忙碌不休，可拆下作为耳环佩戴；一头长颈鹿自浮云中伸出脑袋（参见第167页）。

一对蜜蜂胸针，尚美时期，
约1970年，黄金和钻石。
私人收藏。

左图
独角兽夹式胸针，
尚美时期（勒内·莫林），
1965年，青金石，绿松石，
钻石，金和红宝石。
戴安娜·莫林（Diane
Morin）收藏。

右图
Les Mondes de CHAUMET
寰宇艺境高定珠宝套系
Espiègleries狂野生灵
主题雄狮胸针，2018年，
白金和黄金，钻石，蓝色、
黄色和粉色蓝宝石。
巴黎，CHAUMET典藏。

左图
*Le Bestiaire fabuleux*系列
狐狸"菲卢"（Filou），
CHAUMET（勒内·莫林）
与巴卡拉联合创作，
1971年，水晶，镀金银，
玻璃和虎眼石。
巴黎，CHAUMET典藏。

右图
Les Mondes de CHAUMET
寰宇艺境高定珠宝套系
*Espiègleries*狂野生灵
主题长颈鹿胸针，2018年，
白金，黄金，大明火珐琅，
水晶石和缟玛瑙。
巴黎，CHAUMET典藏。

私 密 信 物

"无一日不爱你入骨。无一夜不拥你入怀。
举杯独饮，恨铁马金戈的荣耀与雄心，
让我与至爱山长水远生别离。"

——拿破仑致约瑟芬的情书，1796年3月

左图
*CHAUMET Liens*缘系·
一生系列*Jeux de Liens
Harmony*圆·缘主题吊坠，
黄金和钻石。

第168页
*CHAUMET Liens*缘系·
一生系列*Jeux de Liens*欢·
缘主题长项链，玫瑰金，
孔雀石，珍珠母贝和钻石。

自从CHAUMET创始人之子弗朗索瓦-勒尼奥·尼铎与约瑟芬皇后初次邂逅并获封为"皇后御用珠宝商"，CHAUMET世家见证了数不胜数的传奇情缘。获此尊贵荣衔后，CHAUMET世家成为情感珠宝的诞生之地。CHAUMET世家欣然护持浪漫情缘，创作简约的订婚戒指、华美的结婚礼物或瑰丽的冠冕。

约瑟芬皇后的用度

皇后每年的"服装和衣橱"预算是**45**万法郎，
但在**1805**年，她花费了约**140**万法郎。

1809年，她的衣橱包括
49件宫廷礼裙、
496条披肩和围巾、
785双鞋履及**1,132**副手套。

"她并不向我要钱，而是让我欠下成百上千万的巨债。"
——拿破仑大帝谈述约瑟芬皇后的奢靡作风

右页
《约瑟芬皇后在穿衣镜前》
（L'Impératrice Joséphine
devant sa psyché），
让·巴蒂斯特·伊萨贝
（Jean-Baptiste Isabey），
水彩画，1808年。
巴黎卢浮宫博物馆。

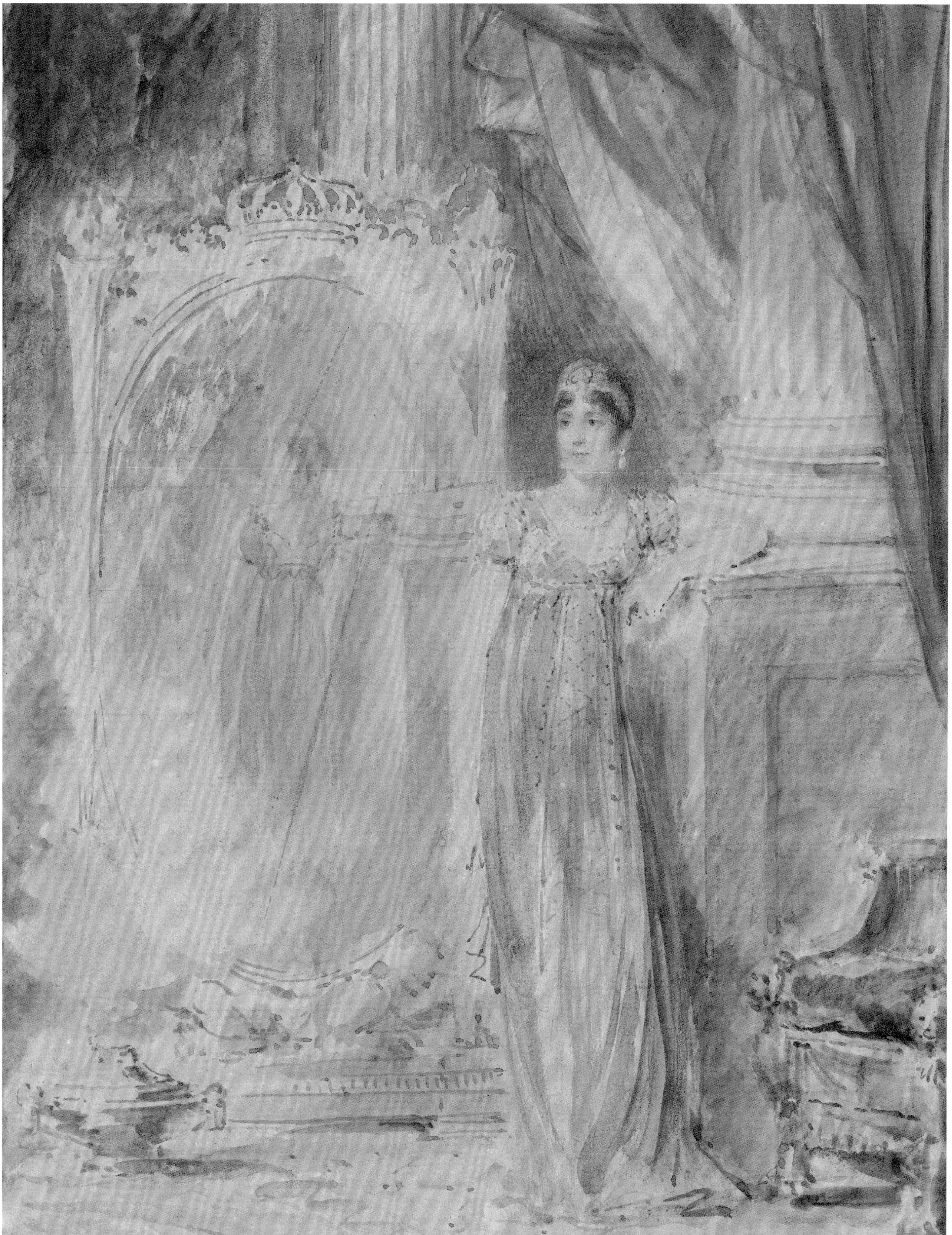

"约瑟芬皇后与拿破仑大帝，
一段非凡的史诗传奇"展览

2021年，为纪念拿破仑大帝两百周年忌辰，CHAUMET于芳登广场12号举办"约瑟芬皇后与拿破仑大帝，一段非凡的史诗传奇"展览。展览回顾了两人旖旎爱恋中的关键事件，通过大量此前从未公诸于众的作品，展现这段关系中动人心弦的吉光片羽（参见第44-47页）。

他们邂逅之初，拿破仑是一位腼腆拘谨、籍籍无名的科西嘉将军。比起与女人相处，看书更令他怡然自得。约瑟芬，当时名为玛丽-约瑟芙·罗丝·德·博阿尔内（Marie-Joseph-Rose de Beauharnais），展现出不同寻常的刚烈个性：她赢得孩子的监护权，并利用自身魅力在大革命期间险中求生，而其丈夫则丧命于断头台。拿破仑对她一见钟情，至死不渝。他将她作为寡母时使用的名字改为"约瑟芬"。他们于1796年大婚，并谎报年龄以隐瞒两人相差六岁的事实（约瑟芬当时32岁，拿破仑仅26岁）。新婚不久，拿破仑即征伐意大利。他在每天写给约瑟芬的信中倾诉炽热爱意，渴求爱的回应。

在约瑟芬的出生地——马提尼克岛上，一位预言家曾预言她将成为"一代皇后"，但会"郁郁寡欢地孤独终老"。在1804年被加冕为法国皇后之后，约瑟芬皇后在拿破仑大帝建立新政权时给予其鼎力支持。CHAUMET在其蜕变为皇后的过程中占有一席之地，为其创作钻石、绿松石和祖母绿珠宝套系，对镯、珊瑚浮雕、发饰和镶嵌珍贵宝石的发梳，以及她钟爱的珍珠枝形吊灯式耳坠。身为皇后的她深知自己引领时尚的角色，其衣冠举止无可指摘，但由于未能诞下皇嗣，她最终被迫同意和离。此次展品中包含她的同意书，在这份公函中，她同意出于国家大义与拿破仑大帝分离，看者伤心欲绝，闻者心痛流泪。旁边是她初闻此艰难请求时折断的扇面。然而，他们依然深爱彼此。即使再婚后，拿破仑大帝依旧与约瑟芬保持亲密关系，直至去世。据称他在临终遗言中提到了她的名字。

为约瑟芬皇后打造的孔雀石浮雕肖像珠宝套装，被认为是弗朗索瓦-勒尼奥·尼铎的作品，约1810年，金，孔雀石和珍珠。
巴黎拿破仑基金会。

欧 仁 妮 皇 后 与 拿 破 仑 三 世

与约瑟芬皇后一样，欧仁妮皇后也是为爱而婚的现代女性。她亦切实行使权力，为她所信仰的事业挺身而出。她是出生于西班牙的泰巴女伯爵，全名为欧仁妮·德·帕拉福斯·波托卡雷罗。彼时，她刚刚解除与表兄的婚约，与母亲蒙蒂霍女伯爵一起逃往巴黎。两人住在芳登广场12号的私人宅邸，弗里德里克·肖邦刚在此去世不久，而五十年后约瑟夫·尚美则在此创建CHAUMET世家。路易-拿破仑·波拿巴是拿破仑大帝的侄子和约瑟芬皇后的外孙，他的母亲是约瑟芬的女儿奥坦丝·德·博阿尔内（Hortense de Beauharnais）。他对优雅聪慧的安达卢西亚佳丽欧仁妮一往情深。某次他们在贡比涅散步时，欧仁妮发现一片浸透露水的三叶草叶子，并以珠宝作比。"王子总统"拿破仑三世立即从珠宝商处订购了一枚精美的金质、祖母绿和钻石三叶草胸针。后来，欧仁妮拥有了第二枚由于勒·弗森制作的钻石镶边半透明绿色珐琅三叶草胸针，并将其作为三角胸衣胸针终生佩戴（参见右下图和第400页）。

路易-拿破仑登基为拿破仑三世皇帝后，年轻的欧仁妮成为了他的皇后（她比拿破仑年轻18岁）。当拿破仑三世问她："如何才能与佳人共度良宵？"，欧仁妮明确回答："步入教堂，阁下"。1853年1月30日，这对爱侣在巴黎圣母院举行婚礼，并乘坐拿破仑大帝与约瑟芬皇后于1804年加冕时搭乘的马车。CHAUMET为他们制作了结婚戒指及订婚礼物，包括手镯、三角胸衣胸针和肩饰。庆典盛事奢华壮观，与路易十四时代在凡尔赛宫举办的宴会相比，亦不遑多让，昭示着新帝国的繁荣昌盛。欧仁妮回绝了巴黎市政厅为进献一条钻石项链作为结婚礼物而预留的60万法郎，而要求将这笔钱用于为有需要的年轻女性建造一所机构。1856年12月揭幕的圣安托万福宝孤儿院（Orphelinat du Faubourg Saint Antoine），现为欧仁妮·拿破仑基金会（Fondation Eugène Napoléon），实际造价几乎是上述金额的三倍。这是欧仁妮发起兴建的首个慈善机构，她在慈善领域建树颇丰。

为巩固自己的地位和传播新王朝的官方形象，欧仁妮委托路易-菲利普一世国王（Louis-Philippe I）和英国王室的宫廷画家弗兰兹·哈弗·温特哈尔特（Franz Xaver Winterhalter）绘制了许多肖像画。光彩照人的皇后身穿由时装设计师查尔斯·弗雷德里克·沃斯（Charles Frederick Worth）制作的华美克里诺林裙，她会为一次舞会制作多达一千件礼服长裙。得益于缝纫机的发明，其服饰大量采用当时流行的蕾丝、荷叶边和缎带元素。CHAUMET作为皇后母亲经常光顾的珠宝商，为皇后婚典定制了珠宝作品，包括肖像胸针、狩猎表、花束头饰、茉莉花头冠及羽翼冠冕，羽翼可作为三角胸衣胸针佩戴。双方相处甚欢，欧仁妮建议于勒·弗森担任其官方珠宝师。据悉，由于奥尔良家族和路易-菲利普一世已任命弗森父子担任国王御用珠宝师，出于对他们的忠诚，他婉拒了欧仁妮的提议。CHAUMET世家在与顾客的合作关系中忠诚守正。

"她心地善良，慷慨大方，拥有一切激发想象力、愉悦感官和必要时打动人心的魅力。所有男人都是她的裙下之臣。"
——乔治·桑（GEORGE SAND）在《时代报》（*LE TEMPS*）上发表的对欧仁妮皇后的评述，1871年

上图
弗兰兹·哈弗·温特哈尔特（Franz Xaver Winterhalter），《宫廷女侍簇拥的欧仁妮皇后》（*L'impératrice Eugénie entourée des dames d'honneur du palais*），布面油画，1855年。法国贡比涅城堡博物馆。

下图
为欧仁妮皇后打造的三叶草胸针，弗森时期，1852年，金，银，绿色珐琅和钻石。巴黎，CHAUMET典藏。

情 感 珠 宝

CHAUMET世家创始人马利-艾虔·尼铎最早为人所知的作品之一是由黄金、玳瑁和珐琅制成的藏珍匣，其上装饰因难产而去世的罗温艾斯汀（Lawoestine）侯爵夫人肖像（参见第180页左上图）。玛丽·安托瓦内特称赞她拥有"维纳斯的容颜和戴安娜的身材"。为纪念这位年轻美丽的女子，她的父亲订制了这件承载深厚情感的动人作品，以此追忆爱女。作品镌刻感人肺腑的铭文："你哀痛的父亲始终凝望着你，等待再次重逢的那一刻。"六十年后的1849年，当维多利亚女王听闻她敬爱的婶母——萨克森-迈宁根（Saxe-Meiningen）的阿德莱德王太后（Adelaide of Saxe-Meiningen）去世的消息，立即从CHAUMET世家订购了四枚哀悼勋章以纪念她。

除了作为纪念品，情感珠宝亦可蕴含暗语、情话、日期或名字。拿破仑大帝钟爱的藏头诗手链便是其中的典范之作。藏头诗是指将每句诗的首字母连起来读，可组成一个词语。藏头诗珠宝从中汲取灵感，使用宝石名称的首字母拼出密语，作为婚礼、出生或生日等特殊场合的赠礼，亦或作为爱情信物。拿破仑与当时养育两个孩子（分别是15岁和13岁）的寡妇约瑟芬成婚后，当仁不让成为新家庭的一家之主。他决定正式收养欧仁（Eugène）和奥坦丝（Hortense），并从CHAUMET世家订购了两款可拼出养子/女名字的藏头诗手链，作为送给约瑟芬的礼物，每颗宝石两侧均点缀钻石花卉（参见第182页）。这两件作品如今归丹麦玛格丽特二世女王（Margrethe II）所有。自此，CHAUMET延续情感珠宝的传统，多年来不断重新演绎。为纪念240周年华诞，CHAUMET世家设计了一款可个性化定制的藏头诗手链。每件作品均以金链搭配醒目链环，顾客可以从精致宝石和珍贵宝石字母表中按需选取宝石，组拼出自己的爱情密语（参见第183页）。

1977年，Liens d'Or系列正式问世，以现代风格重新诠释情感珠宝。与18世纪的蝴蝶结和缎带图案一样，"连结"图案是CHAUMET世家钟爱的象征符号，暗合连系你我的情感纽带。此图案可见于CHAUMET的许多作品中，包括20世纪10年代创作的一款可转换为发饰冠冕的短颈链，其富有几何美感的设计如今应用于幸运坠饰，可组合叠戴多款坠饰。CHAUMET Liens缘系·一生系列Jeux de Liens欢·缘作品（参见第168页和181页）和CHAUMET Liens缘系·一生系列Jeux de Liens Harmony圆·缘作品（参见第170页）饰以缤纷多彩的孔雀石、缟玛瑙、绿松石、青金石、红玉髓及珍珠母贝，或点缀钻石，与CHAUMET Liens缘系·一生系列Liens Séduction结·缘作品的蝴蝶结项链和交织缠绕的手镯（参见左图）一样，散发扣人心弦的魅力。

Liens d'Or系列项链、
手镯和戒指，CHAUMET，
1977年。
巴黎，CHAUMET典藏。

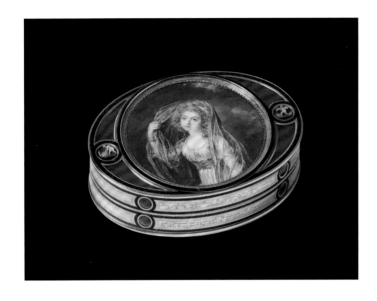

左上图
为罗温艾斯汀侯爵夫人打造的纪念盒，由马利-艾虔·尼铎与阿德里安·瓦谢特（Adrien Vachette）联合制作，1789年，金，珐琅，浮雕，贝壳，珐琅，水粉。巴黎，CHAUMET典藏。

左下图
心形吊坠设计图，CHAUMET绘画工坊，1960年，以石墨、水粉、水彩薄层和高亮颜料在描图纸上绘制。巴黎，CHAUMET典藏。

右上图
心形吊坠设计图，中央饰有装饰性姓名首字母，CHAUMET绘画工坊，约1960年，以石墨、水粉、水彩薄层和高亮颜料在描图纸上绘制。巴黎，CHAUMET典藏。

右下图
吊坠设计图，饰有姓名首字母缩写"LF"，CHAUMET绘画工坊，约1960年，以石墨、水粉、水彩薄层和高亮颜料在描图纸上绘制。巴黎，CHAUMET典藏。

CHAUMET Liens缘系·
一生系列Jeux de Liens欢·
缘主题作品，玫瑰金，
钻石和珍珠母贝。

为欧仁和奥坦丝打造的藏头诗手链

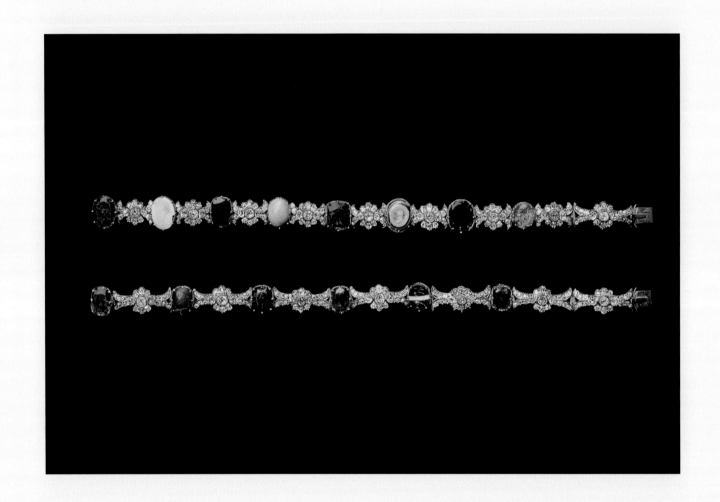

属于约瑟芬皇后的藏头诗
手链，暗含其子欧仁和
其女奥坦丝的名字，
尼铎时期，约1806年，
钻石，珍贵宝石和精致
宝石。丹麦王室收藏——
Det Danske Kongehus´
Løsørefideikommis。

A：*aigue-marine*（海蓝宝石）　　M：*morganite*（摩根石）　　O：*opale*（蛋白石）

U：*uvite*（钙镁电气石）　　R：*rubis*（红宝石）

*CHAUMET Liens*缘系·
一生系列*Jeux de Liens*
欢·缘主题*Les Acrostiches*
手链，传达"AMOUR"（爱）
的私密寄语，2021年，
金和珍贵宝石。

左上图
全新CHAUMET Liens缘系·
一生系列Jeux de Liens欢·
缘主题戒指，镶嵌工序中。

右上图
全新CHAUMET Liens缘系·
一生系列Liens Évidence
誓·缘主题戒指，镶嵌工序中。

下图
CHAUMET Liens缘系·
一生系列Jeux de Liens欢·
缘主题戒指，白金，钻石和
蓝宝石。

右图
CHAUMET Liens缘系·
一生系列Liens Inséparables
合·缘主题白金镶钻吊坠，
白金，镶嵌钻石和蓝宝石，
2023年，CHAUMET设计
工作室，以水粉和高亮颜料
在色纸上绘制。
巴黎，CHAUMET典藏。

情 感 教 育

小说《包法利夫人》（*Madame Bovary*）出版后，被当局指控为淫秽之作，古斯塔夫·福楼拜（Gustave Flaubert）在受审时得到了欧仁妮皇后的支持，他于1869年创作了《情感教育》（*L'Éducation Sentimentale*）。小说主要基于他的青春回忆和他15岁时与一生挚爱爱丽莎·史莱辛格（Élisa Schlésinger）的邂逅相遇，描绘了法兰西第二帝国时期波澜壮阔、绚烂多彩的法国社会画卷，而CHAUMET则占据着浓墨重彩的一笔。2015年，当CHAUMET世家决定在芳登广场12号举办"情感珠宝"主题展览时，戏谑性地将展览命名为"情感教育"。参观者伴随着心跳声效，穿过由锁眼形拱门组成的长廊，整个走廊洋溢激情如火的红色。从CHAUMET世家的丰富档案中挑选的珠宝作品、画作和照片，将跨越漫长岁月的真爱故事娓娓道来：订婚、结婚礼物（婚后次日清晨赠送的"晨礼"）、生日和结婚纪念日。

蝴蝶结和心形图案三角胸衣
胸针设计图，CHAUMET绘
画工坊，约1900-10年，
以水墨在色纸上绘制。
巴黎，CHAUMET典藏。

✓- 191.

左上图
缎带图案冠冕照片，
CHAUMET摄影实验室，
约1900年，玻璃底板负片
冲印的正片图像。
巴黎，CHAUMET典藏。

左下图
蝴蝶结造型三角胸衣胸针
照片，CHAUMET摄影实
验室，约1900年，玻璃底板
负片冲印的正片图像。
巴黎，CHAUMET典藏。

右图
蝴蝶结造型三角胸衣胸针设
计图，镶嵌钻石的和祖母绿，
CHAUMET绘画工坊，
约1900年，以水粉、
水彩薄层和高亮颜料在
色纸上绘制。
巴黎，CHAUMET典藏。

左图
*Joséphine*约瑟芬皇后系列
Aigrette Impériale
鹭羽·冠冕主题钻戒，
铂金和钻石。

右图
*Joséphine*约瑟芬皇后系列
Aigrette 白鹭主题钻戒和
婚戒，白金，钻石和珍珠。

The Guitrys in London

Yvonne Printemps, the brilliant French comédienne, and her husband, Sacha Guitry in "Mariette" at His Majesty's

风 雅 情 事

约瑟芬皇后从CHAUMET世家订购了不计其数的珠宝作品。正如拿破仑大帝无法抵抗约瑟芬皇后的珠宝热情，许多坠入情网的男性前来CHAUMET寻求细致周到的服务和匠心卓艺，助他们梦想成真。1852年，于勒·弗森的工坊一视同仁，在为未来的欧仁妮皇后制作三叶草胸针（参见第177页下图）和一枚价值220法郎的镶钻戒指时投入同等热情，后者由风流倜傥的作曲家艾克托尔·柏辽兹（Hector Berlioz）购得。在奥德翁剧院上演的一场莎士比亚戏剧《哈姆雷特》（*Hamlet*）的排练中，柏辽兹偶然邂逅爱尔兰演员哈丽特·史密森（Harriet Smithson），对她一见倾心。即使她负债累累，他仍义无反顾地与她结婚。她被认为是《幻想交响曲》（*Symphonie Fantastique*）的灵感缪斯。然而，不久后他拜倒在年轻钢琴家卡蜜尔·莫克（Camille Moke）的石榴裙下，后来又移情歌唱名伶玛丽·蕾西奥（Marie Recio），这枚戒指便是为她打造的。

柏辽兹不得不打三份工来维持生计及供给恋情花销。有别于柏辽兹，普鲁士贵族圭多·亨克尔·冯·唐纳斯马克伯爵继承了西里西亚的多座矿山，因而家财万贯。众星拱月的他，爱上比他年长11岁的交际花埃丝特·萨赫里斯·拉赫曼（Esther Thérèse Lachmann），又名拉佩瓦（La Païva）。她出生于莫斯科犹太人区，17岁时嫁给一位法国裁缝，而后抛夫弃子来到巴黎，这座一切皆有可能的城市。她先是嫁给为她神魂颠倒的落魄葡萄牙贵族佩瓦侯爵，获得贵族头衔，后又将目光瞄准唐纳斯马克，令他从德国到英格兰、巴黎和伊斯坦布尔，一路追随。唐纳斯马克深陷情网，不吝以佳礼相赠，其中包括巴黎西郊的庞恰特雷恩城堡（Château de Pontchartrain）。在那里，她因身着男装骑马，引发流言蜚语。他亦出资为她在香榭丽舍大街25号建造一座私人宅邸，随即成为新兴时髦场所。这座宅邸后来用于旅行者俱乐部（Travellers Club），极其富丽奢华：配有摩尔风格浴室，满饰缟玛瑙的镀银铜浴缸设有三个水龙头，分别用于释出驴奶、香槟和温水。伯爵慷慨赠予其大量美轮美奂的珠宝，例如由121颗硕大珍珠组成的三行式项链，惊艳绝伦。这条项链是婚后次日清晨所赠，曾属于欧仁妮皇后，被视作她流亡期间出手的最瑰丽华美的珠宝之一。尽管伯爵在拉佩瓦逝世后续弦，但从未停止对她的爱，并将其遗体存放在水晶棺中。

埃德蒙·罗斯丹（Edmond Rostand）和罗斯蒙德·杰拉尔德（Rosemonde Gérard）在彼此互写情诗四年多后，于1890年在巴黎喜结连理。作家成为CHAUMET世家顾客，为深爱的妻子购买戒指和胸针。在他因戏剧《大鼻子情圣》（*Cyrano de Bergerac*）扬名之前，她一直坚定地支持着他。

剧作家和演员萨夏·圭特瑞
与依翁·普兰通，1929年。

左图
歌唱家和演员依翁·普兰通
（1936年）佩戴CHAUMET
珠宝，其中包括镶饰111克拉
凸圆形祖母绿的著名手镯，
是萨夏·圭特瑞于1924年赠与
她的礼物。

右图
装饰艺术风格手镯，
饰有一颗凸圆形祖母绿，
此前曾属于依翁·普兰通，
CHAUMET摄影实验室，
1924年，玻璃底板负片冲印
的正片图像。
巴黎，CHAUMET典藏。

萨夏·圭特瑞（Sacha Guitry）是杰出的演员、作家和导演，出生于1885年。他的父亲，演员吕西安·吉特里（Lucien Guitry）珠环翠绕，情妇众多，萨夏继承了父亲的风流天性。他的猎艳对象包括莎拉·伯恩哈特（Sarah Bernhardt），她被视为最早的现代女演员之一，其芳容经由影像流传举世皆知。萨夏敏感多情，结过五次婚。他的第一任妻子是美丽动人的夏洛特·黎赛（Charlotte Lysès），后者曾是他父亲的情人。在长达三十年的时间里，萨夏经常光顾芳登广场12号，在CHAUMET世家存档的发票簿中，其购买记录至少有四十页。他的第二任妻子，轻歌剧名伶依翁·普兰通（Yvonne Printemps，参见左图和第192页）以脾气暴躁和喜爱华美珠宝著称，其珠宝收藏中包括一枚瑰丽精致的鎏金手镯，镶嵌一颗重111克拉的圆凸面形祖母绿（参见左图和下图）。

1917年春天，巴勃罗·毕加索首度与俄罗斯芭蕾舞团合作。俄罗斯芭蕾舞团由谢尔盖·达基列夫创建，以巴黎、蒙特卡洛、伦敦及罗马为主场。毕加索在好友让·科克托的引荐下进入舞团，由此涉足文娱领域，在数年间为达基列夫创作舞台布景、戏服、帘幕，甚至编舞。在罗马，毕加索与俄罗斯芭蕾舞演员欧嘉·科赫洛娃（Olga Khokhlova）坠入爱河，次年与她在巴黎亚历山大·涅夫斯基（Alexander Nevsky）东正教教堂完婚。这对夫妇移居巴黎左岸的鲁特西亚酒店（Hôtel Lutetia），毕加索经常以她为模特作画。她是毕加索作品中最常出现的画中人，约140幅画作中含有她的名字（参见第196页上图）。欧嘉钟爱钻石，她的珠宝中有一枚带有其姓名首字母的包饰/胸针（参见第196页下图）、一枚蓝宝石手镯表及钻石戒指，皆为CHAUMET世家作品。

丽丽·达米塔（Lili Damita）是20世纪20年代巴黎赌场（Casino de Paris）的歌舞队女伶，对CHAUMET作品情有独钟，订购了一款精致的珍珠项链及一系列手镯。她喜结交名流雅士，是阿梅德·瓦隆布罗萨（Amédée of Vallombrosa）公爵、美国电影导演迈克尔·柯蒂斯（Michael Curtiz）及普鲁士的路易·斐迪南（Louis-Ferdinand of Prussia）王子的红粉知己，后于1935年在前往纽约的轮船上邂逅埃罗尔·弗林（Errol Flynn）（参见第197页）。弗林比她小五岁，当时相对而言名不经传。达米塔曾参演乔治·库克（George Cukor）、恩斯特·刘别谦（Ernst Lubitsch）、马克思·奥菲尔斯（Max Ophüls）等顶级导演的电影，利用她的人脉帮助弗林在好莱坞青云直上。弗林随后与奥莉薇·黛·哈佛兰（Olivia de Havilland）、贝蒂·戴维斯（Bette Davis）、安东尼·奎恩（Anthony Quinn）、亨弗莱·鲍嘉（Humphrey Bogart）及罗纳德·里根（Ronald Reagan）在电影中同台亮相。

上图
巴勃罗·毕加索为妻子，
俄罗斯芭蕾舞名伶欧嘉·
科赫洛娃绘制的众多肖像画
的其中一幅，《坐在扶手椅
中的欧嘉》（Portrait d'Olga
dans un fauteuil），
布面油画，1918年。
巴黎毕加索博物馆。

下图
欧嘉·毕加索姓名首字母花
押字母胸针照片（铂金和
钻石），CHAUMET摄影
实验室，1930年，玻璃底板
负片冲印的正片图像。
巴黎，CHAUMET典藏。

中图
丽丽·达米塔主演的电影
《禁忌之爱》（Forbidden
Love）海报，1927年。

右页
丽丽·达米塔和她的丈夫
埃罗尔·弗林在洛杉矶的
合影，1936年。

旷世姻缘

从拿破仑大帝和约瑟芬皇后的时代起，CHAUMET世家见证了历史上的许多旷世姻缘。1810年，为庆祝拿破仑大帝与哈布斯堡-洛林皇朝的女大公玛丽-露易丝再婚，CHAUMET世家创作了一套美轮美奂的珍珠珠宝套系，包括项链、发饰、耳环及手链。1891年，CHAUMET世家为第八代蒙特利亚诺公爵（Duke of Montellano）制作送给妻子的结婚礼物，在点缀绿松石的钻石套系中运用蝴蝶结图案，尽显瑰丽华美（参见第202-3页）。1906年，CHAUMET为英国维多利亚女王的外孙女巴腾堡的维多利亚（Victoria of Battenberg）与西班牙国王阿方索十三世（Alfonso XIII）的婚礼创作了一顶百合花钻冕（参见第201页中图），后来添加了圆凸面形绿松石。现任西班牙国王费利佩六世（Felipe VI）是他们的曾孙。数年后，CHAUMET世家在极短的时间内为20世纪初的名流夫妇费利克斯·尤苏波夫（Felix Yusupov）和沙皇尼古拉二世（Nicolas II）的外甥女伊琳娜（Irina of Russia）制作了订婚礼物。她的母亲谢妮亚女大公（Xenia of Russia）是CHAUMET的顾客。1919年，波旁-帕尔玛王朝的西克斯图斯（Sixtus of Bourbon-Parma）王子和海德薇·德·拉·罗什富科（Hedwige de La Rochefoucauld）大婚时，与新娘家族关系密切的CHAUMET制作了一顶巧夺天工的金钟花图案钻石冠冕（参见第454-55页）。

约瑟夫·尚美及其忠心耿耿的销售人员——例如瓦伦丁（Valentin）和马克西姆·维吉尔（Maxime Vigier）各自为CHAUMET效力了40年和35年——对王室顾客竭诚相待，各国王室亦深信在芳登广场12号必能找到值得信赖的合作伙伴。例如，弗里希利亚纳（Frigiliana）伯爵夫人玛丽亚·克里斯蒂娜·法尔科和阿尔瓦雷斯·德·托莱多（María Cristina Falcó y Álvarez de Toledo）的父母于1920年从CHAUMET世家订制了一顶华贵非凡的玫瑰花形图案冠冕，作为送给她的订婚礼物。摩洛哥王室亦是CHAUMET世家的忠诚顾客，委托CHAUMET制作拉拉·哈斯娜公主与卡力尔·本哈彼特（Khalil Benharbit）于1994年大婚时佩戴的冠冕（参见第200页上图）。1936年，CHAUMET为波旁-帕尔玛王朝的爱丽丝（Alice）公主与西班牙王子暨波旁-两西西里王朝阿方索（Alfonso）王子的王室婚礼制作了三套蓝宝石、珍珠、红宝石和钻石珠宝套系。新郎是两西西里王朝最后一任国王费迪南多二世（Ferdinand II）的曾孙。另一直系后裔波旁-两西西里王朝的玛丽亚·卡罗琳娜（Maria-Carolina）、卡拉布里亚（Calabria）和巴勒莫（Palermo）公爵夫人在社交媒体上拥有众多粉丝。2019年，芳龄16岁的她佩戴一顶CHAUMET钻冕出席巴黎名媛舞会（Bal des Débutantes）。中国女星兼歌手杨颖（艺名Angelababy）在与演员黄晓明的婚礼上佩戴一顶CHAUMET钻冕。

2010年6月19日，即瑞典国王卡尔十六世·古斯塔夫（Carl XVI Gustaf）与希尔维亚·索梅尔拉特（Silvia Sommerlath）王后34年前大婚同一日，瑞典王储维多利亚公主与她的私人教练丹尼尔·韦斯特林（Daniel Westling）成婚。她的丈夫被授予丹尼尔亲王殿下，西约特兰公爵（Duke of Västergötland）封号。新娘与其母后一样，佩戴曾属于约瑟芬皇后的浮雕冠冕（参见第200页下图和第201页上图）。1814年5月29日，皇后去世前夕，画家和微雕家费尔南多·夸利亚（Fernando Quaglia）为皇后绘制的最后一幅肖像中可见到这件作品。这顶浮雕冠冕是拿破仑大帝于19世纪初送给约瑟芬皇后的礼物，后来传给约瑟芬皇后的女儿奥坦丝·德·博阿尔内（Hortense de Beauharnais），奥坦丝在侄女洛伊希滕贝格的约瑟芬（Joséphine of Leuchtenberg）与瑞典奥斯卡王子，未来的瑞典国王奥斯卡一世（Oscar I）大婚时将冠冕传给了她。从那以后，这顶冠冕一直是瑞典王室的传世珠宝。

玛丽-露易丝皇后的红宝石和钻石珠宝套装复制品，原作由尼铎于1811年制作，尚美时期，1929年，金，银，白色蓝宝石，锆石和石榴石。巴黎，CHAUMET典藏。

"先生们，我在此对法兰西宣布，
我更愿意迎娶一位我所敬爱的女子，
而非一位与其联姻将利弊兼而有之的陌生女子。
我没有对任何人心存蔑视，
而是根据我的信仰作出理性权衡。"
——拿破仑三世对法国宪法机构的表态，1853年1月22日

左上图
为摩洛哥国王哈桑二世的女
儿拉拉·哈斯娜公主打造的
金和钻石冠冕照片，
1994年，原版图像。
巴黎，CHAUMET典藏。

右上图
拉拉·哈斯娜公主在婚礼当
日佩戴她的父亲哈桑二世国
王送给她的CHAUMET金和
钻石冠冕，1994年9月。

下图
希尔维亚·索梅尔拉特在她
与瑞典国王古斯塔夫·卡尔
十六世的婚礼上佩戴约瑟芬
皇后的浮雕冠冕，
斯德哥尔摩，1976年。

上图
瑞典王储维多利亚公主和
丹尼尔·韦斯特林的婚礼,
2010年6月19日。

中图
为西班牙王后打造的百合花
冠冕(钻石和绿松石)
照片,CHAUMET摄影
实验室,1931年,玻璃底板
负片冲印的正片图像。
巴黎,CHAUMET典藏。

下图
波旁-帕尔玛王朝的西克斯
图斯王子和海德薇王妃的
女儿,拉·罗什富科伯爵
夫人伊莎贝拉公主,在卢森
堡的一场宫廷宴会上佩戴
她母亲的CHAUMET金钟
花冠冕,约20世纪50年代。

CHAUMET作品亦亮相一百多年来在圣彼得堡举办的首场皇家婚礼：2021年乔治·米哈伊洛维奇大公和瑞贝卡·贝塔里尼大婚，贝塔里尼在东正教教堂受洗，改名为维多利亚·罗曼诺娜。延续CHAUMET世家与俄罗斯的悠久渊源，新娘亲自造访芳登广场12号，挑选她梦想中的冠冕。她选择了 *Lacis* 光影之歌钻冕，白金织网上闪耀着438颗璀璨钻石，上方镶嵌一颗5克拉椭圆形钻石和一颗2克拉水滴形钻石。冠冕依照传统的"*kokoshnik*"冠饰风格打造，与六位伴娘托着的六米长的头纱上刺绣的皇室徽章巧妙呼应（参见第98页–99页）。

绚 丽 多 彩

"乐曲组合起来便有意义，颜色是光的组合，
怎么就不能有意义呢？"
——奥诺雷·德·巴尔扎克（HONORÉ DE BALZAC），
《幽谷百合》（*THE LILY OF THE VALLEY*），1835年到1836年

左图
CHAUMET高定珠宝套系中
的宝石焕发生命活力：例如
Le Jardin de CHAUMET
游园漫步高定珠宝套系*Iris*
鸢尾传信主题项链上的
坦桑尼亚尖晶石，2023年。

第204页
孔雀翎胸针，可转换为
蓝宝石胸针，莫雷尔时期，
约1870年，金，银，
钻石，蓝宝石和红宝石。
法贝热收藏。

CHAUMET世家以缤纷色彩谱写传奇，宛如一幅华彩闪烁的点彩画，
耐人寻味。宝石学家基于严格的品质标准和情绪反应甄选宝石，
组成"CHAUMET彩虹色谱"，为创意工作室带来源源不绝的灵感。
奠定CHAUMET世家赫赫盛名的非凡宝石，与精致宝石和装饰宝石
相映生辉，开采自古老矿场的稀有材质和独具个性的新矿石相得益
彰。深思熟虑的组合配搭令不同宝石和谐相融，同时工作室巧用对
比反差，凸显珍罕宝石或醒目设计。

弗朗索瓦丝·罗什，宝石猎手

与弗朗索瓦丝·罗什（Françoise Roche）对谈。
她在过去十年中致力于为CHAUMET世家采购
彩色宝石。

您的工作职责是什么？
我为CHAUMET世家搜寻彩色宝石，与交易商谈判，
安排宝石切割并加以鉴定，然后将其交予创意工作室。

您是否游走于世界各地搜寻宝石？
是的，没错。四十多年来，我辗转往来于交易会和出
产宝石的国家和地区。我就是所谓的"宝石买手"，
不断寻觅奇珍异石。寻找宝石能够带来动人至深的情
感体验，是这份工作的魅力所在。

您如何成为一位宝石买手？
我在毕业后马上参加了宝石学课程，同时为一家兼提
供法律咨询服务的宝石交易商工作。我获得了资格证
书。当时仅有10%的学生能获得资质，而从事这一行
业的女性屈指可数。我挑拣了一年的宝石，以培养敏
锐眼光。然后，我开始为小型工作室提供服务，19岁
时与芳登广场的顾客建立业务关系。后来，我加入一
家大型公司，担任彩色宝石买手助理。我的上司负责
采购大尺寸宝石，我则负责小尺寸宝石。我们踏访世
界各地，从不设限。十年后，我决定自立门户，成为宝
石交易商。2013年，CHAUMET与我接洽。他们是为数
不多的拥有深厚历史和远大雄心的珠宝商之一，直觉
告诉我，我绝不会感到厌倦。事实证明我是对的！

左图
弗朗索瓦丝·罗什鉴定
一颗拟镶嵌于 *Ondes et
Merveilles de CHAUMET* 瀚
海史诗高定珠宝套系 *Chant
de Sirènes* 鲛韵颂歌主题项
链上的硕大帕拉伊巴碧玺。

您如何评价您为CHAUMET世家购买的彩色宝石？
我遵循三大基本标准。宝石必须品质卓越，并经过极
其严格的评估。所选择的宝石应大胆前卫，富有创意
潜力，例如 *Les Mondes de CHAUMET* 寰宇艺境高定
珠宝套系中的帕帕拉恰蓝宝石，引领风尚潮流（参见
第212-13页）。当然，色彩感至关重要：有时耗费数
年时间才能觅得合适宝石，以营造幽微细腻的色彩
组合。CHAUMET世家以精妙的宝石搭配享负盛誉，
善于大胆混搭冷、暖色调，营造鲜明独特的对比效果，
或反之调和精致的渐变色调。上述种种都属于我们对
宝石的情绪反应。

您能说出一颗符合这些标准的宝石吗？
我难以抉择。我认为令我记忆犹新的是 *Ondes et
Merveilles de CHAUMET* 瀚海史诗高定珠宝套系的一
款戒指上镶饰的精致粉色珍珠。这是一颗几乎浑圆的
珍珠，尺寸优越，直径约12毫米，重18.66克拉。它本
来镶嵌在一件历史悠久的古董珠宝作品上。我提议将
其从镶座上拆卸下来，当时它尚未钻孔。这颗珍珠美
轮美奂，令人惊叹！CHAUMET全球总裁让-马克·
曼斯维特（Jean-Marc Mansvelt）看到珍珠后，同意
了我的提议。作为芳登广场的买手，这是我在职业生
涯中见过的最独特不凡的天然珍珠。

CAPE DIAMOND in Matrix.

CHRYSOBERYL CAT'S EYE, in the Rough (Part Polished).

ALEXANDRITE, in the Rough.

QUEENSLAND OPAL in the Matrix.

TURQUOISE in the Matrix.

SAPPHIRE in the Matrix.

组成"CHAUMET彩虹色谱"的部分
彩色宝石。
上排，从左到右：
开普钻石、金绿玉猫眼石、亚历山大
变石、巴西托帕石、白色开普钻石、
黄色开普钻石。
下排，从左到右：
昆士兰蛋白石、绿松石、蓝色蓝宝石、
巴西钻石、蓝色钻石、缅甸红宝石。

CRYSTALS OF BRAZILIAN TOPAZ.

CRYSTAL OF WHITE CAPE DIAMOND.

CRYSTAL OF YELLOW CAPE DIAMOND.

BRAZILIAN DIAMOND in Matrix (Conglomerate).

1. TAVERNIER INDIAN ROUGH BLUE DIAMOND.   3. THE "BRUNSWICK" BLUE DIAMOND (Rose Cut).
2 THE "HOPE" BLUE DIAMOND (Brilliant Cut).   4. THE "PIXIE" BLUE DIAMOND (Brilliant Cut).
2, 3, 4. Cut from French Blue Brilliant.

BURMA RUBY.

模特辛迪·布鲁纳佩戴
2018年推出的
Les Mondes de CHAUMET
寰宇艺境高定珠宝套系
Promenades impériales
冬宫漫舞主题珠宝套装，
出席2022年戛纳电影节
典礼，白金，玫瑰金，
蓝宝石和钻石。

CHAUMET 彩 虹 色 谱

在约瑟夫·尚美奠定CHAUMET世家在宝石学（关于宝石及其在珠宝中的应用的科学）领域的权威声誉前，其作品已展现出色彩艺术方面的过人造诣。色彩艺术基于历史与现代作品的妙趣互动，令不同色调的宝石各尽其用，形成别具一格的彩虹色谱。

紫色

紫色可见于一款可转换为胸针的蜂鸟鹭羽冠冕（参见第216页，左上图）和一款缎带蝴蝶结冠冕（参见第420页），两件作品均创作于19世纪末。紫色调自那时起经常出现在CHAUMET世家作品中，从1900年左右创作的蝙蝠图章戒指（参见第216页，左下图；第301页，右图）到2016年问世的尖晶石和红石榴石百合花冠冕（参见第59页），均可见紫色元素。紫色蓝宝石闪耀于*CHAUMET est une fête*欢沁盛宴高定珠宝套系（参见第429页）的项链、耳环及不对称戒指上，犹如卡内基音乐厅（Carnegie Hall）内奏响的古老狂想曲和北京梨园剧院上演的现代独奏音乐会之间的奇妙连结。*Lueurs d'Orage*凌空圣光主题作品点缀产自马达加斯加和斯里兰卡的淡紫色枕形和水滴形切割蓝宝石，衬以璀璨夺目的钻石和缟玛瑙线条（参见左图和第217页右下图）。*Perspectives de CHAUMET*筑艺万象高定珠宝套系*Labyrinthe*建构几何主题戒指融合装饰艺术风格线条和《爱丽丝梦游仙境》（*Alice in Wonderland*）中的迷宫曲径，其上装饰一颗产自马达加斯加的5.95克拉蓝宝石，纷呈紫色至紫粉色（参见第216页，右图）。

Les Ciels de CHAUMET
天穹皓境高定珠宝套系
*Lueurs d'Orage*凌空圣光
主题项链，2019年，玫瑰金，
白金，帝王托帕石，尖晶石，
黄色蓝宝石，粉色蓝宝石，
紫色蓝宝石，缟玛瑙和钻石。
私人收藏。

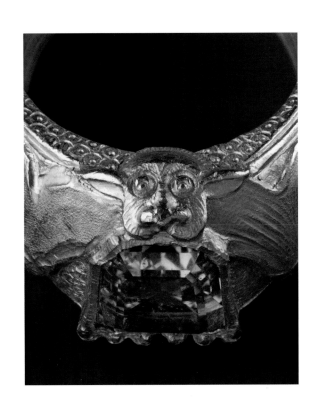

上图
蜂鸟鹭羽冠冕，可转换为
胸针，尚美时期，约1890年，
金，银，红宝石和钻石。
巴黎，CHAUMET典藏。

中图
Perspectives de CHAUMET
筑艺万象高定珠宝套系
*Labyrinthe*建构几何主题戒
指，2020年，白金，粉色蓝
宝石，玛瑙和钻石。

下图
蝙蝠图案图章戒指，
尚美时期，约1900年，
金，粉色玺石。
巴黎，CHAUMET典藏。

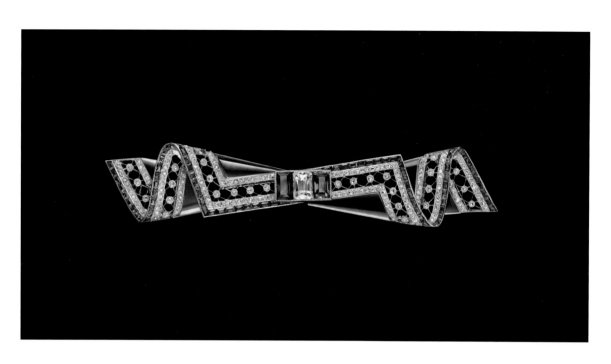

> "O，奥美加，
> 她眼中泄着幽蓝的秋波！"
> ——亚瑟·兰波（ARTHUR RIMBAUD），
> 《元音》（VOYELLES），1871年

上图
蝴蝶结胸针，尚美时期，
1913年，1916年改款，铂金，
玫瑰色水晶，钻石和红宝石。
巴黎，CHAUMET典藏。

下图
Les Ciels de CHAUMET
天穹皓境高定珠宝套系
*Lueurs d'Orage*凌空圣光
主题戒指，2019年，黄金，
白金，紫色和黄色蓝宝石，
尖晶石，缟玛瑙和钻石。
私人收藏。

蓝色

蓝色与CHAUMET世家不竭的灵感源泉——大自然、海洋和天空息息相关，从蓝宝石到碧玺、青金石和绿松石等各种各样的宝石呈现变幻无穷的蓝色调，例如1893年为卡罗尔·兰茨科龙斯基（Karol Lanckoroński）伯爵创作的一款项链，其上的嵌花装饰包含总重近130克拉的蓝宝石。2020年发布的*Perspectives de CHAUMET*筑艺万象高定珠宝套系的一款项链以海蓝宝石、绿松石、钻石及托帕石圆盘环绕一颗圆凸面形粉色珍珠母贝或青金石，中央簇拥着一颗重逾10克拉的蛋白石。椭圆形或枕形切割斯里兰卡蓝宝石呈现天鹅绒般的幽蓝色调，近乎紫色和绿松石色，例如*Firmament Apollinien*月桂颂歌主题冠冕上镶饰的14.55克拉中央宝石（参见第161页）。其色调与20世纪初为特雷维索（Treviso）公爵夫人制作的叶饰冠冕和项链上镶嵌的宝石相近。*Torsade de CHAUMET*旋舞·芳登高定珠宝套系的一款戒指镶饰斯里兰卡蓝宝石，咏叹动感和生命力（参见下图），2022年推出的*Ondes et Merveilles de CHAUMET*瀚海史诗高定珠宝套系中亦以斯里兰卡蓝宝石呈现夏日夜空（参见第220–21页）。另一系列中一款戒指的镂空波浪形图案镶嵌蓝宝石。这款戒指与第二款作品组合成双，重新诠释CHAUMET世家标志性的*Toi & Moi*（法语中意为"你和我"）设计。在刻画幽深的泻湖时，珠宝师往往选用蓝色尖晶石、带有别致绿色调的莫桑比克碧玺和纳米比亚碧玺。纳米比亚碧玺在近十年刚刚为世人所知，潋滟色泽仿佛清澈湛蓝的海水。

左图
葡萄串图案胸针，尚美时期，
1938年，金，铂金，蓝宝石，
红宝石和钻石。
巴黎，CHAUMET典藏。

右图
Torsade de CHAUMET
旋舞·芳登高定珠宝套系
手镯，2021年，白金，
钻石和蓝宝石。

"这一阙白昼的宏伟交响乐……
旋律的更替变化永远来自于无限，
这一曲繁复的颂歌就叫做色彩。"

——查尔斯·波德莱尔（CHARLES BAUDELAIRE），《1846年的沙龙》（SALON DE 1846）

左上图
*Ondes et Merveilles
de CHAUMET*
瀚海史诗高定珠宝套系
*Gulfstream*湾流漩涌主题
项链上镶饰的澳大利亚黑色
蛋白石。

右上图
*Ondes et Merveilles
de CHAUMET*
瀚海史诗高定珠宝套系
*Gulfstream*湾流漩涌主题
戒指的底座。

右页
*Ondes et Merveilles
de CHAUMET*
瀚海史诗高定珠宝套系
*Gulfstream*湾流漩涌主题
戒指，2022年，白金，
钻石，祖母绿，蓝宝石和
帕拉伊巴碧玺。
*Ondes et Merveilles
de CHAUMET*
瀚海史诗高定珠宝套系
*Chant de Sirènes*鲛韵颂歌
主题戒指，2022年，白金，
碧玺，大溪地珍珠和钻石。
*Ondes et Merveilles
de CHAUMET*
瀚海史诗高定珠宝套系
*Chant de Sirènes*鲛韵颂歌
主题戒指，2022年，白金，
绿色碧玺和钻石。

绿色

传统的绿色染料和颜料的化学成分具有不稳定性，使得绿色难以调配。时至今日，绿色仍与善变无常的事物相关联，例如绿色的赌台台面、美元、人民币或迪拉姆钞票。祖母绿是最珍贵的绿色宝石，其名称被用于命名特定的颜色和切割方式。哥伦比亚祖母绿出产自开采历史长达数个世纪的古老矿场，例如穆佐祖母绿，呈深邃而柔和的绿色。1810年，拿破仑大帝选择以祖母绿纪念他与玛丽·安托瓦内特的侄孙女哈布斯堡-洛林皇朝的玛丽-露易丝的大婚。他从尼铎世家（Nitot，后更名为CHAUMET）订购了一套雍容瑰美的珠宝套装。项链上交错排列缀以钻石的椭圆形、菱形、水滴形和圆形祖母绿，配套耳环完好地保持原始状态，现为卢浮宫的馆藏展品（参见第313页）。

除了迷人色调，祖母绿还具有被称为"花园"的微小内含物，进一步证明其天然特性。在1914年和1916年期间制作的旭日鹭羽冠冕上，以蕴含美丽"花园"的祖母绿为中心，迸射出璀璨夺目的钻石光芒（参见左图）。祖母绿被作为中央宝石镶嵌于20世纪初期的星形胸针上，许多装饰艺术风格作品上亦可见到其身影，例如为"咆哮的二十年代"的时尚偶像伊娅·阿布迪（Iya Abdy）夫人打造的一款手镯。2020年推出的Perspectives de CHAUMET筑艺万象高定珠宝套系，以现代手法演绎CHAUMET世家钟爱的富有几何美感的装饰艺术风格。层次分明的黄金条纹与祖母绿的深邃绿色形成鲜明对比。项链镶嵌一颗16克拉水滴形切割祖母绿，戒指镶饰一颗7.29克拉八边形祖母绿，周围环绕定制切割狭长方形钻石（参见第224页），耳环和胸针（参见第375页）则尽显贾科梅蒂（Giacometti）雕塑作品的昂扬活力。在著名的萨塞克斯格林德伯恩（Glyndebourne）歌剧节上，观众会穿着正装礼服进行野餐，CHAUMET est une fête欢沁盛宴高定珠宝套系从中汲取灵感，为高级珠宝注入一丝英伦风情。为搭配这种不拘常规的优雅意趣而创作的精巧配饰，令蝴蝶结再度流行。CHAUMET世家标志性的蝴蝶结图案由39颗产自赞比亚的亮绿色圆凸面形祖母绿结绕而成，一抹黄色点缀其间，或衬以犹如瀑布般倾泻而下的哥伦比亚祖母绿（总重29.98克拉），更添精雅韵致，亦可化作一款中性风格胸针（参见第434页），散发极致优雅气息。

作为崇尚自然的珠宝世家，CHAUMET运用各式各样的绿色色调诠释植物意象，例如常春藤叶珐琅手镯（参见第224页右下图）、欧仁妮皇后的三叶草珐琅胸针（参见第177页），以及镶嵌橄榄石的Surprises戒指，古罗马人称青柠绿色橄榄石为"黄昏祖母绿"。弗朗索瓦-勒尼奥·尼铎于1810年左右为欧仁妮皇后打造的一套珠宝套装饰有35枚绿色孔雀石浮雕，是那个时期珠宝套装的典范之作，极其珍罕迷人且保存完好（参见第174页），如今是拿破仑基金会的藏品。这套珠宝被定性为日间珠宝，让人联想起欧仁妮皇后对装饰宝石的钟爱之情，是她掀起了装饰宝石的时尚热潮。

旭日鹭羽冠冕，尚美时期，
约1916年，金，铂金，
祖母绿和钻石。
巴黎，CHAUMET典藏。

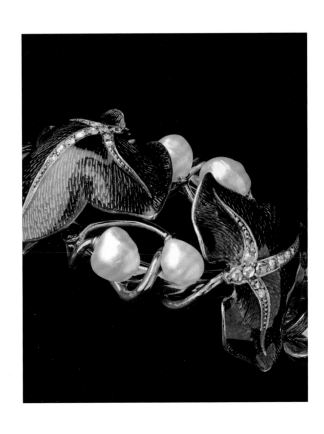

左上图
Torsade de CHAUMET
旋舞·芳登高定珠宝套系
冠冕，2021年，白金，
钻石和祖母绿。

右上图
Perspectives de CHAUMET
筑艺万象高定珠宝套系
*Skyline*天际探寻主题戒指，
2020年，黄金，钻石和
祖母绿。

下图
常春藤叶手镯（局部细节），
弗森时期，约1847年，
金，钻石，珐琅和珍珠。
巴黎，CHAUMET典藏。

左上图
*Ondes et Merveilles
de CHAUMET*
瀚海史诗高定珠宝套系
Chant de Sirènes 鲛韵颂歌
主题戒指，2022年，白金，
绿色碧玺和钻石。私人收藏。

右上图
*Ondes et Merveilles de
CHAUMET*
瀚海史诗高定珠宝套系
Gulfstream 湾流漩涌主题
项链，镶嵌硕大祖母绿。

下图
Les Ciels de CHAUMET
天穹皓境高定珠宝套系
Envol 项链，2019年，白金，
黄金，钻石，沙弗莱石榴石，
黄色和绿色蓝宝石，钻石。
私人收藏。

黄色

黄色是太阳的颜色，也是中国古代帝王的象征，当用于描述色彩鲜艳的钻石时，称为"水仙黄"或"艳黄色"。彩钻的形成概率仅万分之一，因此黄色钻石极其罕见，务必采用十分精细的切割方式，以凸显其夺目光彩和宝石不同部位的色彩互动。1879年左右，家境殷实的普鲁士贵族圭多·亨克尔·冯·唐纳斯马克伯爵造访芳登广场12号的CHAUMET高级精品店，为其妻子，传奇交际花拉佩瓦夫人购买礼物。工坊制作了一把装饰11颗黄色钻石（总重93克拉）的发梳，售价675法郎。今昔对比，2022年，一颗205克拉的金丝雀黄色枕形切割钻石在为国际红十字会募集资金的慈善拍卖会上以1350万欧元的价格成交。黄色钻石是CHAUMET世家在呈现日晖时不可或缺的材质。在2019年问世的*Les Ciels de CHAUMET*天穹皓境高定珠宝套系中，黄色钻石闪耀于一款圆拱戒指、一款小巧环状耳环及一款可转换项链上。*Soleil Glorieux*光芒咏叹主题钻冕以黄色钻石搭配钻石和圆凸面形水晶石（参见第227页右下图），在太阳王的凡尔赛宫廷中引发轰动（参见第140页和第142页）。

著名的205克拉"红十字"黄钻，在2022年为国际红十字会募集资金的慈善拍卖会上拍售。

左上图
*Joséphine*约瑟芬皇后系列
*Aigrette*白鹭主题钻戒，
铂金，黄色蓝宝石和钻石。

右上图
Le Jardin de CHAUMET
游园漫步高定珠宝套系
*Arum*海芋展叶主题腕间珍宝
（设有隐秘隔间，白金材质，
镶嵌黄色蓝宝石和钻石）
的水粉设计图，2023年，
CHAUMET设计工作室，
以水粉和高亮颜料在
色纸上绘制。
巴黎，CHAUMET典藏。

下图
Les Ciels de CHAUMET
天穹皓境高定珠宝套系
*Soleil Glorieux*光芒咏叹冠冕，
2019年，白金，黄金，
水晶石，钻石和黄钻。

橙色

现保存于马勒梅松城堡博物馆中的珊瑚浮雕珠宝（参见下图）曾属于约瑟芬皇后的女儿奥坦丝王后，淋漓彰显CHAUMET擅长的色彩艺术。CHAUMET世家采用的另一种橙色宝石是产自纳米比亚的芬达石，又称为锰铝石榴石（其明亮的橙色与著名的"芬达"橙味汽水相似，宝石交易商因此称之为"芬达石榴石"）。CHAUMET世家热衷在作品中引入鲜为人知的宝石，于2018年推出*Les Mondes de CHAUMET*寰宇艺境高定珠宝套系*Promenades Impériales*冬宫漫舞主题，开启全新风潮（参见第117页和230页左图）。为呈现俄罗斯冰清玉洁的冬日景致，白金和玫瑰金作品均镶嵌帕帕拉恰蓝宝石。"帕帕拉恰"（*padparadscha*）在古印度文学语言——梵语中意思是"莲花"，用于指代细腻精致的橙粉色宝石。在香港交易会上觅得的一颗16.31克拉水滴形蓝宝石，搭配一颗衬以璀璨钻石光晕的圆凸面形宝石，缔造出一款炫丽迷人的可转换项链，在2022年戛纳电影节上惊艳亮相（参见第212-13页）。同年，帕帕拉恰蓝宝石再度现身于*Ondes et Merveilles de CHAUMET*瀚海史诗高定珠宝套系（参见左图和第231页）。在一款长项链上，其柔和色调衬以渐变粉色尖晶石，与一颗重逾21克拉的粉色碧玺相映生辉。一款玫瑰金手镯以蓝宝石搭配桃粉色摩根石，再现海滩上的鹅卵石。一款戒指镶嵌与帕帕拉恰蓝宝石颜色相近的20.95克拉帝王托帕石。CHAUMET世家将这颗托帕石重新切割成法式风格，宽大的刻面闪耀着粉色香槟般的明亮光泽，由此形成帕帕拉恰蓝宝石般的色彩效果。

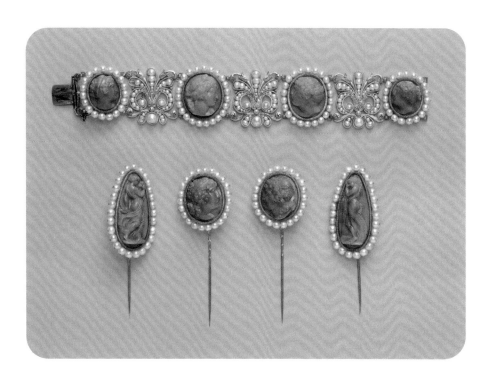

左图
Ondes et Merveilles de CHAUMET
瀚海史诗高定珠宝套系
*Galets d'Or*辉金耀石主题
手镯、耳环和戒指，
2022年，玫瑰金，白金，
摩根石，帕帕拉恰蓝宝石和
钻石。

右图
为奥坦丝王后打造的
珊瑚珠宝套装，尼铎时期，
约1804-14年。马勒梅松
和布瓦普瑞城堡国家博
物馆。阿伯瑞克·德玛
奇埃尔-马尔尚（Albéric
Desmazières-Marchand）
赠送的礼物。

上图
Exquises 玫瑰金镶钻摩根石
鸡尾酒戒指，2019年，
玫瑰金，摩根石和钻石。

中图
Les Mondes de CHAUMET
寰宇艺境高定珠宝套系
Promenades impériales
冬宫漫舞主题可转换项链
（细节和吊坠），2018年，
白金，玫瑰金和帕帕拉恰
蓝宝石。

下图
Les Ciels de CHAUMET
天穹皓境高定珠宝套系
Lueurs d'Orage 凌空圣光
主题耳环，2019年，白金，
黄金，帝王托帕石，摩根石，
蓝宝石，缟玛瑙和钻石。
私人收藏。

右页
*Ondes et Merveilles
de CHAUMET*
瀚海史诗高定珠宝套系
Escales 彼岸谧湾主题项链，
2022年，玫瑰金，白金，
尖晶石，钻石，蓝宝石和
帕拉伊巴碧玺。

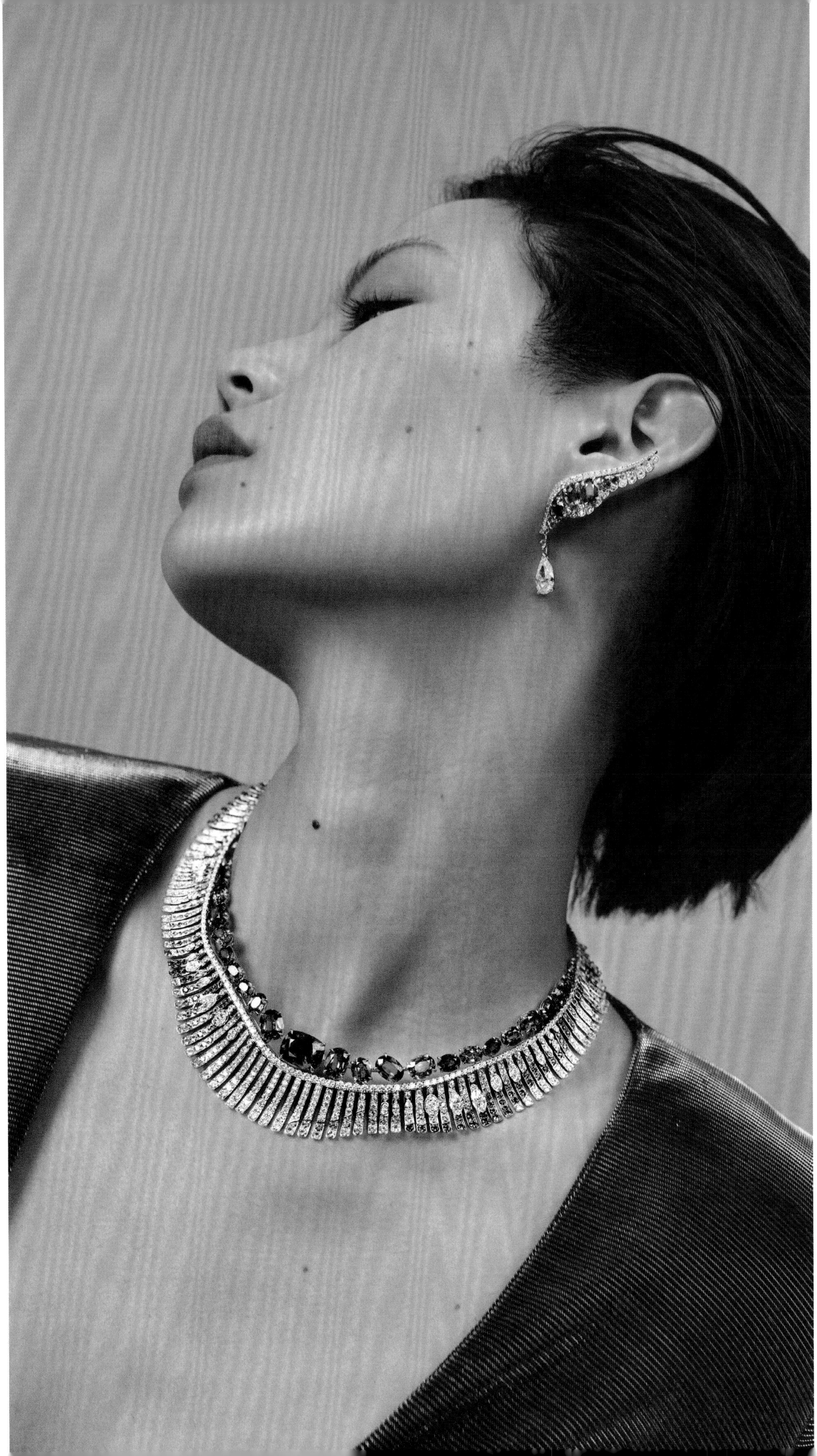

红色

2017年，*CHAUMET est une Fête*欢沁盛宴高定珠宝套系向在米兰斯卡拉歌剧院（La Scala）上演的歌剧名作致敬，朱塞佩·威尔第（Giuseppe Verdi）、文森佐·贝利尼（Vincenzo Bellini）、贾科莫·普契尼（Giacomo Puccini）均曾在此演绎他们的重要作品，伟大的指挥家阿尔图罗·托斯卡尼尼（Arturo Toscanini）亦曾在此挥洒激情。为致敬这座歌剧名伶以丰富动人的声色吟咏歌唱的名所，一套耳环、戒指、手镯套装（参见右下图）和一款由八股球形红宝石组成的华美项链上（参见第433页）镶嵌璀璨闪耀的火红色红宝石。项链上点缀两朵带有红石榴石和狭长方形切割红宝石花瓣的花朵。红宝石是全世界最受追捧的宝石之一，2023年推出的*Le Jardin de CHAUMET*游园漫步高定珠宝套系中不乏重逾4克拉的红宝石，熠熠生辉。一颗5.18克拉莫桑比克红宝石在一款葡萄藤叶项链上绽放明艳火彩（参见第274页），另一颗4.25克拉的同色红宝石点缀于一款戒指上。

产自坦桑尼亚的红色尖晶石颜色介于草莓和荔枝之间，秀色可餐。它们与莫桑比克红碧玺一样，经常应用于CHAUMET世家系列中，例如*Ondes et Merveilles de CHAUMET*瀚海史诗高定珠宝套系长项链上垂坠的22.18克拉宝石，其色调让人联想起火龙果雪芭或覆盆子果酱。

*Ondes et Merveilles
de CHAUMET*
瀚海史诗高定珠宝套系
*Escales*彼岸遥湾主题戒指，
2022年，玫瑰金，白金，
尖晶石，帕拉伊巴碧玺，
蓝宝石和钻石。私人收藏。

左上图
Torsade de CHAUMET
旋舞·芳登高定珠宝套系
戒指，2021年，白金，
钻石和红宝石。

右上图
Torsade de CHAUMET
旋舞·芳登高定珠宝套系
长项链，2021年，白金，
钻石和红宝石。

下图
CHAUMET est une Fête
欢沁盛宴高定珠宝套系
Aria Passionata 米兰咏叹调
主题手镯，2017年，玫瑰金，
红石榴石，红色和粉色玺石，
红宝石和钻石。

约 瑟 夫 · 尚 美 ，
革 新 领 异 的 宝 石 学 家

约瑟夫·尚美受母系家族的耳濡目染而涉猎珠宝艺术，作为珠宝经纪人开始职业生涯，后来加入莫雷尔公司作为工坊总监，由此拉开他与后来以他名字冠名的CHAUMET世家的传奇序幕。1875年，23岁的约瑟夫·尚美与当时CHAUMET的经营者普洛斯普·莫雷尔（Prosper Morel）的女儿布兰奇·玛丽·莫雷尔（Blanche Marie Morel）步入婚姻殿堂。约瑟夫·尚美决意凭借CHAUMET世家的独到风格和专业知识，将其打造为巴黎珠宝世家的标杆。

约瑟夫·尚美急于规范宝石行业，致力于编撰宝石学图鉴，当时宝石学尚不是学科门类。1890年，他建立了分析和鉴定珍珠和宝石的实验室，运用放射线照相术、显微照相术和光谱学等新型工艺，甄别瑕疵和鉴定真伪。他亦首开先河，创设CHAUMET世家自己的钻石和彩色宝石切割部门。他树立赫赫声名，巴罗达大公萨雅吉拉奥三世慕名委托他评估自己的珠宝（参见第125页）。数年后，未来的日本昭和天皇于1921年造访巴黎时，请求参观CHAUMET世家的宝石实验室，约瑟夫·尚美亲自为他导览。当时的裕仁亲王对宝石实验室赞赏不已。

1900年前后，约瑟夫·尚美发明了一种科学方法，可区分天然宝石和市场上开始出现的合成彩色宝石。他因其专业知识，尤其是红宝石和珍珠知识，而广受尊崇。日本企业家御木本幸（Kokichi Mikimoto）创造出人工培育珍珠的方法，并为之申请了专利——这是首个应用于天然产品的专利，此举令珠宝界大为震动。天然珍珠是牡蛎在异物侵入壳内后分泌珠母层将异物包裹住而天然形成的产物，而 *akoya* 人造珍珠如今亦流入市场。尽管约瑟夫·尚美从未禁用培育珍珠，但他悉心向公众普及两者的不同之处。CHAUMET世家因在天然珍珠方面的专业知识享负盛名，当时雇佣了很多串珠师：她们心灵手巧，快速、精确地将珍珠串连成行。2020年，为庆祝CHAUMET 240年周年华诞翻修芳登广场12号时，珍珠沙龙（Salon des Perles）经重新装饰，焕然一新，以向串珠师致敬（参见第31页和第464页左下图）。

由于约瑟夫·尚美拥有专业知识和诚信品格，他经常受邀在科学院作专题发言或向钻石和宝石交易商和珠宝商行业协会（Chambre Syndicale des Négociants en Diamants, Lapidaires et Bijoutiers-Joailliers）发表讲话。该专业机构亦采纳他用于确定和证明宝石的产地来源的依据，并使用紫外线区分天然和人造红宝石，这一技术沿用至今。

一颗 *Taille Impératrice*
皇后式切割钻石，
带有88个刻面。

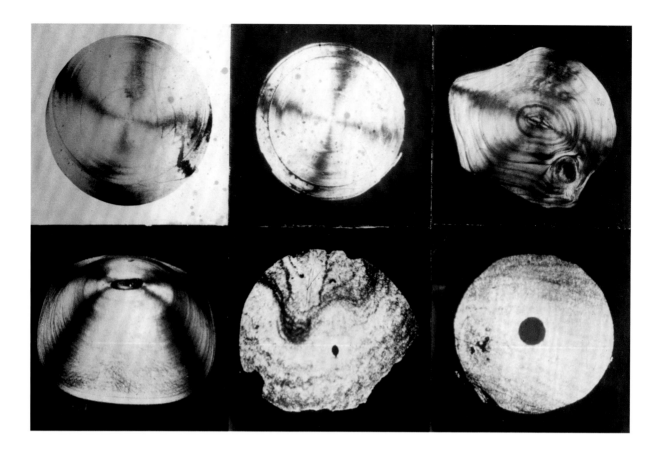

上图
记录用尼科尔棱镜对白色珍珠
（上排）、黑色珍珠、海螺珍珠
和粉色珊瑚（下排）进行光
测试的照片，CHAUMET摄影
实验室，约1900年，玻璃底板
负片冲印的正片图像。
巴黎，CHAUMET典藏。

左下图
"世界的诞生"，CHAUMET
摄影实验室，约1900年，
彩色玻璃底板负片冲印的
正片图像。
巴黎，CHAUMET典藏。

右下图
一颗分析中的红宝石，
CHAUMET摄影实验室，
约1900年，玻璃底板负片
冲出的图像。
巴黎，CHAUMET典藏。

"带着虔敬之心对待宝石与珍珠吧，
这些大自然的造物如此美丽动人，
不仅取悦我们的双目，也愉悦我们的精神，
驱散心灵的悲伤，值得我们珍爱。
大自然将它们赐予人类，
让他们以此向景仰之人表达崇敬之情，
无论是他人，还是神祇。"
——约瑟夫·尚美，向法国奢侈品贸易宣传委员会的致辞，1922年6月7日

上图
CHAUMET实验室中的摄影
和技术设备，约1920年，
玻璃底板负片冲印的
正片图像。
巴黎，CHAUMET典藏。

非 凡 宝 石

自1780年创建以来，CHAUMET世家便以非凡宝石调配的色彩组合闻名于世。很多宝石为CHAUMET世家的珠宝作品带来创作灵感，例如一款贝壳纹饰三角胸衣胸针，围绕一颗瞩目迷人的322克拉海蓝宝石设计而成（参见第241页右上图）。

宝石嵌于镶钻贝壳中央，垂荡的流苏点缀水滴形钻石。精湛工艺令作品毫无张扬恣纵之态。

CHAUMET世家以品质卓越、个性非凡的宝石而著称，并随时准备根据需要重新切割宝石，即使这意味着损失数克拉的重量。对CHAUMET世家而言，最重要的是比例达致和谐平衡，符合黄金比例——长度、宽度和高度形成完美的比例关系，从而凸显矿物的优雅美感和璀璨光采。

CHAUMET世家的彩色宝石买手弗朗索瓦丝·罗什不懈搜寻奇珍异石，在过去数年间发现了诸多美轮美奂的祖母绿。2022年，*Ondes et Merveilles de CHAUMET*瀚海史诗高定珠宝套系的一款长项链镶饰一颗极富个性、瑰美绝伦的25克拉哥伦比亚祖母绿，呈独特的薄荷绿色调，从一家资深巴黎供应商处购得。翌年，*Le Jardin de CHAUMET*游园漫步高定珠宝套系采用一颗21.56克拉祖母绿，产自源于印加时期具有传奇色彩的穆佐矿场，其绚丽而深邃的色调在一款槲寄生造型项链上绽放瞩目光彩（参见第270页）。另一颗10.06克拉枕形切割祖母绿则镶嵌在一款戒指上。

有别于在人造光下颜色会淡化的克什米尔蓝宝石（正因如此，女性在很长一段时间内不在夜间佩戴克什米尔蓝宝石），缅甸蓝宝石的独特之处在于恒久不变色。*Perspectives de CHAUMET*筑艺万象高定珠宝套系的一款长项链采用一颗色泽幽深的34.30克拉缅甸蓝宝石，镶嵌在由缟玛瑙、钻石及其他小尺寸蓝宝石组成的非结构化吊坠中央（参见第372页）。

"黑色蛋白石"的名称具有欺骗性，其实这种宝石绽放绚丽夺目的色彩，激发想象力，展开从九霄云天到浩瀚深海的奇幻之旅。为在*Ondes et Merveilles de CHAUMET*瀚海史诗高定珠宝套系中呈现海洋意象，CHAUMET世家创作出一款可调节项链，以圆凸面形祖母绿搭配一颗产自澳大利亚的迷人黑色蛋白石（参见第240页和第220页）。除了19.84克拉的重量外，这颗黑色蛋白石的独特之处在于一体两面，每一面拥有各自的虹彩光泽。位于芳登广场12号的工坊采用透雕工艺，使两面皆可见到美不胜收的熙彩流光。2023年*Le Jardin de CHAUMET*游园漫步高定珠宝套系的一款项链上镶嵌一颗缤纷多彩的50.62克拉蛋白石，华美炫目。另一颗10.12克拉蛋白石镶嵌于一款戒指上。

Les Ciels de CHAUMET
天穹皓境高定珠宝套系
*Passages*星驰长空主题项链，
2019年，白金，玫瑰金，
澳大利亚黑色蛋白石，
帕拉伊巴碧玺和钻石。
私人收藏。

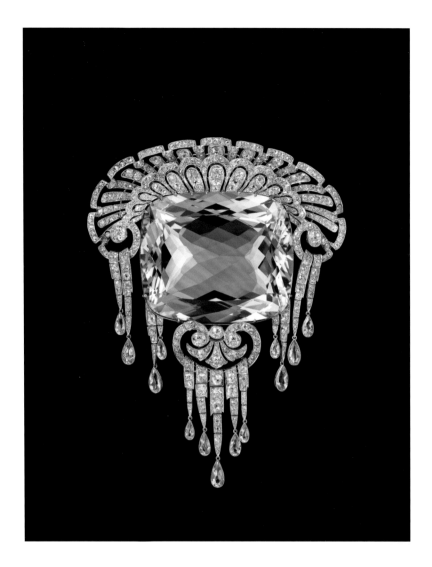

左上图
Perspectives de CHAUMET
筑艺万象高定珠宝套系
*Skyline*天际探寻主题戒指，
2020年，黄金和钻石。

右上图
贝壳造型三角胸衣胸针，尚美时期，
1913年，金，银，钻石和322克拉
海蓝宝石。私人收藏。

下图
Les Ciels de CHAUMET
天穹皓境高定珠宝套系
*Passages*星驰长空主题项链，
2019年，白金，玫瑰金，
澳大利亚黑色蛋白石，
碧玺和钻石。私人收藏。

左页
Ondes et Merveilles de CHAUMET
瀚海史诗高定珠宝套系
*Gulfstream*湾流漩涌主题项链，
2022年，白金，钻石，祖母绿，
蓝宝石，帕拉伊巴碧玺，
绿玉髓和澳大利亚黑色蛋白石。
私人收藏。

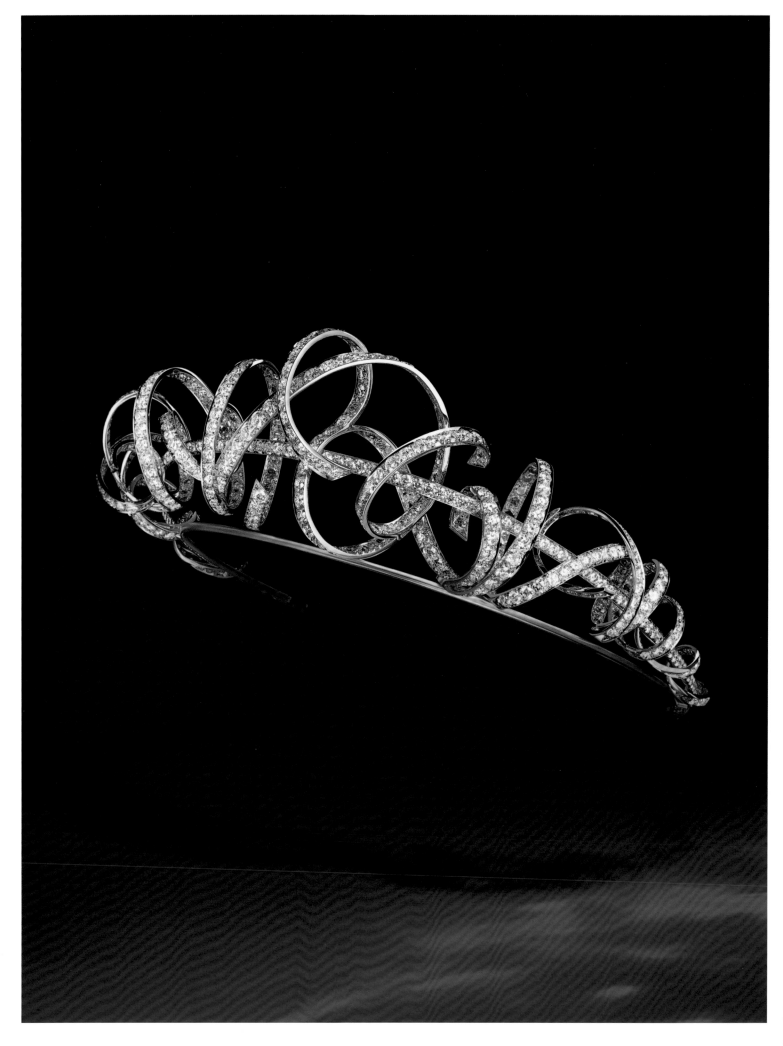

CHAUMET蓝

蓝色在古埃及法老时期被视为幸运色；1853年，李维·斯特劳斯（Levi Strauss）牛仔裤掀起最早的蓝色热潮；蓝色也是法国国王的御用颜色，从历代国王的安息之所圣丹尼大教堂（Basilica of Saint-Denis）的玫瑰花窗可见一斑（参见第245页右上图）。蓝色，不管是中国蓝、普鲁士蓝、马若雷勒蓝或克莱因蓝、宝石蓝或松石蓝、天蓝、蔚蓝或午夜蓝，与西方历史的特定时期和关键时刻紧密相关。

CHAUMET蓝基于12世纪法国王室徽章的颜色，兴起于20世纪末。这种难以调制的颜色浓烈而深邃，亦让人联想起塞弗尔蓝（Sèvres）。塞弗尔蓝是一种钴蓝色，（与CHAUMET世家一样）起源于18世纪，为塞弗尔瓷器厂因此声名鹊起。2022年，CHAUMET赞助修复了塞弗尔国家陶瓷博物馆珍藏的一对稀世罕见的塞弗尔蓝"蜂巢"花瓶。

CHAUMET蓝对应潘通（Pantone）色号2758 C，激发别样的情感共鸣。手持装有CHAUMET世家作品的蓝盒，独特情感油然而生：尊贵威严的法兰西蓝与自然世界瀚海苍穹悠远无垠的蓝色浑然相融。

Torsade de CHAUMET
旋舞·芳登高定珠宝套系
冠冕，2021年，白金和钻石。

Joséphine约瑟芬皇后系列
Aigrette Impériale
鹭羽·冠冕主题戒指，铂金，
蓝宝石和钻石。

潘通色卡于1963年首次出版时
收录1,114种颜色,
如今有超过3,000种颜色。

左上图
伊夫·克莱因(Yves Klein),
《无题人体测量学(ANT
130)》(*Anthropometrie
sans titre*)纸面纯颜料和
合成树脂,1960年。
科隆路德维希博物馆。

右上图
圣丹尼大教堂的玫瑰花窗。

下图
*Surprises*戒指,2019年,
白金,钻石和坦桑石。

与安娜-索菲·皮克的色彩对谈

覆盆子色红碧玺、桃粉色摩根石、薄荷利口酒色祖母绿……珠宝和美食有诸多相通之处。

安娜-索菲·皮克（Anne-Sophie Pic）被问及两者的相似之处。她是米其林指南中唯一一位法国三星女主厨，也是全世界星数最多（共有九颗星）的女主厨。

如果您是一件珠宝，那会是什么？
我会是一条项链。对我来说，那是最美妙的珠宝。在我五十岁生日时，我丈夫送给我的生日礼物是一条项链，因为他知道我那时还没有项链。深得我心。

您是否随身佩戴珠宝？
我非常喜欢珠宝，但不会在烹饪时佩戴，以免珠宝受损。唯一的例外是我出生时祖父送给我的十字架。它是金质的，比较沉重，但我对它爱不释手，总是随身佩戴。

CHAUMET世家的创始人马利-艾虔·尼铎自称为"自然主义珠宝师"。大自然也是您烹饪艺术的组成部分。
当然。我偏爱芳香草本植物，我很喜欢采摘它们。我现在常用绣线菊，这种植物恰如其名，伞形花序形如绣球。此外还有草木犀，又称甜三叶草，是一种野生植物。我喜欢含有香豆素的植物，例如具有浓郁焦糖风味的零陵香豆。从香车叶草到绣线菊，我将各种各样的含香豆素植物收为己用。我基于同样含有香豆素的椴花及豌豆发明了一道食谱。我在味似杏仁的豆荚汁中加入香豆素，使其更加浓郁。最后加入绣线菊，以此构成苦杏仁的味道。

在描述钻石时经常使用"火彩"一词，指的是钻石因色散作用，反射出五光十色的彩光。您能否举出一例您在烹制中营造出晶透效果的菜肴？
我最先想到的是今年冬季菜单上的海胆。我准备了以奶片和Chantecler苹果果冻制成的花形纯白色菜品，但我称之为"明暗对照"。橙色海胆铺陈在餐盘底部，浸泡在以大麦和高度烘焙的黑大豆为基底的慕斯中，打造晶莹剔透的视觉效果。黑大豆（又称"黑豆"）有着如同威士忌般耐人寻味的口感。我很喜欢这道风味强劲鲜明的菜品。

CHAUMET世家最近推出的高级珠宝系列采用蛋白石，其硕大尺寸和缤纷绚丽的虹彩色泽令人目眩神迷。在您的菜谱中是否有类似的百味交杂？
我的烹饪原则是与线性反其道而行。食之于万物，化百味回肠。这是我的烹饪之道。例如，我使用一种美味的小沙丁鱼烹制菜式。先在烤架上烧烤，再涂上味醂制成的酱汁。味醂是一种带有鲜味的甜米酒。沙丁鱼卵带有威士忌风味，西葫芦则增添一丝蔬菜清甜。此外，加入些许温热的蛋黄酱，融合基列香脂以及旱金莲和金盏花的香气。各种香草味道交织相融，令人回味无穷。我还想起一道宛如珠宝作品的菜肴。我以甜菜根为原料，将甜菜根纤薄切片，配以深红色汁液上色的甜菜根泥，辅佐亮绿色醋腌黑醋栗芽苞，冰镇上桌。缤纷多彩，五味糅杂。

2022年 Ondes et Merveilles de CHAUMET瀚海史诗高定珠宝套系的一款戒指镶嵌一颗粉红香槟色帝王托帕石。为令其更加璀璨夺目，宝石以法式切工重新切割，呈现宽大刻面（参见第249页左上图）。您在烹饪中是否采用特别的切菜方式？
两者确有明显的相似之处。例如，以特定角度切胡萝卜，然后将其卷成更优雅美观的形状。我还喜欢切出如彩虹般晶莹剔透的鱼片。我来切开我们现在做的黑蒜橄榄咖啡熏牛肉，您将看到它是如何烹制的。这很重要，会对我们享用它的方式产生很大影响。

CHAUMET的一大标志作品是优雅非凡的冠冕。您的哪道菜品拥有异曲同工的轻盈感？也许是带有淡马达加斯加香草奶油的白色千层酥？
是的，千层酥恰如其分。此外，我与我的糕点主厨艾瑞克·维鲍赫德（Eric Verbauwhede）共同创制过一道大麦甜点。在浅硅胶模具中制成花朵形状的薄片，酷似一顶冠冕。

左页
备受赞誉的法国大厨
安娜-索菲·皮克。

人眼可辨别180到200种颜色。

左上图
安娜-索菲·皮克的经典香草茉莉白色千层酥。

右上图
海藻图案冠冕模型，
CHAUMET工坊，约1900年，
镍银，水粉和清漆。
巴黎，CHAUMET典藏。

下图
拱门图案冠冕设计图，
CHAUMET绘画工坊，
1909年，以石墨、水粉和
高亮颜料在色纸上绘制。
巴黎，CHAUMET典藏。

左上图
*Ondes et Merveilles de CHAUMET*瀚海史诗高定珠宝套系*Galets d'Or*辉金耀石主题戒指，2022年，CHAUMET设计工作室，以水粉、水彩薄层和高亮颜料在色纸上绘制。巴黎，CHAUMET典藏。

左下图
安娜-索菲·皮克制作的淡奶油加利西亚海胆。

右上图
安娜-索菲·皮克著名的花形奶片。

右下图
伞形花序图案胸针设计图，CHAUMET绘画工坊，约1910年，以石墨、水粉和高亮颜料在蜡纸上绘制。巴黎，CHAUMET典藏。

精 致 珍 珠

在法国，臻美珍珠总是与君主帝王不无关联。玛丽·安托瓦内特对珍珠痴迷无比。约瑟芬皇后和欧仁妮皇后亦对珍珠情有独钟。CHAUMET的历史与珍珠密不可分。1811年，CHAUMET世家创始人之子弗朗索瓦-勒尼奥·尼铎将一颗重346.27格令的珍珠售予拿破仑大帝。（一格令相当于四分之一克拉。）这颗世界上体积最大的极品珍珠之一，后来成为传奇的"摄政王珍珠"（perle Régente）。早些年时，拿破仑大帝赠与教皇庇护七世（Pius VII）一顶冠冕，以感谢教皇于1804年12月2日在巴黎圣母院为自己主持加冕礼。这顶冠冕镶嵌3,345颗珍贵宝石，其中包括一颗414克拉雕纹祖母绿和2,990颗珍珠，由马利-艾虔·尼铎制作，弗朗索瓦-勒尼奥·尼铎将其呈送给罗马教皇（参见第337页和第387页）。CHAUMET世家是珍珠领域的专家，因精美作品而备受赞誉，包括凹雕天然珍珠、浮雕（参见第229页）、微型马赛克图画（参见第311页）及珠宝腰带（参见第392页）。CHAUMET世家名扬天下，也得益于"洛伊希滕贝格"双股珍珠项链，105颗珍珠组成的项链上垂坠着7颗顶部点缀玫瑰式切割钻石的可拆卸巴洛克珍珠（参见第252页）。

这些作品尽显CHAUMET大胆前卫的创意精神，佩戴者时常将其作为权力的象征。1922年创作的"bayadère"风格项链从印度珠宝中汲取灵感，镶嵌钻石和蓝宝石的铂金流苏令项链更添精雅韵致（参见第256页）。

芳登广场12号的珍珠沙龙提醒世人，时至21世纪，CHAUMET仍是芳登广场的"珍珠珠宝商"。2019年，*CHAUMET est une fête*欢沁盛宴高定珠宝套系*Valses d'Hiver*维也纳华尔兹主题作品令人梦回维也纳及其传奇舞会，第一支波兰舞曲和午夜四对方舞曲旋律悠扬，穿着燕尾服的绅士和舞会长裙的淑女飞旋舞动。天然珍珠长项链与钻石游涡交织缠绕，与套系中的冠冕（参见第58页下图）和手链一样，宛如一曲灵动颂歌。音符造型耳环令天然珍珠绽发新千年的气象风采。*Ondes et Merveilles de CHAUMET*瀚海史诗高定珠宝套系的亮点套装从一颗罕见的74.64格令天然珍珠中汲取灵感，装饰浅灰色、青柠绿、孔雀绿、茄紫色和橄榄绿等颜色各异的大溪地珍珠。珍珠的采购、甄选及串成项链（参见第131页）共耗时18个月。现代时尚的*Chant de Sirènes*鲛韵颂歌主题珠宝作品中亦可见大溪地珍珠的身影，珍珠的灰色调与碧玺与众不同的冰绿色调相得益彰（参见第250页和第254页）。在*Joséphine*约瑟芬皇后系列中，珍珠大多用于边饰，时而以不对称方式灵动点缀于作品之上，趣味盎然，例如戒指、手链及*Joséphine*约瑟芬皇后系列*Aigrette*白鹭主题头饰（参见第253页）。

Ondes et Merveilles de CHAUMET
瀚海史诗高定珠宝套系
*Chant de Sirènes*鲛韵颂歌
主题项链，2022年，
白金，钻石，绿色碧玺，
碧玺和珍珠。私人收藏。

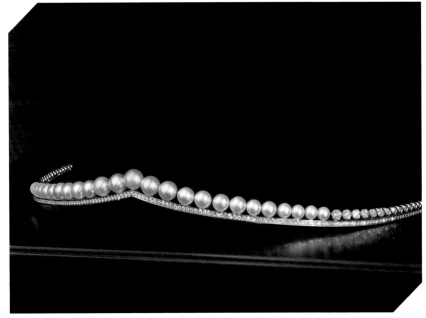

上图
*Joséphine*约瑟芬皇后系列
*Aigrette*白鹭主题耳环，
白金，钻石和珍珠。

下图
*Joséphine*约瑟芬皇后系列
*Aigrette*白鹭主题头饰，
白金，钻石和珍珠。

左页
"洛伊希滕贝格"双股珍珠
项链，被认为是尼铎的作品，
19世纪初，金，银和珍珠。
私人收藏。

左上图
*Ondes et Merveilles
de CHAUMET*
瀚海史诗高定珠宝套系
Chant de Sirènes 鲛韵颂歌
主题冠冕，2022年，白金，
钻石，珍珠和碧玺。
私人收藏。

左下图
巴洛克珍珠冠冕，尚美时期，
1963年，金，银，珍珠和钻石。
巴黎，CHAUMET典藏。

右图
花环海螺珍珠项链设计图，
CHAUMET绘画工坊，
约1900−10年，以水墨、
水粉、水彩薄层和高亮颜料
在色纸上绘制。
巴黎，CHAUMET典藏。

左图
"Bayadère"印度风格项链，
尚美时期，1922年，
种子珍珠，金，铂金，
钻石和蓝宝石。
巴黎，CHAUMET典藏。

右图
科罗阿尔茨冠冕，可转换为
项链，尚美时期，1897年，
金，银，钻石和珍珠。
多哈，卡塔尔博物馆管理局。

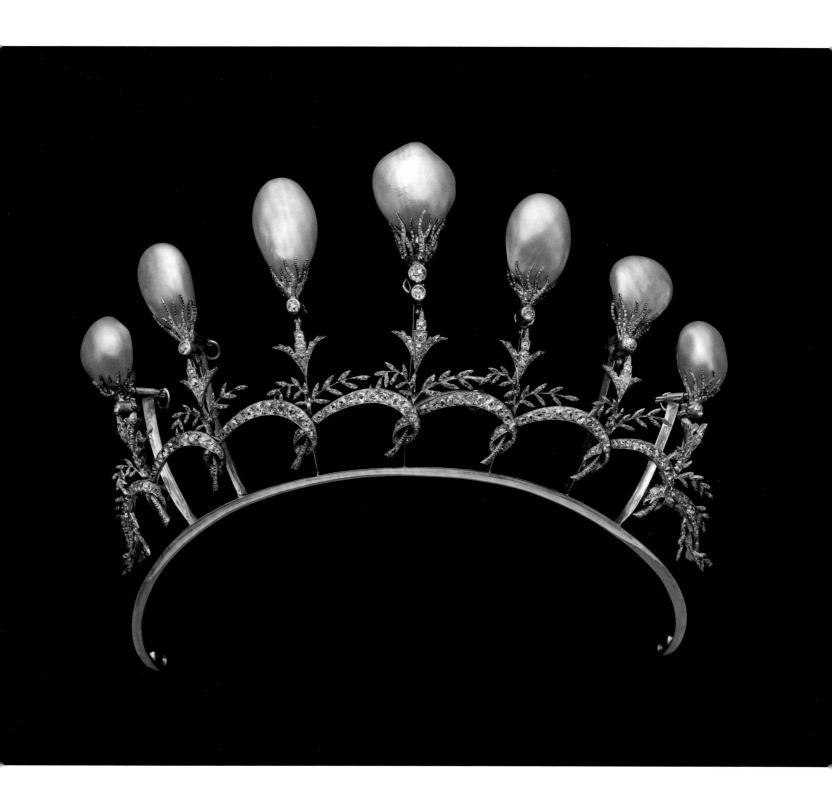

世 家 融 蕴 ……

自 然 艺 境

"正如弗森制作的宝石花朵，仿佛田间野花……"
——奥诺雷·德·巴尔扎克（HONORÉ DE BALZAC），1830年

CHAUMET世家创始人马利-艾虔·尼铎于1793年在回忆录中自诩为"尼铎，自然主义珠宝匠"。自其创建CHAUMET世家以来，CHAUMET世家始终与大自然保持深切关联，并将自然主义奉为创作原则。尼铎及其子与CHAUMET世家首位灵感缪斯约瑟芬皇后之间的不解之缘，亦是促成前述创作原则的因素之一。约瑟芬皇后对植物学有着浓厚兴趣，因在植物学领域的深厚知识和影响力而闻名于世。大自然奇妙无穷，是CHAUMET取之不尽的灵感源泉。CHAUMET世家作品不断推陈出新，但自然元素贯穿始终。2022年，CHAUMET世家以自然为主题，在巴黎高等美术学院举办《植艺万千》艺术大展（参见第302页）。

自 然 主 义 印 记

人类制作珠宝的历史源远流长，已知最早的珠宝艺术作品可追溯至公元前15万年。12世纪时，法国国王启用一种打标制度，以保证金制品的纯度，并防止与金银等贵金属有关的滥用无度。每家珠宝商在银、金或铜板上标注自己的印记，并在金银匠行会（Corporation des Orfèvres）办事处盖上印章，该行会办事处后来成为贵金属检验和鉴定事务处（Bureau de Garantie）。每件作品上的制造商标记明确金属类型，将制造责任落实到人。除了代表某一行会的成员资格，印记亦可以宣示创作理念，比如CHAUMET世家历代领导者在各自的印记中添加灵感源于自然的图案。

马利-艾虔·尼铎 （MARIE-ÉTIENNE NITOT）： 姓名首字母缩写"MEN" + 一支麦穗（1783年）	让-巴提斯特 （JEAN-BAPTISTE）和 于勒·弗森 （JULES FOSSIN）： 菱形外框内姓名首字母缩写"JF" + 上方一 颗黑珍珠 + 下方一颗星星（1825年）	让-瓦伦丁·莫雷尔 （JEAN-VALENTIN MOREL）： 菱形外框内姓名首字母缩写"MV" + 一个罗盘（1827年）
普洛斯普·莫雷尔 （PROSPER MOREL）： 菱形外框内姓名首字母缩写"PM" + 上方一颗莓红色珍珠 + 下方一颗星星 （1862年）	约瑟夫·尚美 （JOSEPH CHAUMET） 及其后代： 菱形外框内姓名首字母缩写"JC" + 上方一弯 新月 + 下方一颗星星（1890年）	新尚美公司 SOCIÉTÉ NOUVELLE CHAUMET： 横向菱形外框内公司首字母缩写"N Ste C" + 中央一弯新月 + 下方一颗星星（1987年）

"然而，她对植物学的兴趣绝非心血来潮。
她认真地研究并钻研这门学科，很快便掌握了各种植物的名字、
博物学家的植物分类、植物的起源及归属。"

——《皇后首席女官阿芙蓉小姐关于约瑟芬皇后私人生活、家庭和宫廷的回忆录》，1833年

马勒梅松城堡的温室，约瑟芬
皇后在此种植热带植物，
以慰藉她对马提尼克岛的思乡
之情，《马勒梅松城堡温室内部》
(Intérieur de la Serre Chaude
à la Malmaison)，奥古斯特-
西蒙恩·加内雷（Auguste-
Siméon Garneray），
水彩画，1805年。马勒梅松与
布瓦普莱城堡国立博物馆。

约 瑟 芬 皇 后 与 植 物 学

约瑟芬皇后出生于马提尼克岛，这座岛屿及岛上的植物令其终生难忘。1799年，她于巴黎郊外购置的马勒梅松城堡花园中种植了各种异域花草，以解思乡之情。她对植物饱含热情，乃至亲身投入发展园艺学和植物学，即描述和比较不同植物物种的科学。

植物标本库是植物学学生最重要的资源之一，建立植物标本库此前是科学家的钻研范畴，但现在逐渐走入公众视野。时髦女性热衷于采集植物，并将熟知卡尔·林奈（Carl Linnaeus）创立的双名制命名法视为应有的素养。1732年，贫寒的瑞典牧师之子，25岁的卡尔·林奈在一次拉普兰（Lapland）探险中发现了一种不为人知的花卉，由此获得启示。他毅然决然地献身自然，后来成为著名的植物学家，并发明了沿用至今的植物分类体系。约瑟芬皇后对该体系了如指掌。

1802年，西班牙植物学家藉以皇后的婚前姓氏"Rose de La Pagerie"，将一种花色鲜丽的藤本植物命名为"*Lapageria rosea*"（智利风铃草），现已成为智利国花。数年后，一种原产于澳大利亚北部的多年生植物以约瑟芬皇后的名字命名为"*Josephinia imperatricis*"。

马勒梅松城堡花园流露出主人的高雅品味，甚至她的着装也从蓝色牵牛花（*Ipomoea*）、花心呈深红色的粉黄色洛神花及五色缤纷的玫瑰中撷取灵感。马勒梅松城堡中千姿百态的玫瑰，在"皇后御用花卉画师"皮埃尔-约瑟夫·雷杜德（Pierre-Joseph Redouté）的水彩画中经久定格，观者无不为之动容。玫瑰园中百花齐放，包括龙沙宝石（Van Eden）、百叶蔷薇（*Rosa x centifolia*）、金樱子（*Rosa laevigata*）、白色蔷薇（*Rosa multiflora*）、木香花（*Rosa banksia*）、波特兰玫瑰（Portland rose）及地榆玫瑰（*Rosa pimpinellifolia*）。约瑟芬皇后亦钟爱木兰，她养育了多达84种木兰品种，与百合、大丽花、金钟花、风铃草、鸢尾花、莲花、剑兰和牡丹竞相争艳，她与拿破仑大帝于1800年携手栽种的黎巴嫩雪松，至今仍傲然挺立于城堡后方。

《约瑟芬波拿巴为一颗桃金娘树带上花冠》（*Joséphine Bonaparte Crowning a Myrtle Tree*），安德里亚·阿皮亚尼（Andrea Appiani），布面油画，1796年。私人收藏。

自 然 意 象

马利-艾虔·尼铎及其子弗朗索瓦-勒尼奥被任命为约瑟芬皇后御用珠宝商后,与新政权建立起密切联系:新帝国藉由自然意象以巩固皇权。麦穗图案蕴含特殊意义。希腊神话中的农业女神德墨忒尔(Demeter)将种植麦穗作为文明的象征传授予人类,令大地五谷丰登,因此麦穗是丰饶繁盛的象征。正因如此,根据约瑟芬皇后的宫廷女官德·雷穆萨夫人(Madame de Rémusat)在回忆录中记载,1804年7月,约瑟芬首次以皇后身份出席法国荣誉军团勋章颁发仪式时,佩戴"麦穗"冠冕亮相。

这顶冠冕由尼铎工坊于1811年左右制作,装饰九支钻石麦穗,总重66克拉,描摹风吹麦浪的景象(参见第258页)。这件作品是CHAUMET世家标志性轻灵动感设计的早期代表作,现在是CHAUMET历史典藏系列藏品。同期制作的"克雷沃克尔"(Crèvecoeur)冠冕(参见第268页)亦装饰麦穗图案。拿破仑大帝将其赠与莫斯利(Mosloy)伯爵夫人,其丈夫负责拿破仑大帝与第二任妻子哈布斯堡-洛林皇朝的玛丽-露易丝的婚姻协议书的条款磋商。尼铎进献美轮美奂的珠宝套系作为结婚礼物,其中包括一套祖母绿和钻石珠宝和一套蛋白石和钻石珠宝。伯爵夫人芬妮·德·莫斯利(Fanny de Mosloy)的父亲是来自法国诺曼底的士绅米歇尔-纪尧姆·让·德·克雷沃克尔(Michel-Guillaume Jean de Crèvecoeur),定居纽约奥兰治县。其英文著作《美国农夫书简》(*Letters from an American Farmer*)是18世纪的文学巨著。"克雷沃克尔"冠冕在克雷沃克尔家族中传承数代后,其麦穗装饰于1910年由CHAUMET重新经手,镶嵌在一顶美好时代风格冠冕上,亦可作为三角胸衣胸针佩戴。这件作品近来被纳入CHAUMET世家历史典藏系列。

从那时起,麦穗和其他谷物成为CHAUMET作品中的常见主题,例如,以麦穗元素设计的 *L'Épi de Blé de CHAUMET* 麦穗神韵系列黄金戒指、手链、胸针、耳环和神秘腕间珍宝(参见第269页右图),以及 *Offrandes d'Été* 夏日礼赞高级珠宝系列中点缀一颗水滴形切割宝石坠饰的白金镶钻麦穗束作品。CHAUMET世家的自然主义传承不断焕新演绎。2023年 *Le Jardin de CHAUMET* 游园漫步高定珠宝套系包含一款"*Blé*"麦穗造型项链,可转换为鹭羽项链,象征丰收的铜金雕刻麦穗图案掩映衬着钻石细链,其上垂坠一颗重逾7克拉钻石吊坠(参见第269页上图)。

月桂亦是富有意蕴的自然图案,在古希腊和古罗马文明中象征着胜利与荣耀。拿破仑选择月桂作为其登基称帝的桂冠图案,约瑟芬则佩戴月桂叶冠冕出席1804年12月2日在巴黎圣母院举办的加冕礼(参见第390页)。月桂由此成为CHAUMET作品中常见的主题,例如 *Firmament Apollinien* 月桂颂歌主题冠冕(参见第161页),月桂叶镶嵌璀璨钻石,中央簇拥着一颗精美绝伦的14.55克拉斯里兰卡蓝宝石。

*Laurier*月桂冠冕,
2021年,白金和钻石。

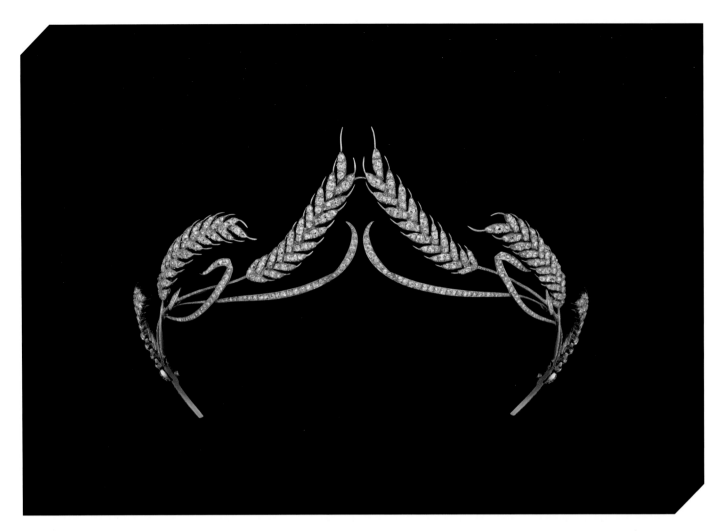

左上图
Le Jardin de CHAUMET
游园漫步高定珠宝套系
Blé 麦秀两岐主题项链，
CHAUMET设计工作室，
2023年。
巴黎，CHAUMET典藏。

右上图
L'Epi de Blé de CHAUMET
麦穗神韵系列胸针，
2018年，黄金和钻石。

下图
麦穗图案鹭羽冠冕设计图，
CHAUMET绘画工坊，
约1890–1900年，以棕色
水墨、水粉和水彩薄层在
色纸上绘制。
巴黎，CHAUMET典藏。

左页
"克雷沃克尔"（Crèvecoeur）
冠冕设计图，可转换为鹭羽
冠冕或三角胸衣胸针；
饰有尼铎于1810年制作的
麦穗装饰，尚美时期，
1910年，金，银和钻石。
巴黎，CHAUMET典藏。

CHAUMET始终秉持国际视野，长久以来与其他文化保持密切联系。2018年，*Les Mondes de CHAUMET*寰宇艺境高定珠宝套系*Chant du Printemps*樱之漫歌主题从日本文化中撷取灵感，礼赞大自然的交替更迭、万物流转。为呈现此普世性概念，CHAUMET世家从一棵日本苹果树中汲取灵感，创作项链、手镯和鸡尾酒戒指，并镶嵌鸽血红红宝石、黑色尖晶石、钻石及红石榴石（参见第135页下图）。

CHAUMET世家的许多自然植物图案来自于森林草木。CHAUMET世家以板栗、雪松、银杏、常春藤和山楂树为灵感，创作出诗意盎然又生动写实的头饰、项链、胸针和手链。橡树经常是冠冕、胸针和耳环的创作主题。橡树叶和橡实图案传递圣树的力量，例如贡比涅的"圣约翰橡树"（St John's Oak），种植于13世纪，是法国现存最古老的森林树木之一。当橡木图案与CHAUMET别具一格的轻灵之韵融为一体，这种神秘的力量呼之欲出，例如拿破仑大帝和约瑟芬皇后于1809年送给一位功臣的凹雕橡树叶珠宝（参见第272页），又如1913年的一款发带冠冕，可转换为短颈链（参见第58页上图）。CHAUMET对植物的热爱亦体现于*La Nature de CHAUMET*自然妙境高定珠宝套系，其中一款长项链以橡树叶装饰一行粉色珍珠，紫色蓝宝石与粉色和紫色尖晶石交错点缀其间；*Feuillage Éternel*神秘珠宝手镯表和白金与钻石耳环亦是CHAUMET醉心于植物的见证（参见第273页左图）。

与橡树一样，在高卢人看来，槲寄生也是神圣的化身。在中世纪的西欧，槲寄生被用于寄福来年——在槲寄生下互相亲吻以求繁荣与长寿的传统流传至今。数百年时光荏苒，槲寄生依然拥有扣人心弦的象征寓意。2023年*Le Jardin de CHAUMET*游园漫步高定珠宝套系*Gui*槲寄常青主题中的七款作品堪称典范之作。厚实致密的匙形叶片结绕成缀以天然珍珠浆果的优美发饰，槲寄生枝条在镶嵌一颗21.59克拉枕形祖母绿的项链上交织缠绕（参见左图）。圣诞节庆的另一常见植物冬青树，在一款金银胸针上瞩目亮相，精巧搭配细腻生动的天然珍珠浆果与叶片，衬以如冰雪般闪耀的钻石，更显光采夺目（参见第428页）。1890年，这件作品诞生于CHAUMET世家工坊，其优雅美态备受赞誉，其设计时至今日仍充满现代气息，如今是CHAUMET历史典藏系列的组成部分。

公元五世纪，同样富有象征意涵的百合花成为法国王室的象征。CHAUMET世家作品中的百合花拥有亨利·方丹·拉图尔（Henri Fantin-Latour）画作细腻绵密的情态，伦敦维多利亚和阿尔伯特博物馆馆藏的拉图尔静物画被用于教授植物学。20世纪之交，一株脉络分明的花蕾搭配灯芯草，在一枚胸针上生动再现；百合花在1910年创作的一款冠冕上展露芳姿，三十年后又在一款精美夹扣式胸针上嫣然绽放。2016年的*Passion Incarnat*百合柔情主题冠冕再次演绎百合花：中央的花朵可作为胸针佩戴，耳环可搭配镶嵌三颗红色尖晶石的一枚戒指，整套作品因而具有三种佩戴方式（参见第59页和277页）。

让-巴提斯特·弗森（1815年接掌CHAUMET世家）于1825年前后制作的珠宝套系中含有一顶葡萄图案冠冕，结合寓意深厚的藤蔓、绿松石葡萄串和再度风靡于法兰西帝国的风格化希腊图案（参见第368页）。25年后，让-瓦伦丁·莫雷尔延续CHAUMET的自然主义传统，在一套胸针、手镯及项链中重新演绎葡萄主题（参见第369页）。项链上的藤蔓卷须细腻而轻盈，令人过目难忘，造就巧夺天工的金艺杰作：舒展自如的叶片镶嵌祖母绿，淡紫色珍珠串则仿拟鲜嫩欲滴的葡萄。2023年，CHAUMET焕新呈献藤蔓图案珠宝套系。项链形似白金枝蔓，其上覆盖三片厚叶，其中一片叶子镶嵌一颗美轮美奂的5.18克拉莫桑比克红宝石（参见第274页）。

Le Jardin de CHAUMET
游园漫步高定珠宝套系
*Gui*槲寄常青主题项链，
2023年，白金，钻石，
祖母绿和天然珍珠。

红玉髓凹雕装饰橡树叶珠宝
套装局部细节，尼铎时期，
1809年，金，珐琅，红玉髓。
巴黎，CHAUMET典藏。

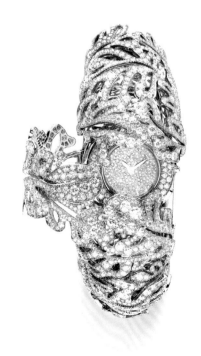

左上图
La Nature de CHAUMET
自然妙境高定珠宝套系
*Feuillage Éternel*叶的
承诺主题耳环，2016年，
白金和钻石。

左下图
La Nature de CHAUMET
自然妙境高定珠宝套系
*Feuillage Éternel*叶的
承诺主题神秘珠宝手镯表，
搭载瑞士石英机芯，
2016年，白金和钻石。
私人收藏。

右上图
La Nature de CHAUMET
自然妙境高定珠宝套系
*Racines Célestes*诸神根主
题戒指，2016年，白金，
尖晶石，粉色蓝宝石和钻石。
私人收藏。

右下图
La Nature de CHAUMET
自然妙境高定珠宝套系
*Promesse de l'Aube*叶的承
诺主题耳环，2016年，白金，
蓝碧玺，芬达石，粉色蓝宝
石和钻石。私人收藏。

左图
Le Jardin de CHAUMET
游园漫步高定珠宝套系
Feuille de Vigne 翠蔓缘篱
主题项链，2023年，白金，
钻石，红宝石和灰色与
黑色尖晶石。

右图
葡萄藤图案三角胸衣胸针
设计图，CHAUMET绘画
工坊，约1890-1900年，
以水粉、水彩薄层和
高亮颜料在色纸上绘制。
巴黎，CHAUMET典藏。

左图
亨利·德·温德尔夫人定制
的康乃馨冠冕，尚美时期，
1905年，铂金和钻石。
东京，私人收藏，Albion Art
Collection特许。

右图
La Nature de CHAUMET
自然妙境高定珠宝套系
*Passion Incarnat*百合柔情
主题戒指，2016年，白金，
玫瑰金，尖晶石，红石榴石，
绿色碧玺，石榴石和钻石。
私人收藏。

浪漫主义

浪漫主义于18世纪末起源于欧洲，鼓励自由奔放的情感表达。这场思潮抒发了对颂赞自然和浪漫爱情的追求。在约瑟芬皇后的引领下，女性对植物学产生热情，周身以鲜花为饰。羊腿袖长裙滚边装饰自然图案，同样的图案甚至出现在长袜上，于喇叭裙下摆下方若隐若现。装饰精美缎带的帽子搭配簪花戴翎的繁复发型。位于巴黎黎塞留街的国王御用花商巴顿（Batton）设计的花饰风靡一时，例如三色堇花冠、紫罗兰花簇、玫瑰花束和天竺葵冠饰。新潮女性以苍白肤色和忧郁神情为美，风流别致，敏感多情。

让-巴提斯特·弗森借鉴自然元素，以纷繁交织的花卉、水果和枝叶构成的花环和冠冕，在那个时期蔚为风潮。1830年，《La Mode》杂志对弗森的作品赞叹不已，"弗森以炉火纯青的工艺巧妙搭配托帕石、祖母绿、红宝石和钻石，呈现千姿百态的花环、花束及花结"。文章未提及作品的可转换设计，冠冕上的花簇可转换为胸饰或发梳，发饰可拆分为成对的手链。弗森是尼铎的杰出继任者，改造了据传曾属于约瑟芬皇后的女儿奥坦丝的"洛伊希滕贝格"冠冕（参见第62–63页）。在弗森的手中，冠冕化作自然主义风格杰作，镶嵌698颗钻石和32颗祖母绿，其中包括一颗13克拉祖母绿，生动再现水仙花芯。作品可转换为三角胸衣胸针、发饰及胸针，采用颤动式镶嵌工艺，随着佩戴者的动作轻摇曳动，优雅天成。同时代贝德福冠冕上的花卉、水果、野蔷薇及茉莉叶（参见第67页）亦应用这种工艺，零星散落的钻石宛如清晨露珠，令作品更显细腻动人。其精妙之处在于弗森对植物纤毫入微的处理方式，专注刻画叶片的走向、茎秆的形状及细腻的纹理和萼片。

1840年创作的一对发饰是花环的变体（参见第280页和第344页），以路易十四的初恋情人玛丽·曼奇尼（Marie Mancini）的发型命名为"Mancini"。路易十四出于政治联姻的需要而被迫与之分离。Taviz（意为"护身符"）钻石从五叶地锦的叶片上垂泻而下。Taviz钻石产自富有传奇色彩的印度戈尔康达矿区，那里曾出产过不少绝世美钻，包括如今华盛顿史密森尼博物馆中展陈的硕大蓝色霍普钻石（Hope Diamond）。珠宝匠的细腻手法再次令人动容：尺寸各异的钻石呈现果实累累的植物形象，镶嵌钻石的卷须展现藤蔓枝繁叶茂、柔软灵活的特点。

睡莲手镯（局部细节），
弗森时期，约1830年，
金，银，钻石，珐琅和珍珠。
法贝热收藏。

约1850年，工坊打造的三色堇冠冕（参见第440-41页）淋漓彰显CHAUMET世家珠宝匠的精湛工艺，轻轻颤动的作品真实还原了大自然中随风摇曳的植物情状。三色堇花姿婀娜，微微蜷曲的叶瓣闪耀钻石的璀璨光芒，仿佛刚刚采摘而来。每个图案均可单独作为胸针或发饰佩戴。2023年，三色堇在*Le Jardin de CHAUMET*游园漫步高定珠宝套系中经重新演绎，钻石和蓝宝石拼镶花瓣嫣然绽放，华美动人。它巧妙寄身于四行式珐琅项链之上，仿若一片精美娇艳的芳菲栖落于颈间。此富有现代感的套系还包括一枚戒指、耳环及一款可转换为胸针的冠冕，艳黄色和深黄色钻石相映成趣。

左图
一对曼奇尼风格发饰，
弗森时期，约1840年，
金，银和钻石。
巴黎，CHAUMET典藏。

右图
《曼奇尼·科隆纳公爵夫人肖像》（*Portrait of La Duchessa Mancini Colonna*），雅各布·费迪南·维特（Jacob Ferdinand Voet），布面油画，约1670-75年。阿姆斯特丹国家博物馆。

CHAUMET花园

1793年11月25日，创始人马利-艾虔·尼铎在CHAUMET世家花园中种下第一颗种籽，发表他守护王室珠宝的宣言"尼铎，自然主义珠宝匠"。CHAUMET世家珠宝匠弘扬尼铎理念，多年来创作出许多创新演绎的花卉主题作品，尽皆记录于CHAUMET世家档案中，是珠宝史上规模最大的档案记录之一，保存着66,000幅珠宝设计手稿（其中最早的图稿可追溯至19世纪初）和66,000张底片，其中包括33,000张玻璃底片，展现珠宝作品和百卉千花：兰花鹭羽冠冕、郁金香设计大胸针、菊花冠冕、野蔷薇胸针。在这座迷人花园中，各种各样的植物蓬勃生长：玫瑰、鸢尾花、山茶花、牡丹、风铃草、报春花、雏菊、风信子、海葵、雪钟花、含羞草、兰花、丁香、罂粟、天竺葵、旱金莲、铁线莲和勿忘我。

据传，世家在1807年左右为约瑟芬皇后的女儿奥坦丝制作了一枚绣球花胸针。精致的绣球花（法语中为"*hortensia*"，与Hortense谐音）点缀数目不规则的钻石花瓣，与精巧的红宝石花蕊相得益彰（参见第340页）。一个世纪后，约瑟夫·尚美为富有的法国洛林工业家的妻子亨利·德·温德尔（Henri de Wendel）夫人打造康乃馨冠冕（参见第276页），是焕新演绎20世纪初自然主义花卉设计的典范之作。这顶细腻优雅的冠冕彰显CHAUMET世家的经典风格，十二支康乃馨在精美镶座的映衬下散发动人诗意。2019年创作的一款胸针呈现一朵灿然盛放的康乃馨，芬芳花瓣缱绻舒展（参见第260页）。

路易十四时期的博物学家、探险家和植物学家查尔斯·普卢米埃（Charles Plumier）神父在加勒比海的圣多明各探险时，发现一种红花灌木，岛民称之为"*molle ecantu*"，意为"美丽的灌木"。普卢米埃以16世纪来自巴伐利亚王国的一位医生和植物学家莱昂哈特·福克斯（Leonhart Fuchs）的名字将其命名为"*fuchsia*"（倒挂金钟）。19世纪中叶的一款胸针呈现了活色生香的金钟花。CHAUMET世家最具代表性的作品之一——金钟花冠冕（参见第454 – 55页）亦装饰意态鲜妍的金钟花。这件作品由海德薇·德·拉·罗什富科的父母为她和波旁-帕尔玛王朝的西克斯图斯王子于1919年11月的婚礼定制，是那个时代最盛大婚典之一的不朽见证。金钟花的纤长雄蕊以带有三角形刻面的水滴形钻石吊坠呈现，水滴形钻石则采用CHAUMET标志性的错觉画法工艺，多颗钻石浑然一体，仿佛一整颗美钻，创造出CHAUMET独树一帜的自然主义效果。应用这种工艺的其他作品包括19世纪末的旋花胸针设计，以及2019年创作的*Mélodie Nacrée*冠冕（参见第283页）。

*Mélodie Nacrée*冠冕蓝晒
照片，2019年，白金和钻石。

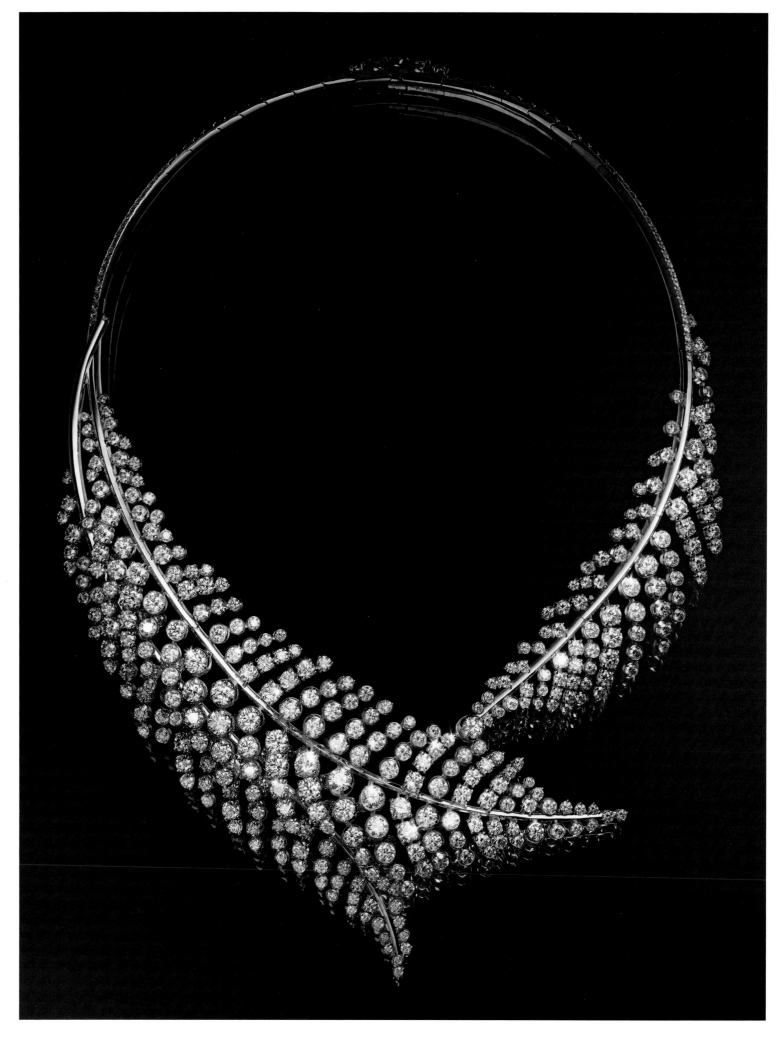

于勒·弗森彼时为未来的欧仁妮皇后打造的绿色珐琅三叶草胸针（参见第177页），现为CHAUMET历史典藏系列藏品，彰显CHAUMET世家海纳百川的开放胸怀：从奇花异木到三叶草、蓟花及芦苇等寻常芳草，CHAUMET世家对万千植物保持同等热情。19世纪末，芦苇图案现身于一款胸针中，叶片自然弯折，优雅迷人。汉诺威卡罗琳王妃将胸针倒别于低领侧，在丹麦王储弗雷德里克（Frederik）和玛丽·唐纳森（Mary Donaldson）的婚礼上惊艳四方。蕨类植物尤其适合胸针，可见于19世纪90年代以来的许多作品中，不断激发灵思创意，催生出2023年 *Le Jardin de CHAUMET* 游园漫步高定珠宝套系中优雅而不失野性之美的珠宝作品。以镶钻白金精雕细刻而成的狭长叶片，如蕾丝般盘绕于佩戴者的颈间、发际和耳畔。

19世纪画家卡米耶·柯罗（Camille Corot）认为，在绘制风景画之前，画师应该"坐下来"，观察大自然。CHAUMET珠宝匠遵循他的建议，在日常工作中运用植物学家的利器——眼睛、知识和记忆。2021年，一款装饰麦穗、桃花和醋栗的冠冕设计重焕光彩。此设计图是CHAUMET世家档案中历史最悠久的手稿之一，可追溯至19世纪初，被重新诠释为一顶镍银冠冕模型（参见第82−83页）。CHAUMET世家珠宝匠饱含热情地投入这项任务，因为他们的作品会在芳登广场12号举办的"约瑟芬皇后与拿破仑大帝，一段非凡的史诗传奇"展览中展示于众。

左图
Le Jardin de CHAUMET
游园漫步高定珠宝套系
Fougère 蕨灿生茂主题项链，
2023年，白金和钻石。

右图
Laurier 月桂叶宽版戒指，
2019年，白金和钻石。

海 天 之 间

浩如烟海的档案作品展现了CHAUMET世家珠宝匠捕捉宇宙奥妙的高超技艺。充满诗意的作品打开无垠想象的大门，云彩化作项链，新月和闪电环绕或划过胸针、三角胸衣胸针和鹭羽冠饰。历史典藏系列的两件作品——1890年创作的钻石和珍珠胸针和1916年创作的旭日鹭羽冠冕（参见第222页），均绽放万丈光芒。从硕大的中央祖母绿散射而出的阳光，展现了CHAUMET世家精湛绝伦的刀锋镶嵌法，令宝石仿佛凌空飘浮（参见第423页）。2019年，*Les Ciels de CHAUMET*天穹皓境高定珠宝套系开创奇妙瑰丽的崭新风格。*Étoiles Étoiles*寻梦星河主题冠冕从档案中饰有九颗星星的镍银作品汲取灵感，点缀璀璨星群（参见第290-91页）。星星主题更延伸到指尖，化作一款彗星造型戒指，以一颗重逾5克拉的枕形切割钻石打造而成。问号造型项链宛如一颗超新星，衬以澳大利亚黑色蛋白石和帕拉伊巴碧玺，为颈间增色添彩（参见第239页）；*Soleil de Feu*骄阳欢歌主题珠宝套系采用芬达石、红色尖晶石和黄色蓝宝石，令长项链、胸针、戒指和耳环绽放熙彩流光。

CHAUMET世家的自然主义风格亦体现于以鸟羽为灵感的作品。1870年，普洛斯普·莫雷尔制作了一款华美绚丽的孔雀羽毛胸针（参见第129页和204页）。一颗32克拉斯里兰卡蓝宝石以弹簧结构进行镶嵌，可拆下作为单独的宝石佩戴，令人联想起孔雀羽毛的眼状斑，镶嵌于满镶钻石的羽翮上。羽翼可以许多形式演绎：可作为冠冕、胸针和三角胸衣胸针上的时尚图案（参见第111页和357页）；镶嵌钻石或红宝石；或饰以蓝色珐琅。它们深受个性鲜明的女性青睐，例如利涅王妃（Diane de Cossé-Brissac，黛安·德·科塞-布里萨克）和富有的美国艺术赞助人格特鲁德·范德比尔特。作为美好年代的风云人物，格特鲁德·范德比尔特与哈里·佩恩·惠特尼（Harry Payne Whitney）结为伉俪，傲然佩戴羽翼冠冕，其上镶嵌566颗圆形钻石和708颗玫瑰形钻石，设计灵感来自瓦格纳歌剧中女武神所戴的鸟翼形头盔。这件作品近来被纳入CHAUMET世家的历史典藏系列。

约瑟夫·尚美将CHAUMET世家迁址至芳登广场12号时，发现室内装饰海洋图案，包括珊瑚、海藻、螃蟹、海豚、船锚、舰艏、渔网及钓具。彩绘徽章展现尼普顿（Neptune）和墨丘利（Mercury）的形象，让人联想起第一任屋主博德·德·圣詹姆斯男爵，他曾担任路易十六的海军总财务官。约瑟夫·尚美的父亲是一位远洋船长，他进一步升华CHAUMET世家运用珍贵宝石呈现自然元素，尤其是水元素的高超技艺。他在制作瀑布胸针、胸饰、发饰、发梳及胸针时运用登峰造极的珠宝工艺，为1900年世博会打造的作品无疑是个中典范（参见第328－333页）。正如克劳德·莫奈（Claude Monet）细致入微地捕捉吉维尼（Giverny）睡莲池塘的光影变幻，CHAUMET的作品记录下水元素的各种形态：清澈碧水，涛澜生辉；轻波荡漾，浪花飞腾。2022年，CHAUMET推出以海洋为主题的*Ondes et Merveilles de CHAUMET*瀚海史诗高定珠宝套藏。从汹涌波涛到深海宝藏，静水流深或惊涛骇浪，以丰富纷呈的视角呈现水元素的万千形态（参见第68页、220页、221页、231页、240页、250页、254页、288页、330页、331页、333页）。

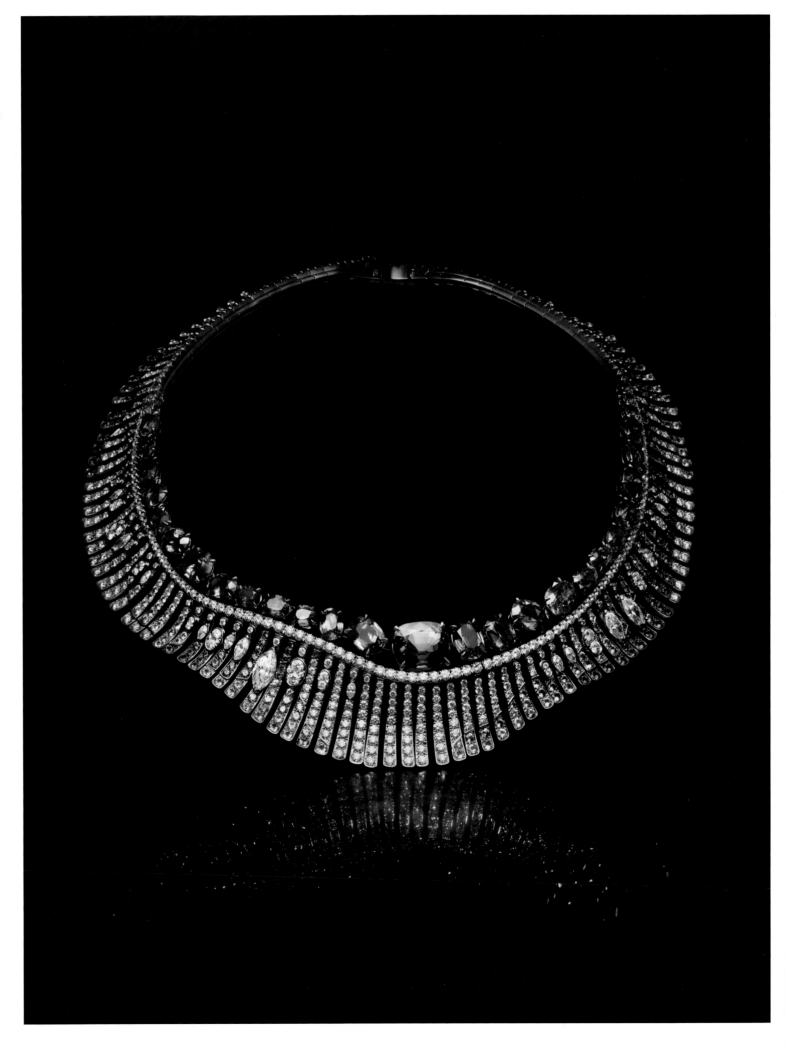

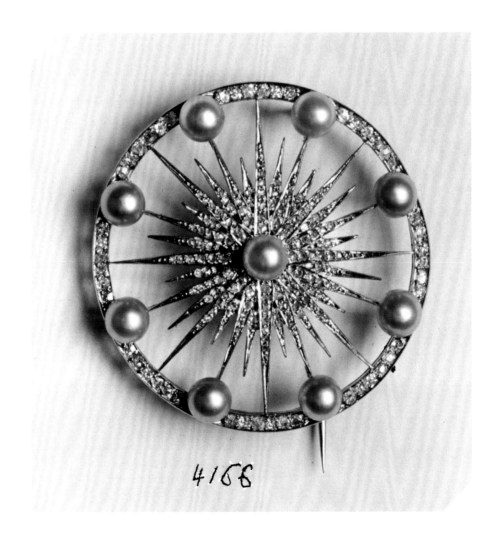

Ondes et Merveilles
de CHAUMET
瀚海史诗高定珠宝套系
*Escales*彼岸谧湾主题项链，
2022年，玫瑰金，白金，
尖晶石，钻石，蓝宝石和
帕拉伊巴碧玺。

中央饰有旭日图案的胸针
照片，镶嵌钻石和珍珠，
CHAUMET摄影实验室，
1909年，玻璃底板负片
冲印的正片图像。
巴黎，CHAUMET典藏。

Les Ciels de CHAUMET
天穹皓境高定珠宝套系
Étoiles Étoiles 寻梦星河
主题冠冕，2019年，
白金和钻石。

CHAUMET动物王国

CHAUMET世家秉承"自然主义珠宝匠"的传统，巧妙运用动物图案，与以植物为灵感的设计异曲同工。档案珍品中充满动物形象，从青蛙和蟋蟀到圣甲虫和燕子，不一而足。

珠宝匠经常选用空中生灵为创作题材，以表现CHAUMET作品的重要特征——动感韵律。1891年的一款野蔷薇和蝴蝶胸饰精美雅致，另一款作品描绘蜻蜓停落芦苇之上的景象，同样赏心悦目。1904年，美国圣路易斯世界博览会组委会一致决定将大奖授予约瑟夫·尚美创作的一枚蝶翼镶嵌红宝石的蝴蝶胸针。一个世纪后问世的*Parade*羽鹤弄影主题胸针（参见左图）优雅非凡，呈现一对带有钻石和缟玛瑙羽毛的鹤形象，其中一只鹤喙部衔着一颗12.78克拉水滴形黄色蓝宝石。振翅蜂鸟是标志性图案，在一款大鹭羽冠饰或一对可转换鹭羽冠饰中亮相，两款作品均制作于19世纪末期（参见第431页）。金龟和蝙蝠虽较不常见，但也在动物王国中占据一席之地：金龟可见于19世纪的一款金、银、红宝石和石榴石胸针；蝙蝠现身于20世纪初的一款胸针或图章戒指（参见第301页中右图）和20世纪70年代初的一款戒指。

在这段时期，新生灵陆续加入CHAUMET作品。一款胸针上，一只有着青金石喉部的金羽麻雀栖息在珊瑚树枝上，（钻石）眼睛嘲弄地望向自己的同伴们。1974年，瓦伦丁·阿布迪爵士为他与玛蒂尔德·德·拉费泰的婚礼订制了一款项链，其上一只白水晶章鱼紧紧攀附着碧玉海藻（参见第299页）。1970年的一款胸针上，一只翠鸟迅疾如箭（参见第302页）。部分作品上也可见展翅飞翔的燕子（参见第225页）。

其他不同寻常的物种同样需要细致入微的观察。一只蜘蛛在腰带扣上细密织网（参见第301页中图）；一条龙盘踞在鹭羽冠饰上。两条灵蛇露出利齿，在可转换为短颈链的冠冕上激烈争夺一颗祖母绿（参见第301页上图）。圭多·亨克尔·冯·唐纳斯马克伯爵于1889年送给第二任妻子卡塔莉娜的三角胸衣胸针，上演两只蜥蜴竞逐一颗34克拉红宝石的场景（参见第295页）。

Les Ciels de CHAUMET
天穹皓境高定珠宝套系
*Parade*羽鹤弄影主题胸针，
2019年，白金，黄色蓝宝石，
缟玛瑙，水晶石和钻石。
巴黎，CHAUMET典藏。

CHAUMET通过多项赞助项目积极参与21世纪环保活动，与之相互呼应的是CHAUMET世家动物王国中的一员——蜜蜂，象征着拿破仑大帝建立的新帝国政权，出现在统治者的徽章上。蜜蜂是法国君主制最古老的象征图腾，由加洛林王朝的查理（Charlemagne）大帝率先采用，以蜜蜂装饰帝王披风，象征着与法国大革命之前的旧制度的决裂，同时也将新王朝与法兰西的起源相关联。蜜蜂经常出现在CHAUMET作品中，是2011年*Bee My Love*爱·巢系列的灵感之源（参见第297页和第448-49页）。风格化蜂巢图案搭配镜面抛光金质，以轻柔之姿俘获芳心，自此风靡不衰。2021年，系列推出*Taille Impératrice*（皇后式切割）工艺，全新六角形钻石拥有88个单独刻面（参见第297页）。钻石切割角度呈48度，令作品更加璀璨夺目，例如网球手链、Y形项链、耳环及钻戒。2023年，*Le Jardin de CHAUMET*游园漫步高定珠宝套系在一套由项链、戒指及耳环组成的三件套高级珠宝套装中采用全新切割工艺，以钻石和交织缠绕的雕刻金质焕新诠释自然主义设计。

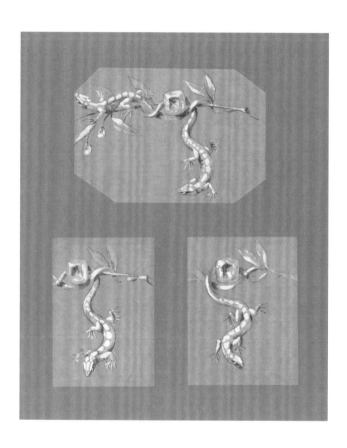

左页
三角胸衣胸针设计图，
呈现一只蝴蝶停栖在月桂枝
上的场景，约1890年，
以水墨、水粉、高亮颜料及
阿拉伯胶在灰色纸面上绘制。
巴黎，CHAUMET典藏。

中图
为卡塔莉娜·亨克尔·冯·
唐纳斯马克王妃打造的三角
胸衣胸针设计图，尚美时期，
约1845年，以石墨、
水彩薄层和水粉绘制。
巴黎，CHAUMET典藏。

上图
钻石和彩色宝石蜻蜓胸针
照片，CHAUMET摄影实
验室，约1900年，玻璃底板
负片冲印的正片图像。
巴黎，CHAUMET典藏。

下图
蝴蝶胸针，尚美时期，
约1895年，金，银，
红宝石和钻石。私人收藏。

右图
*Bee My Love*爱·巢系列
项链，2021年，玫瑰金和
Taille Impératrice 皇后式
切割钻石。*Bee My Love*爱·
巢系列蜜蜂图案项链，
2021年，玫瑰金和钻石。

左图
蜜蜂胸针，尚美时期，
约1970年，金和钻石。
巴黎，CHAUMET典藏和
私人收藏。

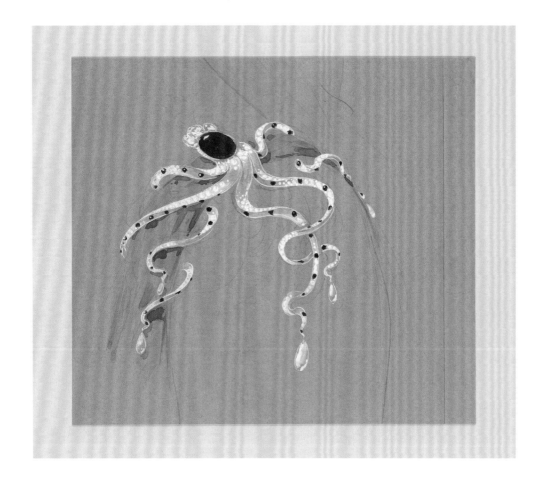

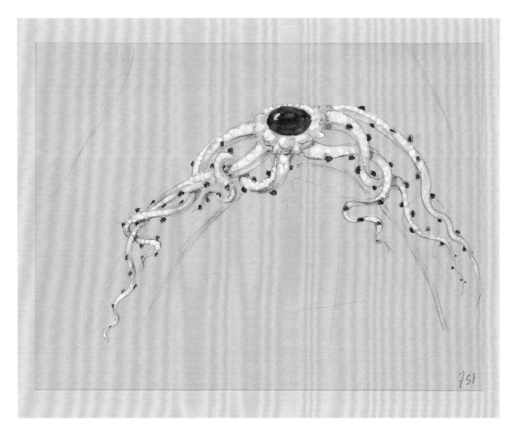

左图
蛇星图案胸饰的两幅设计图，
CHAUMET绘画工坊，
约1900年，以石墨、
钢笔墨水、水墨和水彩薄层
在色纸上绘制。
巴黎，CHAUMET典藏。

右图
章鱼项链，勒莫因
（Lemoine）为CHAUMET
设计，1974年，金，水晶石，
碧玉，钻石和红碧玺。
私人收藏。

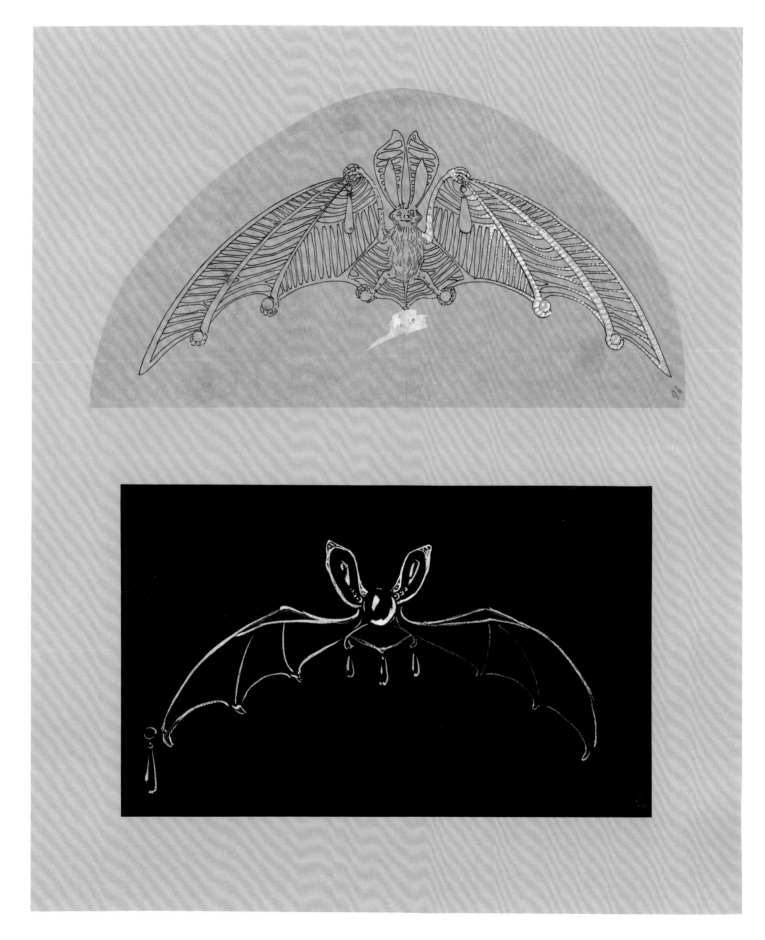

上图
为一款冠冕设计图绘制的
两幅蝙蝠生活习作，
约1890-1900年，一幅以
钢笔、印度墨和水彩薄层在
描图纸上绘制，另一幅以
水粉在硬纸板上绘制。
巴黎，CHAUMET典藏。

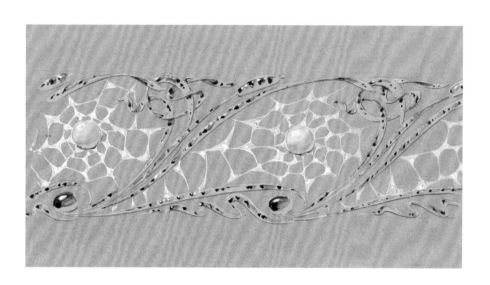

上图
双蛇对峙图案冠冕设计图,
CHAUMET绘画工坊,
约1890年到1900年,
以钢笔和黑墨、石墨、
水粉薄层在色纸上绘制。
巴黎,CHAUMET典藏。

下图
蛇形手镯设计图,
CHAUMET绘画工坊,
约1880年到1890年,
以水粉薄层和高亮颜料在
色纸上绘制。
巴黎,CHAUMET典藏。

左中图
蜘蛛网图案短颈链设计图,
CHAUMET绘画工坊,
约1900年,以水粉、
水彩薄层和高亮颜料在
色纸上绘制。
巴黎,CHAUMET典藏。

右中图
蝙蝠图案图章戒指,
尚美时期,约1900年,
金,粉色玺石。
巴黎,CHAUMET典藏。

翠鸟胸针，尚美时期
（皮埃尔·斯特尔，Pierre
Sterlé），1970年，青金石、
磨砂金和钻石。私人收藏。

《植艺万千》艺术大展

《植艺万千》艺术大展于2022年在CHAUMET赞助多年的巴黎高等美术学院举办，通过艺术的普世视角呈现万千自然。作为此次特别项目的组织方，CHAUMET世家基于丰厚历史传承，巧妙融合其自然主义创作方法、对植物学的兴趣与有关植物世界的其他艺术形式。

这场规模宏大的展览以植物标本馆的形式展出400件作品和艺术品，聚焦CHAUMET档案中珍藏的植物物种——从橡树到三色堇、水仙和麦穗，并将各种不同观点和学科汇聚一堂。为1850年一款三角胸衣胸针绘制的铃兰画稿与克里斯汀·迪奥先生（Christian Dior）于1954年为演员弗朗索瓦丝·阿努尔（Françoise Arnoul）设计的铃兰刺绣长裙一同展示（参见第304页）。展品中，创作于19世纪30年代的花环是浪漫自然主义的典范之作，于近期由CHAUMET世家传承部门购入，根据CHAUMET档案中的设计图完全重新建构（参见第305页下图）。

左图
克里斯汀·迪奥于1954制作
的礼裙，是《植艺万千》
艺术大展芸芸展品中的一件。

上图
桑利斯的塞拉菲娜
（Séraphine de Senlis）
创作的画作在《植艺万千》
艺术大展二层展区占据显眼
位置。

下图
*Traine de corsage*叶形图案
胸针，弗森时期，约1840年，
金，银和钻石。
巴黎，CHAUMET典藏。

积 极 作 为

"我相信，实际上我确信，很多人从不完全坦露
自己，流露内心深处的声音。他们活在表面。"

——乔治·贝尔纳诺斯（GEORGES BERNANOS），
《乡村牧师日记》（*DIARY OF A COUNTRY PRIEST*），1936年

左图
摄政王之剑，又称拿破仑
一世加冕之剑，布泰，
尼铎，奥迪奥特（Odiot），
1802年，金，鸡血石，钻石
（其中包括"摄政王钻石"复
制品），玳瑁，精钢，皮革。
法国枫丹白露城堡博物馆。

第306页
拱门图案冠冕，尚美时期，
约1907年，铂金和钻石。
私人收藏。

自从创始人马利-艾虔·尼铎出手拯救法国王室珠宝以来，
CHAUMET一贯心系社会。CHAUMET世家与自由进取的女性紧密
相联并资助教育项目，致力通过在巴黎和世界各地举办的展览，
保护、丰富及与普罗大众分享其独特的历史遗产。

马利-艾虔·尼铎的宣言

马利-艾虔·尼铎对珍贵宝石颇有见地，革命当局因此曾多次向其寻求帮助，但他深知当时世道艰险，始终保持警惕。然而，当法国王室珠宝濒临危险时，他毫不犹豫地挺身而出。1793年11月，他向负责重组法国教育体系的公共教育委员会提交了一份宣言，阐述了国家应该在境内收集和保护钻石、珍珠和稀有或珍贵宝石的原因。在那个年代，言行稍有不慎就会被送上断头台。精明睿智的尼铎提出的论点以教育为本，极具说服力。在其周旋下，王室珠宝得以保存，直至1887年被政府出售。部分幸存的珠宝如今是巴黎三家博物馆的展品：矿业学校的矿物学博物馆、国家自然历史博物馆和卢浮宫。卢浮宫经常将珠宝送至CHAUMET工坊进行清洁和修复。

左图
弗朗索瓦-勒尼奥·尼铎
肖像（据推测），路易斯·
利奥波德·布瓦伊（Louis
Léopold Boilly）绘制，
布面油画，约1810年。
私人收藏。

右图
为玛丽-露易丝皇后打造的
手链，尼铎时期，1810年，
金和微型马赛克。
巴黎卢浮宫博物馆。

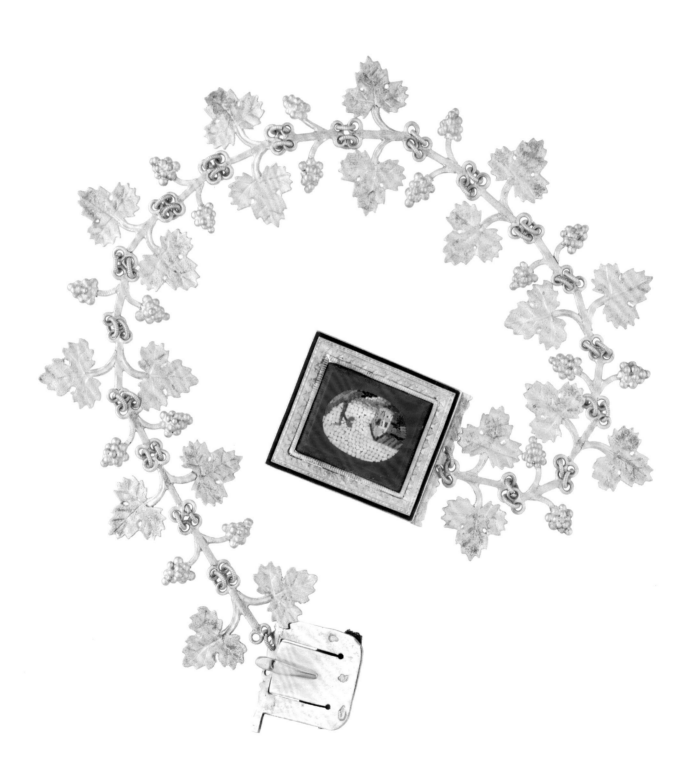

“我请求公共教育委员会……考虑到共和国境内几乎所有的
钻石和珍贵宝石都因切割不良而无法使用，
唯一的出路是以低价出售给外国人。另一方面，
如果通过培训共和国的年轻一代来促进该贸易和
艺术领域发展，共和国将在两个方面受益：
既可以守护国有财产，又可以为年轻一代提供工作。”

——马利-艾虔·尼铎，《关于决定国家收集和保护……原因备忘录》（*MÉMOIRES SUR LES RAISONS QUI DOIVENT DÉTERMINER LA NATION À RASSEMBLER ET CONSERVER ...*），1793年

为玛丽-露易丝皇后打造的
祖母绿珠宝套装，尼铎时期，
1810年，金，钻石和祖母绿。
巴黎卢浮宫博物馆。

魅 力 女 性

自创始人之子弗朗索瓦–勒尼奥·尼铎获得约瑟芬皇后的信任并获封为"皇后御用珠宝商"，CHAUMET世家的未来就此改变方向。CHAUMET世家与皇后过从甚密，直至她于1814年去世。CHAUMET世家鼎力支持她开展的各种斗争。她的珠宝套装被设计用于巩固其坚定拥护的新帝国政权，即使她因无法为拿破仑大帝诞育继承人而被离弃后，亦不改初衷。约瑟芬与第一任丈夫分开，从1784年到1786年历经两年的法庭博弈，终于赢得两个孩子的监护权。她是一位自由女性，深深吸引了未来的拿破仑大帝。他的家人对这位比他年长六岁的"老"女人不予赞同，他不顾家人的反对与她结婚。他们新组建的家庭向家族后辈及约瑟芬皇后的子女敞开怀抱，约瑟芬皇后密切关注他们的教育，并不遗余力地敦促教导。她的努力得到回报，她的后代融入很多欧洲王室家族，包括瑞典、挪威和比利时王室。

约瑟芬皇后的外孙，拿破仑三世亦娶了一位随时准备为自己坚信的价值观而斗争的女性。欧仁妮皇后参与了很多教育慈善事业。当时一位名叫朱莉–维多利亚·道比埃（Julie-Victoire Daubié）的女性希望参加高中毕业考试，欧仁妮皇后将其诉求提交给部长会议。1861年，时年37岁的道比埃成为首位通过考试的女性。欧仁妮皇后为推动妇女事业发展而不懈奋斗。她将许多官方项目委托予20岁丧偶、同为CHAUMET顾客的卡斯蒂利奥内·科隆纳公爵夫人阿黛尔·达弗里（Adèle d'Affry），使她可以依靠创作雕塑谋生。即便如此，阿黛尔还是化名为男性"马塞罗"（Marcello）。她无法就读1870年成立并于1883年重组的国立艺术学院（女性直到1897年才被允许入学），"马塞罗"不得不女扮男装以参加国家自然历史博物馆的解剖课程。同一时期，州府特别允许动物画家罗莎·博纳尔（Rosa Bonheur，参见第317页）穿长裤，出于其职业原因决定默许她的"异装"。博纳尔及其密友，当时唯一以写作为生的女性乔治·桑（George Sand），都摆脱了社会的束缚。乔治·桑和作曲家弗里德里克·肖邦是浪漫主义时期最著名的爱侣。欧仁妮对博纳尔青眼相加，甚至于1865年亲自出面，为这位杰出艺术家颁授拿破仑称帝前创立的荣誉勋位——帝国荣誉军团骑士勋章（chevalier）。博纳尔是首位因艺术贡献而获公民授勋的女性。

CHAUMET世家的访客簿和订单簿见证了社会变迁，尤其是20世纪西方社会的女性解放。其中一位重要顾客格特鲁德·范德比尔特师承罗丹，也是美好年代期间的亿万富豪和慈善家（参见第110–13页和第314页）。她支持创办了《Vogue》杂志，并在自己的工作室展示爱德华·霍普（Edward Hopper）等美国年轻艺术家的作品。她收藏的600幅画作和雕塑现保存在她于1921年创建的纽约惠特尼美国艺术博物馆。该博物馆至今仍是世界顶尖国际艺术机构之一。

格特鲁德·范德比尔特·
惠特尼在她的艺术工作
室中，1920年。

丹麦作家凯伦·布里克森（Karen Blixen，本姓Dinesen）亦是艺术爱好者和CHAUMET顾客，年轻时抵制社会陈俗，于1914年前往肯尼亚与表兄布罗尔·布里克森（Bror Blixen）男爵成婚。与暴虐成性、拈花惹草且罹患梅毒的丈夫离婚后，她继续在昂港山（Ngong Hills）脚下种植咖啡，直到因市场价格下跌而失利破产。她遵循情人丹尼斯·芬奇-哈顿（Denys Finch-Hatton）的家族箴言"Je responderay"（"我将回应并将负责"），在他死后回到丹麦，成为作家（参见第371页）。1985年，西德尼·波拉克（Sydney Pollack）基于凯伦·布里克森于1937年创作的文学巨著《走出非洲》（*Out of Africa*）拍摄同名电影，由梅丽尔·斯特里普（Meryl Streep）和罗伯特·雷德福（Robert Redford）主演，斩获七项奥斯卡奖项。

玛丽-劳尔·诺瓦耶（Marie-Laure de Noailles，参见第319页、350–51页）和露易丝·德·维尔莫兰（Louise de Vilmorin，参见第367页、370–71页）是重要的艺术赞助人和社会精英。玛丽-劳尔·诺瓦耶是富有的女继承人，一生中有三位爱人：丈夫查尔斯·诺瓦耶（Charles de Noailles）子爵，并经由他与CHAUMET世家结缘；彩色宝石，尤其是蓝宝石、绿松石和珊瑚；以及前卫艺术。他们位于巴黎美国广场的住所内饰呈现装饰艺术风格，由米歇尔·福兰克（Michel Frank）设计，坐落于南法耶尔（Hyères）的"立体主义城堡"则是建筑师罗伯特·马莱-史蒂文斯（Robert Mallet-Stevens）设计的一座设有25间卧室的现代主义风格别墅（参见第351页）。这对伉俪在府邸热情接待一众艺术家，阿尔贝托·贾科梅蒂（Alberto Giacometti）、萨尔瓦多·达利（Salvador Dalí）、让·科克托（Jean Cocteau）、马克·夏加尔（Marc Chagall）及马塞尔·普鲁斯特（Marcel Proust）皆是他们的座上宾。安托万·德·圣埃克苏佩里（Antoine de Saint-Exupéry）在撰写《小王子》（*Le Petit Prince*）的二十年前，露易丝·德·维尔莫兰曾与他订婚。然而，她最终嫁给一位美国商人，后又改嫁一位匈牙利贵族。她的最后一位恋爱对象是1959年至1969年供职于戴高乐将军政府担任文化部长的安德烈·马尔罗（André Malraux）。她以特有的诙谐风趣，自称为"玛丽莲·马尔罗"（Marilyn Malraux）。1955年，文学界和时尚界的巴黎女王维尔莫兰（Vilmorin）小姐（尽管她离过两次婚，还有无数的风流韵事，但她坚持让别人称她为维尔莫兰小姐）凭借她的作品被授予新设立的摩纳哥文学大奖（Grand Prix Littéraire de Monaco）。

CHAUMET坚持与教育和环境等各个领域的女性建立往来，并适才启动一项新计划，设立CHAUMET"ÉCHO"回声文化奖，表彰和支持为文化事业作出杰出贡献的女性。CHAUMET世家拟于2023年在法国创设奖项后，延伸至其他国家。

《罗莎·博纳尔肖像》（*Portrait de Marie-Rosalie dite Rosa Bonheur*），爱德华·路易·杜布夫（Édouard Louis Dubufe），布面油画，1857年。凡尔赛宫和特里亚农宫国立博物馆。

"我们对此表示由衷的赞赏。
社会文明开始认可女性拥有独立灵魂。
法令底部的签名证明她们即使身居王位，
也同样拥有智慧。"

——《国际观点》（*L'OPINION INTERNATIONALE*），关于罗莎·博纳尔
获颁荣誉军团勋章的报道，1865年

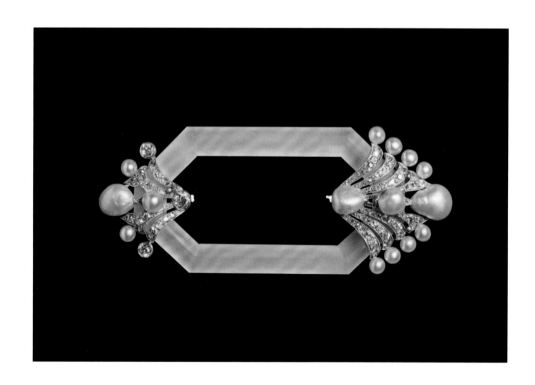

左上图
为格特鲁德·范德比尔特·
惠特尼打造的红宝石和
钻石项链照片，CHAUMET
摄影实验室，1900年，玻璃
底板负片冲印的正片图像。
巴黎，CHAUMET典藏。

右上图
镶嵌彩色宝石的大耳环照片，
玛丽-劳耶·诺瓦耶伯爵夫人，
CHAUMET摄影实验室，
1949年，玻璃底板负片冲印
的正片图像。
巴黎，CHAUMET典藏。

下图
一款水晶石、钻石和珍珠胸针
照片，由布里克森男爵
定制，CHAUMET摄影
实验室，1926年，玻璃底板
负片冲印的正片图像。
巴黎，CHAUMET典藏。

玛丽-劳尔·诺瓦耶，
曼·雷摄影，1936年。

CHAUMET 历史典藏系列

逾**350**件珠宝、制表和金艺作品

66,000幅设计图，
其中最早的设计图可追溯至19世纪初

716件镀银模型，
包括**515**顶冠冕，
其中**264**顶在芳登广场12号的
冠冕沙龙中展示

117册访客簿

434册巴黎、
伦敦和纽约的发票和存货簿，
以及宝石、珍珠和工坊登记册

66,000张底片，包括
33,000张玻璃底片和
300,000张照片

20,000封来自公司高级管理层的
信件：于勒·弗森，1832年担任其父的
助理经理；普洛斯普·莫雷尔，
1861年被于勒·弗森任命为经理；
约瑟夫·尚美，1875年出任工坊总监；
约瑟夫之子马塞尔·尚美（MARCEL
CHAUMET），1928年接替约瑟夫

右图
CHAUMET档案中保存的
诸多《私人宝石簿》
(pierres de particuliers)
的其中一部，记录顾客出于
估价或在CHAUMET新作中
重新使用的目的而存放的
宝石和珠宝。

左图
CHAUMET档案中藏有
大量图稿和各式珍宝。

教 育 项 目

CHAUMET世家收藏有66,000幅设计图稿，其中最早的手稿可追溯至19世纪初，记录着两个多世纪以来的非凡创意，同时提供取之不竭的灵感源泉和文献资源。设计图稿是将初始创意具化成形的第一步。画家让-雅克·巴切里尔（Jean-Jacques Bachelier）于1767年在巴黎创建皇家绘画学校（École Royale Gratuite de Dessin），CHAUMET世家创始人马利-艾虔·尼铎亦前往听课，并强调这门学科之于任何创造性职业的重要性。因此，2020年，巴黎高等美术学院希望开设新课程时，CHAUMET世家理所应当地鼎力支持。CHAUMET此前一直赞助该校的绘画收藏。2020年新设立的Dessin XL教职（CHAUMET赞助的终身教授职位）的岗位职责是重新思考数字时代的绘画，包括从音乐、舞蹈到医学、数学的各种应用。该教职以崭新视角审视这门学科的复杂性和无形性，探讨从黑色铅笔素描到通过人工智能创作的作品，还负责组织研讨会和工坊。2022年在巴黎高等美术学院举办的《植艺万千》艺术大展（参见第302–5页）为学生提供了协助展陈设计的实操经验。2021年，巴黎潘宁顿艺术传播和室内设计学校的学生参与了一项展览项目，展出CHAUMET世家在21世纪的传承作品。

2023年，CHAUMET与法国皇家家具手工场（Mobilier National）联袂推出"Le Petit Mob"合作项目，为极少或从未接触文化活动的儿童组织研讨会，旨在向他们介绍彰显法国艺术遗产和高超工艺的典范作品。Mobilier National创建于三个世纪前，最初为皇家家具保管府，后来在拿破仑大帝启动为空置宫殿重新布置家具的雄心计划时更名，该机构保护、修复及维护世界上独一无二的收藏，其藏品包含10万余件器物和布艺作品，用于布置共和国总统府邸和宫殿。开设七个工坊和八家手工场，其中包括以织毯闻名的高布兰（Gobelins）手工场。"Le Petit Mob"项目在高布兰举办，向年轻参观者开放工坊，展示精湛工艺，并演示工作实例。

为鼓励新人进入这一行业，CHAUMET还与国际知名的伦敦中央圣马丁学院建立合作关系，该校校友包括时装设计师斯特拉·麦卡特尼（Stella McCartney）、菲比·费罗（Phoebe Philo）和格蕾丝·威尔士·邦纳（Grace Wales Bonner）。2017年，CHAUMET世家请珠宝专业和珠宝设计专业的60位本硕学生自由发挥，设计一顶凝结21世纪时代魅力的冠冕。来自英格兰的21岁学生斯科特·阿姆斯特朗从八位决赛选手中脱颖而出，问鼎桂冠，随后加入巴黎的CHAUMET创意工作室。他从CHAUMET世家的植物传统中汲取灵感，基于"园师之王"安德烈·勒诺特尔建造的法式园林挥洒设计创意。安德烈·勒诺特尔是法国国王路易十四的首席园林师，负责兴建凡尔赛宫苑和沃勒维贡特庄园（Vaux-le-Vicomte），令法式园林风靡欧洲。Vertiges眩彩花园主题冠冕（参见右图）散发诗意盎然的现代风格，钻石线条曲直交错。绿色碧玺、祖母绿、黄水晶和黄色石榴石相辅相成，让人联想起勒诺特尔首创的精妙透视效果。1689年，路易十四对其造园师的杰作深感自豪，亲笔撰写了一部游园指南，讲解欣赏湖泊、喷泉、雕像、林荫大道和小树林的最佳路线。《凡尔赛花园导览手册》（Manière de Montrer les Jardins de Versailles）描述了一条分为25个路段的游览路径，全长8公里（5英里）。手稿现保存于法国国家图书馆。

《夏》（Summer）和
《春》（Spring），朱塞佩·
阿尔钦博托（Giuseppe
Arcimboldo），1573年，
布面油画，在2022年
《植艺万千》艺术大展中展示。

三个世纪须臾而过。2022年，CHAUMET决定修复凡尔赛宫苑的四季（*Seasons*）喷泉。这组喷泉雕塑群以镀金铅雕组成，根据宫廷画师查尔斯·勒布伦（Charles Le Brun）的设计图修造而成。罗马花神弗洛拉（Flora）斜躺在玫瑰和海葵花床上，象征着春季（参见下图）；谷神克瑞斯（Ceres）代表夏季，周围环绕以谷穗，虞美人花点缀其间。巴克斯（Bacchus）是掌管葡萄酒和丰收之神，象征秋季。希腊神话中的泰坦神萨杜恩（Saturn）代表冬季。自1672年到1677年期间建成以来，此喷泉作品历经日晒雨淋、风吹雪打，需要修复以恢复原有光采。通过翻新大理石和雕刻群像，喷泉再次呈现"深黄金色"。

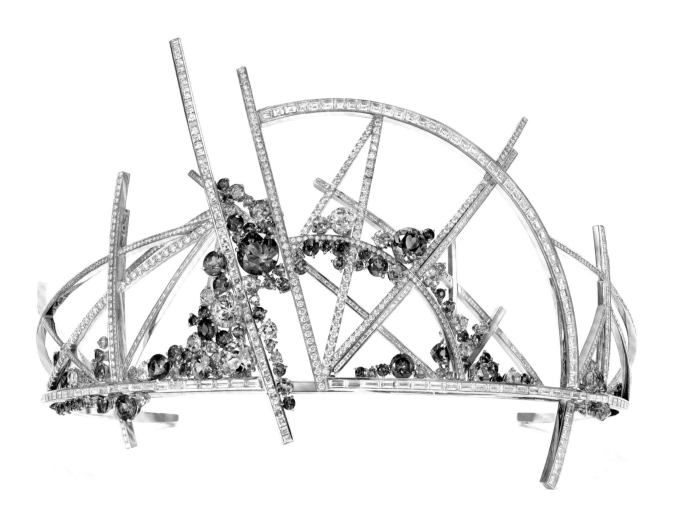

"去拉托娜喷泉下方的观景台，途中看看树林里的小萨梯
喷泉。到达观景台后，驻足欣赏斜坡、花瓶、雕像、蜥蜴、
拉托娜喷泉和城堡建筑。另一侧为皇家大道、阿波罗喷泉、
运河、树丛，弗洛拉和萨杜恩雕像的左面是克瑞斯雕像，
右面是巴克斯雕像。"

——路易十四，《凡尔赛花园导览手册》（*MANIÈRE DE MONTRER LES JARDINS DE VERSAILLES*），
1689年

左图
凡尔赛城堡花园中的芙罗拉
池喷泉，在CHAUMET世家
的赞助下得以修复。

右图
*Vertiges*眩彩花园主题冠冕，
斯科特·阿姆斯特朗为
CHAUMET设计，
2017年，白金，玫瑰金，
钻石，黄水晶，黄色石榴石，
绿色绿柱石和祖母绿。
巴黎，CHAUMET典藏。

约 瑟 夫 · 尚 美 ， 坚 守 本 心

约瑟夫·尚美于1889年以自己的姓氏为CHAUMET世家冠名。他并不满足于仅仅将CHAUMET世家带入20世纪。1890年至1895年期间，除了全新摄影工作室，他还设立了分析和鉴定珍珠和红宝石的实验室，为宝石学、宝石研究及其在珠宝中的应用奠定了主要基础（参见第234–37页）。约瑟夫·尚美发明了用于区分天然宝石和刚进入市场的合成彩色宝石的科学方法，获业界广泛认可，并于1904年引入红宝石鉴定证书（参见第463页）。

约瑟夫·尚美对科学满怀热情，同时也是一位宽厚仁善的雇主。1903年，珠宝商行会的2500名工人实施罢工，要求在不减薪的前提下实行9小时工作制，约瑟夫·尚美向雇主协会响应了他们的诉求。CHAUMET员工率先复工，称其雇主"对员工的个人自由给予充分尊重"，并且"始终将员工的切身利益放在心上"。

约瑟夫·尚美坚守原则，是广受欢迎的雇主，也是宗教艺术专家。他为位于巴黎蒙马特高地的圣心大教堂（Basilique du Sacré Coeur）制作了一扇青金石镀银圣龛门。此外，应弗雷瑞斯主教的请求，他为蔚蓝海岸耶尔神慰圣母教堂（Notre-Dame de Consolation）的圣母和圣婴雕像设计了彩色宝石镀银冠冕。自1894年到1904年，他以耶稣生平场景为灵感，奋楫十载创作了恢弘巨作"生命之路"（Via Vitae），包括138尊小雕像。此作以黄金、白色大理石、象牙、雪花石膏、缟玛瑙及镀金青铜打造，于2000年被法国政府列为国宝（参见左图），如今可在帕赖勒莫尼亚勒（Paray-le-Monial）勃艮第镇的耶隆博物馆（Musée du Hiéron）一睹其风采。这家博物馆由西班牙贵族萨拉查加男爵（Baron de Sarachaga）于1890年主持建造，他的母亲是俄罗斯帝国王廷成员。这位慈善家将其大部分财产遗赠予圣彼得堡的慈善事业，剩余则留赠该博物馆，引领参观者展开一场艺术和文化之旅，领略横跨两千年的基督教历史。

"生命之路"（Via Vitae），
约瑟夫·尚美，1894-1904年，
大理石，雪花石膏，
镀金青铜，金，铂金，银，
水晶石，缟玛瑙，象牙，
钻石和红宝石。帕赖勒莫尼
亚勒耶隆博物馆。

历 史 遗 产，
无 尽 的 灵 感 源 泉

两个多世纪以来，CHAUMET世家始终从其丰厚的历史传承中汲取创意灵感。创意工作室的艺术总监和设计师时常查阅档案，以明晰构想或为新系列搜集资料，确保现代作品与CHAUMET风格一脉相承。CHAUMET矢志不渝地忠于自己的时代，以底蕴深厚的历史和主题细节，令人一窥历代工匠的匠心巧思。

自19世纪初叶以来，大自然便是CHAUMET世家设计图稿中的重要主题，也是近期高级珠宝系列的主要灵感源泉。2023年推出的 *Le Jardin de Chaumet* 游园漫步高定珠宝套系以植物标本集的形式，呈现240年来CHAUMET世家作品中经常出现的植物图案——三色堇、麦穗、藤蔓、郁金香、鸢尾花和蕨类植物。2022年问世的 *Ondes et Merveilles de CHAUMET* 瀚海史诗高定珠宝套系则以海洋为主旋律。瀑布、水滴、钟乳石装饰冠冕、头饰、三角胸衣胸针及发梳，延续CHAUMET素来钟爱的水元素主题。CHAUMET曾于2014年古董双年展上展示的图案，八年后在极具现代感的可转换作品中再度重现：头饰可转换为胸针，长项链可转换为短颈链，全耳式耳环可以两种方式佩戴，6.05克拉钻石可从装点指节的戒指变身为钻戒。这些作品宛如名副其实的旅行邀约，呈现水元素的万千形态，从清波涟漪到海底寻宝及墨西哥湾流，无不引人入胜。CHAUMET世家档案一如既往是宝贵的创意源泉。*Déferlante* 涛澜生辉主题冠冕以现实主义手法呈现海浪律动的迷人景象（参见第331页）。作品犹如一件由44枚白金元素组成的珠宝雕塑，生动捕捉波涛迸碎的动态之美，将CHAUMET世家作品一贯的轻灵之韵与巨浪翻腾的能量融于一体。

历史典藏既是延续CHAUMET世家风格的现代作品不可或缺的底蕴，也对CHAUMET世家的展览亦至关重要，例如2022年在在巴黎高等美术学院举办的《植艺万千》艺术大展（参见第302–5页）和2023年在芳登广场12号举办的《黄金年代——1965年–1985年》（Un Âge d'Or）展览。此类展览要求策展方与传承部门密切合作，有时要如侦探般细细探查，以找到适合展览的相应作品。

CHAUMET亦乐于向电影制作人开放档案。英国导演雷德利·斯科特（Ridley Scott）继拍摄《角斗士》（*Gladiator*）、《古驰家族》（*House of Gucci*）及《罗宾汉》（*Robin Hood*）后，以拿破仑大帝与约瑟芬皇后的情爱故事为切入点，讲述拿破仑的崛起之路。影片服装设计师简提·耶茨（Janty Yates）与CHAUMET接洽，获授权自由参阅其历史典藏系列。CHAUMET世家团队向她展示历史作品，并确保传记片《拿破仑》（*Napoléon*，2023年）准确呈现作品风采。鉴于拍摄期间的条件不足以妥善保存和保护作品，因此原作无法出借。作为约瑟芬皇后的御用珠宝商，CHAUMET举办了"约瑟芬皇后与拿破仑大帝，一段非凡的史诗传奇"展览（参见第44–47页）。2021年，拿破仑大帝逝世二百周年之际，CHAUMET世家向公众开放芳登广场12号，以纪念这段荡气回肠的爱情传奇。共计150件深受帝后情感纠葛启发而创作的作品（其中许多是首次亮相），连同拿破仑大帝执政时期和帝国时期的100份官方国家文件，在私人沙龙中展示于众。这些拿破仑大帝在作为国家元首作出决策时的参考文件，自1849年以来保存于法国国家档案馆（Archives Nationales）。CHAUMET资助了1800份图像资料的修复、数字化存档和推广，包括图稿、地图和平面图。

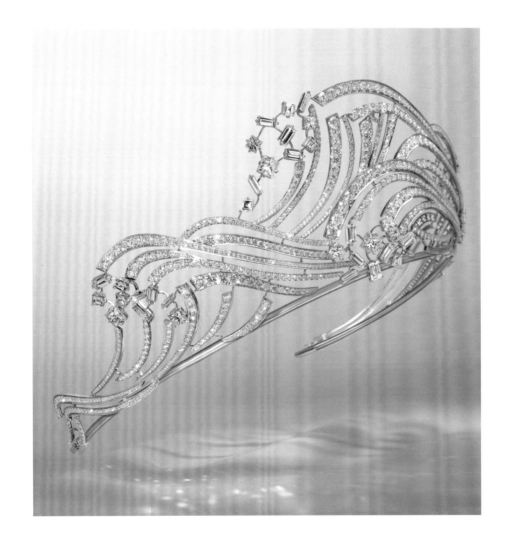

左图
*Ondes et Merveilles
de CHAUMET*
瀚海史诗高定珠宝套系
*Déferlante*涛澜生辉主题
耳环和项链，2022年，
白金和钻石。

上图
波浪图案冠冕设计图，
CHAUMET绘画工坊，
约1900年，以水粉、
水彩薄层和高亮颜料在
色纸上绘制。
巴黎，CHAUMET典藏。

下图
*Ondes et Merveilles
de CHAUMET*
瀚海史诗高定珠宝套系
*Déferlante*涛澜生辉主题冠
冕2022年，白金和钻石。

"所有珠宝展品中最雍容瑰美、神奇曼妙的作品，
当属尚美先生展示的三角胸衣胸针。
这件作品之所以如此华丽，
主因并非其上镶嵌的钻石数目和大小，
而是匠心独运的布局设计，
运用宝石的水色闪耀出瀑布波光粼粼的效果，
光芒四射，美不胜收。"
——罗杰·马科斯（ROGER MARX）评论约瑟夫·尚美
在1900年巴黎世博会上展示的*CHUTE D'EAU*三角胸衣胸针

左图
缎带和水滴图案三角胸衣胸
针照片，CHAUMET摄影
实验室，约1900年，
玻璃底板负片冲印的
正片图像。
巴黎，CHAUMET典藏。

右图
*Ondes et Merveilles
de CHAUMET*
瀚海史诗高定珠宝套系
*À Fleur d'Eau*碧波生华
主题项链，2022年，
白金和钻石。私人收藏。

左图
Le Jardin de CHAUMET
游园漫步高定珠宝套系
*Pensée*董色颐园主题戒指，
2023年，白金，钻石，
黄钻和蓝宝石。

右图
Le Jardin de CHAUMET
游园漫步高定珠宝套系
*Iris*鸢尾传信主题可转换项链，
2023年，白金，钻石，
尖晶石，蓝宝石和帕帕拉恰
蓝宝石。

历 史 传 承

为纪念CHAUMET世家创立240周年，芳登广场12号于2020年全面修缮。历经长达十八个月并调动大量工匠的浩大工程后，高级精品店再次迎宾接客，历史厅堂可在举办文化活动时对外开放，而CHAUMET引以为豪的高级珠宝工坊亦可安居一隅（参见第26页）。一个多世纪以来俯瞰芳登广场纪念柱的工坊由贝诺·维胡勒主管。他于1990年被第十任工坊总监招至麾下，并经第十一任和第十二任工坊总监悉心培养，继而成为CHAUMET世家自1780年创立以来的第十三任工坊总监。在CHAUMET已任职33年的贝诺·维胡勒极具领导风范。其职责是在高级珠宝系列作品或特别订制作品中贯彻落实设计理念，负责有的放矢地为各件作品指派制作工匠。他是满怀热忱的授业者，无时不刻致力将其知识传授给年轻学徒。

CHAUMET世家凭借经年的经验和悠久历史，在举办的各大展览中延伸芳登广场12号的风采。在北京、东京、摩纳哥和利雅得及巴黎的私密场所（左岸圣日耳曼大街和复旧如新、重绽昔日荣光的历史沙龙）举办大型回顾展，借助CHAUMET的历史传承开展宣传，并与普罗大众分享其历史遗产（参见第342-43页）。

为巩固历史传承，CHAUMET与拥有共同历史的其他机构建立合作关系。2018年，梵蒂冈委托芳登广场12号工坊修复教皇庇护七世的冠冕（参见第385页和第387页），用于在日本举办的"CHAUMET：始于1780年的珠宝艺术"回顾展上进行展出。这顶美轮美奂的冠冕是拿破仑大帝感谢教皇于1804年为其主持加冕礼的谢礼，CHAUMET世家创始人马利-艾虔·尼铎参与了部分制作。因此，两个世纪后，工坊总监贝诺·维胡勒在芳登广场12号接过这顶冠冕以便展开悉心修复时，可谓是激动人心的历史时刻。2017年，CHAUMET成为枫丹白露城堡拿破仑大帝博物馆的赞助方，获特许借出拿破仑大帝的摄政王之剑（参见第386页和388页）。此至高无上的权力象征，经马利-艾虔·尼铎之手镶嵌法国宝库中最瑰丽绝伦的珍贵宝石，自1802年问世以来首次离开法国，参展在北京故宫举办的"尚之以琼华：始于十八世纪的珍宝艺术"大展。四年后，2021年，两件艺术杰作经过悉心修复，参加在巴黎举办的"约瑟芬皇后与拿破仑大帝，一段非凡的史诗传奇"展览（参见第44-47页）。新古典主义画家弗朗索瓦·热拉尔（François Gérard）于1807年绘制的约瑟芬皇后身穿加冕礼裙的著名肖像修复如初。雅克·路易·大卫（Jacques-Louis David）绘制的拿破仑大帝加冕大典以细腻写实的画风备受赞誉。画作经由清洁修复，缺失部分以彩蜡填充，从而恢复画作强烈鲜明的明暗效果。

记录弗朗索瓦·热拉尔绘制
的约瑟芬皇后肖像修复区域
的状况报告。

近期购得的作品

高级廷臣皮埃尔·达吕（PIERRE DARU）的
信件，**1811**年，信中提及马利-艾虔和
弗朗索瓦-勒尼奥·尼铎的作品

欧仁妮皇后的三叶草胸针，
1852年（参见第177页）

"克雷沃克尔"麦穗冠冕，
可转换为三角胸衣胸针，
1810年（参见第268页）

"菲卢"（FILOU）狐狸雕像，
1970年（参见第166页）

玛利亚-多洛雷斯·拉齐维乌
（**MARIA-DOLORES
RADZIWILL**）公主的冠冕，
约1903年（参见右图）

上图
拉齐维乌公主定制的金、
银和钻石冠冕照片，
CHAUMET摄影实验室，
1903年，玻璃底板负片冲印
的正片图像。
巴黎，CHAUMET典藏。

左下和右下图
拉齐维乌冠冕在被
CHAUMET世家购得后，
由高级珠宝工坊悉心修复。

CHAUMET，
矢 志 不 渝 的 自 然 主 义 珠 宝 匠

1793年，马利-艾虔·尼铎以切身行动拯救法国王室珠宝，自此将"自然主义珠宝匠"的立身理念融入其创作宣言。他由此制定CHAUMET世家的指导方针沿用至今。两个世纪后，CHAUMET世家决定以跨学科的方式，拓展其兴趣范围。其中构想之一是在CHAUMET扶持多年的巴黎国立高等美术学院举办展览。由CHAUMET赞助和组织的《植艺万千》艺术大展于2022年应运而生（参见第302-5页），开创崭新活动类型。展览基于CHAUMET世家档案中的植物物种清单、镀银冠冕模型、设计手稿和珠宝作品，荟萃400件极其罕见，甚至首次对外展示的器物和作品，不啻为二十一世纪的植物标本库。法国和其他地区的主要机构亦参与展览，包括法国国家自然历史博物馆，该博物馆四个世纪以来一直致力增进对地球生命的理解和研究人与自然之间的关系，并作为环境和社会问题的专家，设立了一项捐赠基金，旨在保护生物多样性，以及教育大众了解和尊重自然奇珍。CHAUMET鼎力支持此类积极应对现代挑战的公益行动。

CHAUMET世家为《植艺万千》艺术大展修复了约30件展品，有时仅需细微修整，有时则需极其精细复杂的工序。"珍珠项链"桌台（参见第322页）的一只桌脚经悉心修复。其青金石、软玉、天河石、红珊瑚、玛瑙、黑色大理石和托斯卡纳莱姆石拼镶桌面是17世纪佛罗伦萨家具黄金年代的典范之作。在修复法国塞弗尔国家陶瓷博物馆珍藏的18世纪陶瓷花束和一幅16世纪巨幅花卉图案织毯（压轴之作）的饰边时，均面临艰巨挑战。

绣球花胸针，尼铎时期，
约1807年，金，钻石和
红宝石。艾因西德修道院
（Einsiedeln Abbey）。

21世纪的CHAUMET展览

2018

"CHAUMET寰宇艺境珍宝艺术展"，
东京三菱一号馆美术馆

2019

"文人墨客与珠宝"展览，
巴黎圣日耳曼大街165号

"大自然的画卷"展览，
巴黎圣日耳曼大街165号

"御冕传世——
始于1780年的珍宝艺术展"，
摩纳哥蒙特卡洛格里马尔迪会展中心

"别样"展览，巴黎圣日耳曼大街165号

2017

"尚之以琼华：
始于十八世纪的珍宝艺术"，
北京故宫博物院

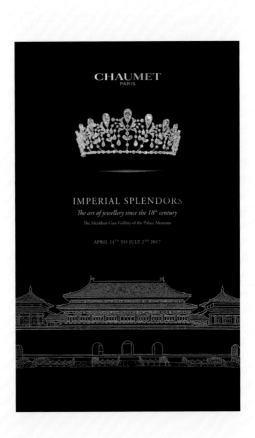

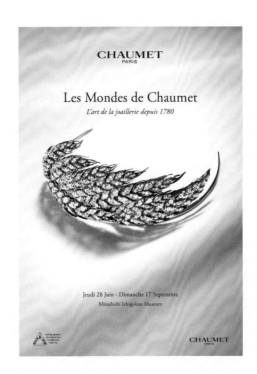

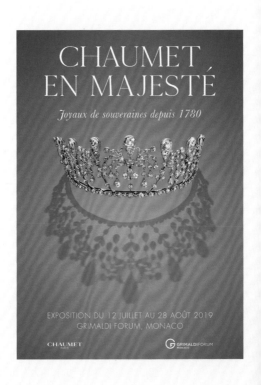

2021

"约瑟芬皇后与拿破仑大帝，
一段非凡的史诗传奇"，
巴黎芳登广场12号

"冠冕绮梦"沉浸式互动体验大展，北京

2022

"植艺万千"艺术大展，
巴黎国立高等美术学院

"冠冕绮梦"沉浸式互动体验大展，利雅得

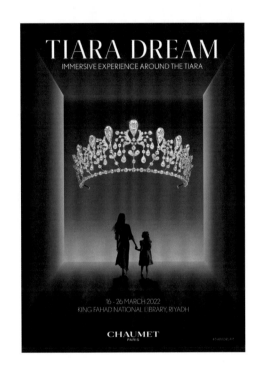

好 奇 之 心

"令让 - 巴 提 斯 特 · 弗 森 从 芸 芸 同 侪 中 脱 颖 而 出 的 在 构 型 和 工 巧
方 面 的 才 华，可 归 因 于 他 对 绘 画 的 热 爱，绘 画 是 他 放 松 的 方 式。"

——《巴黎市集》（*LE BAZAR PARISIEN*），1812年

马利 - 艾虔 · 尼铎在巴黎皇家绘画学校的进修中习得的艺术感知力
于CHAUMET沿袭至今。CHAUMET世家与艺术世界的紧密关联体
现于其创作的作品之中。从称扬CHAUMET世家作品的音乐大师和
文坛墨客，到对建筑和摄影的深入探究，CHAUMET世家从艺术中
汲取无尽灵感。形形色色的顾客和不拘一格的合作激发其绵延不断
的好奇之心。

艺 术 家 的 灵 魂

马利–艾虔·尼铎极其尊崇艺术，作为他的衣钵传人，让–巴提斯特·弗森在欧洲王室中的赫赫盛名不仅限于一位出类拔萃的珠宝匠。他亦是备受推崇的画家，CHAUMET世家的画作收藏中有很多出自他的妙笔。1673年，由巴黎美术学院组织的第一届官方沙龙画展在巴黎皇家宫殿（Palais Royal）举办。1833年，路易–菲利普国王决定将沙龙画展列为年度盛事，弗森父子是其御用珠宝商。沙龙画展上观者如织，反映了彼时艺术界的蓬勃活力。1846年，让–巴提斯特·弗森的画作《圣母子与西番莲》（Vierge et l'enfant Jésus aux passiflores）参展沙龙画展，并于次年画展上凭借雕塑作品《镜子》（Le Miroir）斩获铜奖。弗森鼓励他的同事们定期造访卢浮宫和皇家图书馆（现法国国家图书馆），以滋养想象力和培养好奇心。如今，这种好奇心已成为CHAUMET的鲜明标志。

CHAUMET世家极为关注与其创作相关的广阔艺术环境，因为其顾客经常与艺术领域密切相关。约瑟芬皇后任命尼铎家族为"皇后御用珠宝商"，赋予CHAUMET世家超卓地位并为之提供庇护。她热爱自然科学，将该领域的专家召集麾下，其中包括植物学家兼画家皮埃尔–约瑟夫·雷杜德，他受命记录约瑟芬皇后1809年与拿破仑大帝离婚后的避居之地——马勒梅松城堡花园种植的植物物种。在获任命为"皇后御用花卉画师"后，雷杜德名声大噪，进而公开授课，吸引一众名媛淑女前往自然历史博物馆。CHAUMET世家如今是该博物馆的赞助人。上至奥坦丝王后和百丽公爵夫人等王室成员，下至仆妇侍女，雷杜德的仰慕者众多。

CHAUMET世家与艺术家的密切往来在路易–菲利普国王统治时期得以延续。在这个充满活力、创意勃发的时代，大量文学和艺术沙龙如雨后春笋般涌现。拿破仑三世的堂妹马蒂尔德公主在巴黎库尔塞勒街24号开办的沙龙，是当时最受追捧的沙龙之一。于勒（Jules）和埃德蒙·德·龚古尔（Edmond de Goncourt）兄弟于此处邂逅古斯塔夫·福楼拜，后者在出版小说《包法利夫人》（Madame Bovary）后面临伤风败俗的指控，此案轰动一时。与曾为她制作大量珠宝的弗森一样，马蒂尔德也是才华横溢的画家，在沙龙中展示她的水彩画作，直至1867年。

《镜子》（Le Miroir），
让–巴提斯特·弗森，
1847年，照片取自克莱出版
的一部画册，约1855–75年。
巴黎法国国家图书馆。

CHAUMET世家的女性顾客独立、聪慧、善于作为，是她们所属年代最杰出的女性。1923年，富有的女继承人玛丽-劳尔·诺瓦耶与查尔斯·德·诺瓦耶子爵结为连理，她奠定文化基调，一视同仁地大力扶持马塞尔·普鲁斯特、阿尔贝托·贾科梅蒂和马克·夏加尔。诺瓦耶子爵夫人是美国作家伊迪丝·华顿（Edith Wharton，也是CHAUMET世家顾客）的密友，亦利用自己的影响力将艾尔莎·夏帕瑞丽（Elsa Schiaparelli）、贞·浪凡（Jeanne Lanvin）、嘉柏丽尔·香奈儿（Gabrielle Chanel）等时装设计师与20世纪的前卫艺术家汇聚一堂。她热爱珠宝，她从CHAUMET订购的作品中有一款手镯，其设计草图形似建筑师罗伯特·马莱-史蒂文斯为查尔斯·德·诺瓦耶夫妇设计的"立体主义城堡"轮廓（参见下图和右图）。CHAUMET世家于1955年为其创作的一款浮雕手镯与1809年左右为约瑟芬皇后打造的浮雕珠宝套装一脉相承。曼·雷（Man Ray，参见第319页）、霍斯特·P·霍斯特（Horst P. Horst）和塞西尔·比顿（Cecil Beaton）等传奇摄影师以镜头定格玛丽-劳尔·德·诺瓦耶的动人风采。她亦以与丈夫举办的时尚舞会而著称，舞会主题包括"浩瀚深海"、"原料舞会"和"水中明月"等。每场舞会均是颂赞艺术作品的欢庆盛典（参考右页右图）。2022年问世的*Ondes et Merveilles de CHAUMET*瀚海史诗高定珠宝套系必定会在那些舞会上引得众人交口称赞，例如*Chant de Sirènes*鲛韵颂歌主题作品，搭配大溪地珍珠和泻湖色碧玺，绽放美轮美奂的魅力（参见第250页和第254页）。

左图
编玛瑙链节手链设计图，
CHAUMET绘画工坊，
约1925年，以石墨、
水粉和高亮颜料绘制。
巴黎，CHAUMET典藏。

右页上图
诺瓦耶别墅，建筑师
罗伯特·马莱-史蒂文斯为
艺术赞助人查尔斯和玛丽-
劳尔·德·诺瓦耶夫妇
设计的"立体主义城堡"。

右页中图
在诺瓦耶别墅举办的舞会，
曼·雷摄影，约1929年。

右页下图
希腊回纹冠冕照片，
鹭羽冠饰底座采用刀锋镶
嵌法，CHAUMET摄影
实验室，1908年，玻璃底板
负片冲印的正片图像。
巴黎，CHAUMET典藏。

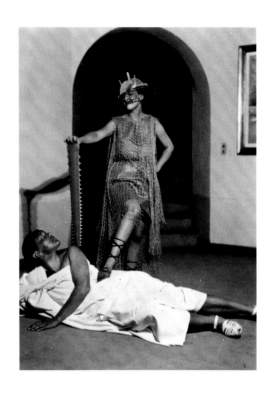

CHAUMET 与 音 乐

CHAUMET世家的历史与音乐息息相关。1907年，约瑟夫·尚美迁至芳登广场12号时，在二层发现一幅精美的欧忒耳佩画作。这位希腊神话中的音乐缪斯手持三角琴，周围簇拥着一群萌态可掬、笑脸盈盈的丘比特，他们正在演奏音乐。闻名遐迩的钢琴家弗里德里克·肖邦于1849年10月在这处居所溘然长辞。有别于其好友弗朗茨·李斯特（Franz Liszt）等同时代的其他音乐家，肖邦性格腼腆而矜持，倾向于私下与朋友们一起创作音乐。他在公共场合会手足无措，音乐会表演对他而言是一种折磨。他谱写的旋律，例如他在芳登广场12号的普雷耶三角钢琴上创作的绝笔之作——《F小调玛祖卡舞曲，作品68之4》（*Mazurka in F minor, op. 68 no. 4*），散发含蓄婉约的个人气息。肖邦与普雷耶琴行创始人之子卡米尔·普雷耶是至交好友，时常称赞普雷耶钢琴是钢琴之最。拿破仑大帝的母亲莱蒂西亚·波拿巴（Letizia）和弟弟热罗姆·波拿巴（Jérôme Bonaparte）均精通钢琴，与此传奇钢琴制造商往来密切。

肖邦沙龙以著名音乐家肖邦的名字命名，于1927年被列入历史古迹名录。三十年后，芳登广场被玫瑰和康乃馨点亮，肖邦的名曲奏响，迎接伊丽莎白二世的皇家仪仗队从歌剧院堂皇而来。

2020年，芳登广场12号全面翻新期间，CHAUMET借此机会令肖邦沙龙重焕生机，购置了一架普雷耶小型三角钢琴并安放于18世纪铺陈的地板上（参见第32–33页）。这架钢琴由普雷耶琴行于1921年4月制作，经巴黎Nebout & Hamm钢琴工坊修复如初。琴盖四周环绕着青铜莨苕叶形带状纹饰，打开后的琴身装饰桃花心木细工镶嵌设计，点缀菱形图案和紫红边框扇形花卉图案。

音乐再度在肖邦沙龙中徜徉流淌。2019年，日裔德籍钢琴家爱丽丝·纱良·奥特（Alice Sara Ott）在一架租赁钢琴上演奏了肖邦圆舞曲全集。如今，受邀莅临芳登广场12号的艺术家可以演奏CHAUMET世家自有的钢琴，例如卡赫尔·贝法（Karol Beffa）在2021年弗拉马利翁（Flammarion）出版社发布《珠宝之魂》（*L'Âme du bijou*）时，为卡罗琳·马丁内斯（Carole Martinez）的朗诵即兴伴奏音乐。

传世名琴"费尔曼斯特拉迪瓦里"（Feuermann Stradivarius）亦在芳登广场12号奏出悠扬乐声。这把大提琴堪称稀世珍宝，于1730年在弦乐器大师安东尼奥·斯特拉迪瓦里（Antonio Stradivari）的工坊中制成。出自这位制琴名匠的一把小提琴在2022年6月估值1500万美元。1849年，肖邦弥留之际，请这把大提琴当时的主人——大提琴演奏家奥古斯特·弗朗肖姆（Auguste Franchomme）最后一次演奏两位知交共同创作的大提琴奏鸣曲的第二和第三乐章。其他演奏过该大提琴的著名演奏家包括艾曼纽·费尔曼（Emmanuel Feuermann）、阿尔多·帕里索（Aldo Parisot）及史蒂芬·依瑟利斯（Steven Isserlis）。1996年，日本音乐基金会（Nippon Music Foundation）购得这把名琴，并于2019年出借给法裔比利时大提琴家卡米尔·托马斯（Camille Thomas）。年仅20岁时，她便已经跻身著名年轻演奏家之列。2017年，她成为首位与德意志留声机公司（Deutsche Grammophon）签订独家国际录制合约的女性大提琴演奏家。CHAUMET世家对这位年轻大提琴家的出众才华和全心投入深为折服，邀请她莅临芳登广场12号（参见第352页）献奏。在奥古斯特·弗朗肖姆演绎大提琴奏鸣曲的172年后，房间内再次飘荡"费尔曼斯特拉迪瓦里"的悠扬琴声。

大提琴家卡米尔·托马斯在芳登广场12号。

"有朝一日……全世界都会知道这位与那些大师同样伟大、
全面、博识的天才。他被视为那些大师的同类，
却保留了比塞巴斯蒂安·巴赫更精妙，比贝多芬更有力量，
比韦伯更动人的个性风采。他综合了这三位大师的长处，
但他不忘本初，也就是说，在品味上更细腻，
在风格上更崇高，表现痛苦时更有撕心裂肺的力量。"

——乔治·桑（GEORGE SAND），《我的一生》（*HISTOIRE DE MA VIE*），1855年

左图
《弗里德里克·肖邦谱写前
奏曲》（*Frédéric Chopin
Composing his Preludes*），
廖内洛·巴莱斯特里埃里
（Lionello Balestrieri），
布面油画，约1905年。
私人收藏。

右图
CHAUMET 1924-26年账簿，
显示施特劳斯夫人的订单
记录。
巴黎，CHAUMET典藏。

388

<u>Ancien Z 542</u>

Madame Strauss

104 Rue Miromesnil

1 perle 18 grs 84	re	mvau an 1924 Novembre 25	Une perle d'Amérique 18 grains 84		5.000	"
1 " 15 " 72	"	a vue oa	" " " 15 " 72		6.000	"

Etat du rang:

Reçu:	52 perles	554 grs.	
fourni:	2 "	34 " 86	
Employé:	1 "	13 " 12	
d°	1 "	12 " 88	
d° d'emb° de chemin	1 "	4 " 40	
	57 perles	618 grs 96	

Atelier 383 . 329	22/11	g mon	" " " Ressertir un diamant sur une bague turquoise et diamants.		
			Nettoyé une broche cœur diamants.	10	"
Atelier 384 - 441	8/12	nq,qr	Vérifié le mouvement d'un bracelet montre hexagone entourage vieil or deux tirés perles.		
V.O. 6609		i,	Changé le remontoir.	70	"
1 perle 18 grs 92	2n	nqnta, au 1925 Février 17	Une perle 18 grains 92		

Etat du rang:

	57 perles	619 grains 04		
	Déduction faite d'une perle 18 grs 84 reprise pour mvau.			
	(réintégré BC 395)		3.500	"
Enfilage	an,	" " 18 Enfilé à domicile un rang de perles avec nœuds		"
Jauny	3/3	am,	" " 13 Une épingle dentelle perle grise et roses.		
Atelier 1454 . 1458	27/2	mxa, te		400	"
		nmi te			
Atelier 1455 . 1356	17/2	mt, qc	Réparé 2 fourches		"
1 perle 14 grs 441 re		oc gn nm	Vente comptant. 18 juin 1925 14.980 f		
			suz 152 on direct 220 au Z (547)		
1 " 17 " 48 me		ur tt, me	Juin 13 1 perle 14 grains 44		
		278 tt. ta	1 " 17 " 48	15.000	" 55
			Vente comptant. 26 novembre 1925 15.000		
238					
1 perle 18 grs 80 de		ie t4, qe Novembre 30	1 perle 18 " 80	10.000	" 134
Jauny	14/12	von	Décembre 8 fourni 1 écrin savonnette pour rang perle 29.980	39.980	" 144
Enfilage		an,	" 12 Enfilé à domicile un rang perles	"	" 147
				29.980 —	39.980
			Inv. 31/12/25	10.000	"
Vieux or 6967		troc	J.B. Vente comptant 18 Janvier 1926 3.000 —		
6969		mt			
atelier 5140-5035	14/12	aoe, me 1925 Décembre 4.	Une paire pendants d'oreilles perles motifs diamants. Employé 8 d^ts 1° 76	500	
8 d^ts 1° 76 Ger 6731		"			
			Reporté folio 389. 3.000	10.500	"

CHAUMET世家与音乐的紧密联系也体现于其客户群体。自19世纪初以来，巴黎一直是音乐之都，专业歌手们怀着出人头地的志向，前赴后继地来到巴黎。沙龙里举办各种音乐会和独奏会。乔治·比才（Georges Bizet）以妻子为灵感创作的喜歌剧《卡门》（Carmen）于1875年上演。他在首演三个月后离世，而这部歌剧在他身故后举世闻名。比才的遗孀热纳埃维夫·阿莱维（Geneviève Halévy）再嫁给罗斯柴尔德家族的律师埃米尔·施特劳斯（Émile Straus）后更名为"施特劳斯夫人"，其声名地位青云直上。黑色衣裙衬托她的华丽珠宝，例如她从CHAUMET世家购买的戒指和头饰（参见第355页），她长期使用吗啡，令淡定从容的姿态得以进一步突显。CHAUMET世家的另一位顾客格雷福尔伯爵夫人，以及居伊·德·莫泊桑（Guy de Maupassant）和马塞尔·普鲁斯特，皆是施特劳斯夫人在奥斯曼大街134号举办的沙龙的座上宾。

格雷福尔伯爵夫人伊丽莎白（参见第23页）生长在音乐世家（其母亲是弗朗茨·李斯特的学生），是慷慨乐施的赞助人，也是杰出的女实业家。她创立的大型音乐会协会（Société des Grandes Auditions Musicales）大力宣扬理查德·瓦格纳的歌剧、谢尔盖·达基列夫的俄罗斯芭蕾舞团及伊莎多拉·邓肯（Isadora Duncan）的舞蹈表演。数十位艺术家曾获得她的资助，其中包括法国作曲家加布里埃尔·福雷（Gabriel Fauré），他的《帕凡舞曲，作品50》（Pavane Op. 50）便是致献她的作品。伯爵夫人以不拘流俗的优雅气质令人倾倒，她热爱时装，热衷在沃斯（Worth）、佛图尼（Fortuny）和浪凡（Lanvin）购买衣装。她的珠宝套装出自CHAUMETCHAUMET世家，尤其是一款装饰"la-do-ré"音符的胸针（参见第358页上图）。

缝纫机制造大亨艾萨克·辛格（Isaac Singer）的女儿温纳蕾拉·辛格（Winnaretta Singer，参见右页左上图）名动花都，其在16区的画室成为时尚名流的聚会之地。她于1893年成为波利尼亚克王妃（Princess de Polignac），与她的作曲家丈夫均是艺术赞助人。他们在亨利-马丁街（Avenue Henri-Martin）的公馆中举办音乐晚会，许多艺术家前来创作和表演。王妃是瓦格纳的拥趸。1912年，她从CHAUMET订购了一款以《女武神的骑行》（Ride of the Valkyries）为灵感的水滴形钻石羽翼头冠（参见右页）。卡米尔·圣-桑（Camille Saint-Saëns）等现代音乐家则在另一位赞助人圣-保罗侯爵夫人（Marquise de Saint-Paul）的沙龙中如鱼得水。侯爵夫人是才华横溢的钢琴家，亦以尖刻犀利的言辞著称，并因此得昵称为"奏鸣蛇"（Serpent à Sonates）。

为向这些音乐爱好者致敬，CHAUMET世家以乐团形式设计一系列奇趣横生的胸针和坠饰，包括圆号、小号、单簧管、里尔琴、竖琴和巴拉莱卡琴（参见第359页）。

在美好年代时期，舞伶亦备受瞩目，令男子倾慕，女子嫉妒。西班牙艺术家卡罗琳·奥特罗（Caroline Otero）自称"奥特罗伯爵夫人"，巴黎、俄罗斯和美国社交界尽皆拜倒在她的石榴裙下。她喜欢满饰宝石和珍珠，拥有一颗1909年购自CHAUMET的臻美10克拉钻石。档案馆的访客簿记录，约瑟夫·尚美曾亲自拜访这位绝世名伶，其重要性可见一斑。格特鲁德·范德比尔特的叔父，百万富翁威廉·K·范德比尔特（William K. Vanderbilt）赠予奥特罗一串曾属于欧仁妮皇后的珍珠，后来她又从另一位仰慕者奥尔斯特德（Ollstreder）男爵处获赠第二串珍珠项链。另一位芳名远播的舞伶爱丽丝·德里西亚也是CHAUMET顾客，她自14岁起在

Mrs Paris Singer and her daughter Miss Winnaretta Singer.

Brunnhilde. Onlle Bréval.

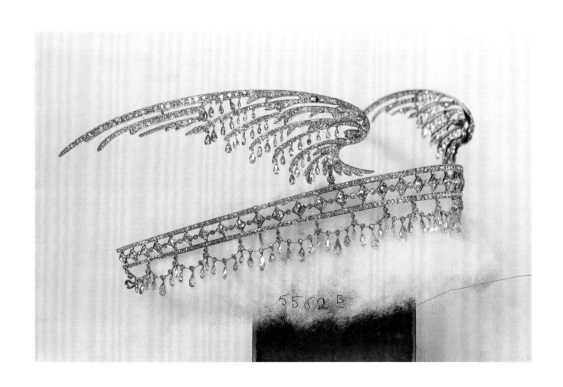

5562 B

左上图
温纳蕾拉·辛格（右），
后来的波利尼亚克王妃与
她母亲的合影，1909年。

右上图
为巴黎歌剧院上演的
瓦格纳《尼伯龙根的指环》
（Ring Cycle）套剧之二
《女武神》（The Valkyrie）
设计的布伦希尔德
（Brunnhilde）戏服
草图，夏尔·宾其尼
（Charles Bianchini），
1893年。巴黎歌剧院
图书馆-博物馆。

下图
束发冠冕照片，饰有羽翼
图案（铂金和钻石），
由波利尼亚克王妃定制，
CHAUMET摄影实验室，
1912年，玻璃底板负片
冲印的正片图像。
巴黎，CHAUMET典藏。

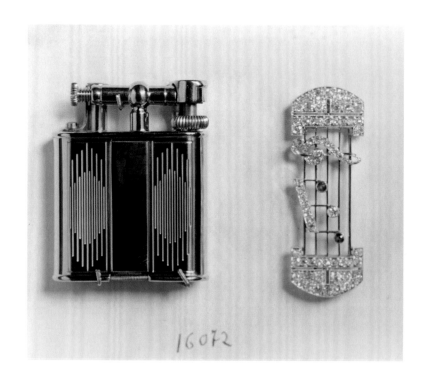

上图
饰有*La-Do-Re*音符图案的
打火机和字谜胸针，
由格雷福尔伯爵夫人定制，
CHAUMET摄影实验室，
1932年，玻璃底板负片
冲印的正片图像。
巴黎，CHAUMET典藏。

中图
自2018年12月到2023年
6月担任CHAUMET世家
中国代言人的音乐人张艺兴
为CHAUMET演奏钢琴。

下图
爱丽丝·德里西亚（Alice
Delysia）在London Pavilion
剧院出演音乐剧*On with the
Dance*，1925年。

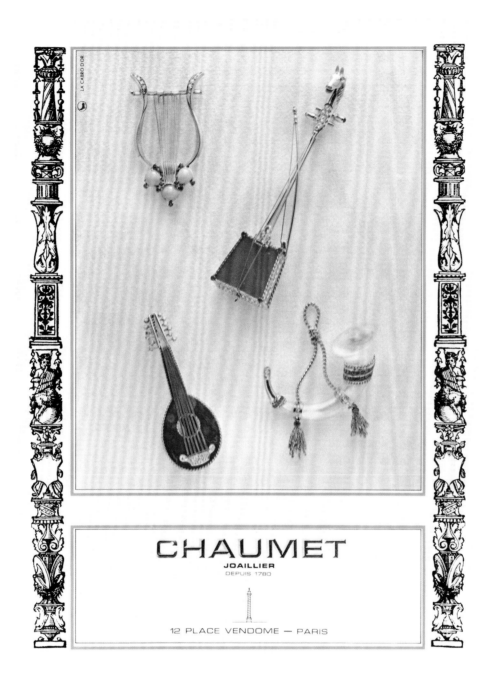

今天，法国每年售出约4,500架新钢琴，
在中国每年售出35万架钢琴。

为CHAUMET乐器造型夹
扣胸针系列推出的广告，
1968年。
巴黎CHAUMET典藏。

巴黎红磨坊登台演出。1905年，她前往纽约在百老汇伴唱，而后在伦敦立身扬明。CHAUMET世家为她制作了镶嵌蓝宝石和绿松石的手镯，以及珍珠和钻石项链。芭蕾舞演员欧嘉·毕加索（本姓科赫洛娃）笃爱珍珠，喜欢以不对称的排列方式将珍珠作为头巾装饰佩戴。1917年，她在俄罗斯芭蕾舞团出演舞剧时，与巴勃罗·毕加索在罗马不期而遇。两人于次年结婚，毕加索创作了140幅以欧嘉为题材的画作。她的名字出现在CHAUMET订单簿上，显示她订购了一款引人瞩目的钻石项链和点缀她姓名首字母的包饰/胸针（参见第195-96页）。

2021年，*Torsade de CHAUMET*旋舞·芳登高定珠宝套系从芳登广场的纪念柱细节中汲取灵感，推出一系列作品向艺术致敬，如同巴黎歌剧院的舞蹈明星一般，上演一场璀璨曼妙的芭蕾表演（参见第14-15页和第242页）。戒指、胸针、手链、冠冕、改款蝴蝶结项链、短颈链及长项链，通过CHAUMET的律动艺术，组成一曲生命颂歌。

CHAUMET世家时刻准备踏上全新探险征程。流行天后碧昂丝（Beyoncé）2018年在她的歌曲《LoveHappy》中提及CHAUMET世家之名。歌手张艺兴在CHAUMET沙龙中拍摄了他的一支音乐短片。2022年，指挥家劳伦斯·艾基尔贝（Laurence Équilbey）为CHAUMET在巴黎高等美术学院举办的《植艺万千》艺术大展创作了配乐。由艾基尔贝创立并指挥的Insula管弦乐队演奏古乐器，CHAUMET是其赞助方，是巴黎郊区塞纳音乐厅（La Seine Musicale）的常驻乐团。乐团还组织教育项目，在历史背景下演绎古典音乐。CHAUMET世家与巴黎高等美术学院和国家家具手工场的合作，以及新项目ÉCHO回声文化奖皆体现其文化使命（参见第316页）。

2021年5月到2023年6月担任CHAUMET世家中国卓艺大使的音乐人欧阳娜娜，佩戴*Laurier*月桂颂歌系列作品。

CHAUMET 与 摄 影

CHAUMET世家经常委托圭多·莫卡菲科（Guido Mocafico）、卡里姆·萨德利（Karim Sadli）、薇薇安娜·萨森（Viviane Sassen）、茱莉亚·赫塔（Julia Hetta）及保罗·罗维西（Paolo Roversi）等顶级摄影师为其广告宣传活动和年度杂志《Rendez-Vous》掌镜，并拍摄作品系列。CHAUMET与摄影可谓渊源久远。约瑟夫·尚美秉具远见卓识，早在19世纪末就设立了综合摄影工作室，目标有二。其一是通过拍摄CHAUMET世家的珠宝、蜡模、项目图稿和送修的托座，为作品记录留档。其二旨在以图片佐证对珍珠和宝石的分析，约瑟夫·尚美发明了区分天然宝石和刚刚在市面上出现的彩色合成宝石的科学方法（参见第234-37页和第461页）。CHAUMET世家收藏有300,000张冲印照片和66,000张底片，其中包括33,000张玻璃底片。其中最早的可追溯至1890-1895年，是一款钻石项链的溴化银明胶底片。

档案中呈现的不同技术反映了摄影技术的发展，从1907年至1932年左右使用的天然彩色相片技术（首项工业彩色摄影技术，在玻璃干板上产生正图像）到蛋白印相工艺，最后是1974年引入的彩色胶片，尽皆有迹可循。2022年的《植艺万千》艺术大展（参见第302-5页）展示了各式各样的摄影技术。展览比较科学家和艺术家试图呈现自然的不同方法，包含鲜花、枝蔓及CHAUMET世家创作的自然主义作品照片，以及卡尔·布劳斯菲尔德（Karl Blossfeldt）、罗伯特·梅普尔索普（Robert Mapplethorpe）、布拉塞（Brassaï）及荒木经惟（Nobuyoshi Araki）的摄影图像。

次页
CHAUMET世家档案中包含
大量宝贵的玻璃底片，记录
CHAUMET世家的非凡创意。

右页
喷泉鹭羽冠冕照片，
CHAUMET摄影实验室，
约1900年，玻璃底板负片
冲印的正片图像。
巴黎，CHAUMET典藏。

CHAUMET 与 文 学

1793年，马利-艾虔·尼铎以笔代言，主张保存法国王室珠宝，无惧希望清除一切君主制残迹的革命党威胁（参见第385页）。在那个混乱动荡的年代，这可谓大胆之举。他凭借雄辩之才令其诉求获得采纳。自此，CHAUMET世家与文字结下不解之缘。CHAUMET始终紧跟现代思想和艺术风潮，其顾客中不乏文人墨客，并为许多文字工作者提供创作灵感。2022年，2020年昂古莱姆国际漫画节大奖得主，法国漫画家埃曼努埃尔·吉贝尔（Emmanuel Guibert）为《植艺万千》艺术大展设计了海报（参见第343页）。CHAUMET世家定期推出新出版物。在弗拉马里翁出版社于2021年发行的《珠宝之魂》（*L'Âme du bijou*）一书中，各学科专家深入研究珠宝的方方面面。其中卡罗琳·马丁内斯令人动容的原创故事《西伯利亚童话》（*Un conte sibérien*），展现了妙笔生花的叙事才华。她于2007年出版第一部小说《心线》（*Le coeur cousu*），荣获16个文学奖项并被翻译成15种语言，读者为此欲罢不能。

2019年，芳登广场12号翻修工程期间，CHAUMET将展览空间临时迁至巴黎左岸圣日耳曼大街165号。隔街相望的是两大文学和艺术地标场所：花神咖啡馆和双叟咖啡馆。圣日耳曼德佩区文学气息浓厚，是CHAUMET世家"文人墨客与珠宝"展览的举办之地，以别开生面的方式呈现珠宝与文字之间的妙趣互动。奥诺雷·德·巴尔扎克、阿尔弗莱·德·缪塞（Alfred de Musset）和泰奥菲尔·戈蒂耶（Théophile Gautier）等法国伟大作家的作品摘录，证实了CHAUMET世家的独特地位，凡巴黎名流皆是其顾客。

法国作家普罗斯佩尔·梅里美（Prosper Mérimée）创作于1845年的小说《卡门》引发热烈反响。三十年后，乔治·比才将其改编为歌剧。梅里美详细描写了欧仁妮皇后在大婚当日佩戴CHAUMET世家作品的形象。"文人墨客与珠宝"展览凸显梅里美在珠宝商和皇后之母蒙蒂霍女伯爵之间充当中间人的角色。据闻梅里美是女伯爵的情人。维罗尼克·奥尔瓦德（Véronique Olvaldé）的短篇新作《我或是一片森林》（*Disons que je suis une forêt*）亦在展览上揭开面纱。一枚立方体戒指、一条蛇形手链和一顶蜂鸟鹭羽冠饰在名为玛丽亚·特蕾莎·乌加尔德巴贡迪亚（Maria Teresa Ugalderbargondia）的女子眼中，是名副其实的个性首饰。她将它们虔诚地珍存在马卡龙盒子中，并向其孙女表示："它们并不属于我，我属于它们。"

纵观其历史，CHAUMET世家不仅熟谙现代文学作品，亦与作家赠送他人的礼物密切相联。埃德蒙·罗斯丹于1890年与诗人罗丝蒙德·杰拉尔德成婚，而后凭借《大鼻子情圣》一举成名。这部戏剧于1897年12月27日在圣马丁门剧院（Théâtre de la Porte Saint-Martin）首演。第一幕结束时演职人员谢幕九次，终场掌声持续了二十分钟之久。《大鼻子情圣》被翻译成多种语言，英国演员理查德·曼斯菲尔德（Richard Mansfield）买下版权，共演出了400多场。它被改编成音乐剧和歌剧，至今仍是法国演出最多的剧目。长鼻子主人公甚至出现在葡萄酒标签、奶酪和糖果上。罗斯丹是CHAUMET世家的常客，乐于为妻子购买珠宝，其中包括一枚环镶玫瑰式切割钻石的蓝宝石戒指和一枚钻石戒指。

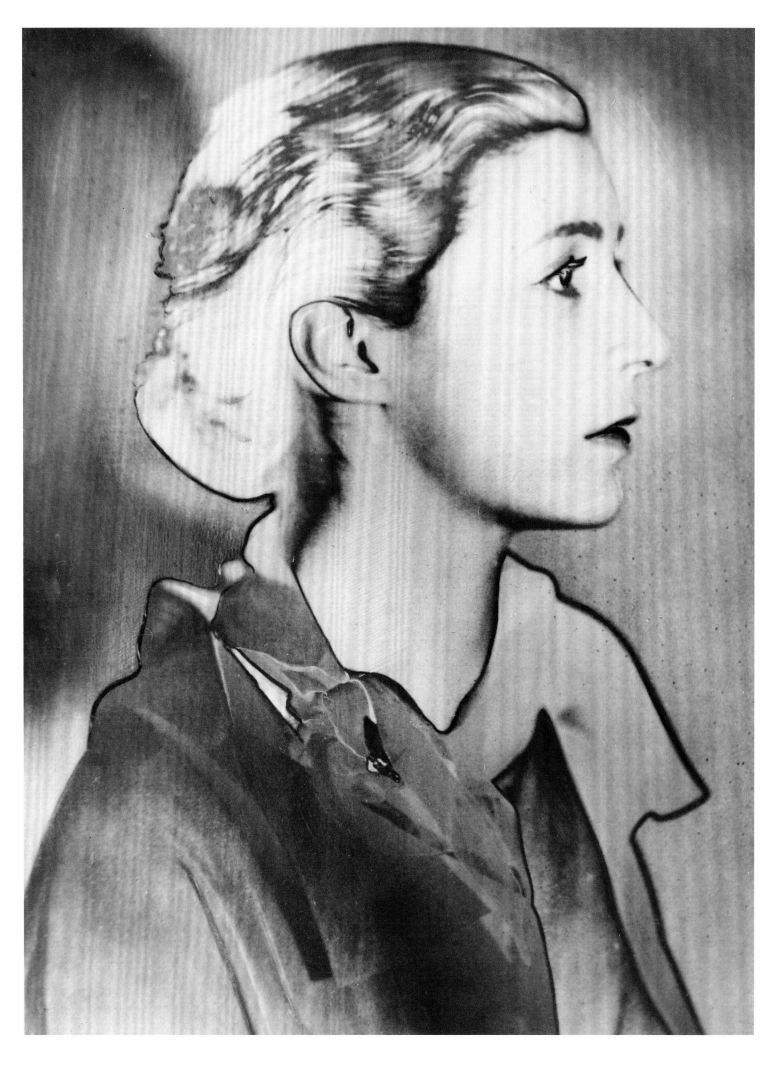

"弗森是国王，拥有无上权力。"

——奥诺雷·德·巴尔扎克（HONORÉ DE BALZAC），
致韩斯卡（HANSKA）夫人的信，1833年

左图
出自一套葡萄图案珠宝
套装的冠冕，约1825年，
金和绿松石。
巴黎，CHAUMET典藏。

"她戴着一件精美的煤玉葡萄头饰，
是在弗森处定制的，价值一千埃居……"
——奥诺雷·德·巴尔扎克（HONORÉ DE BALZAC），
《公务员》（*LES EMPLOYÉS OU LA FEMME SUPÉRIEURE*），1838年

369

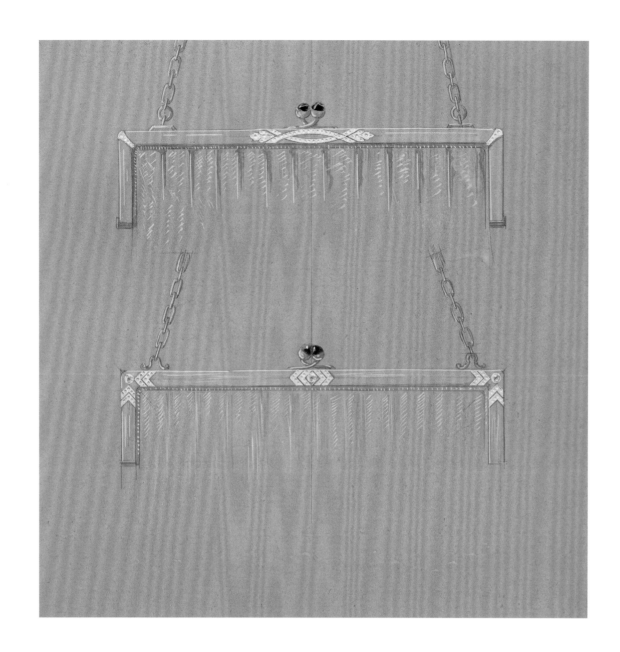

从CHAUMET世家档案中可以看出，女性作家通常也是珠宝爱好者。20世纪初，丹麦贵族凯伦·布里克森被迫在肯尼亚接管一家咖啡农场，她在1937年出版的回忆录《走出非洲》（参见第317页）中记述了这段经历。尽管辛苦，她仍注重优雅装扮，CHAUMET世家于20世纪20年代为她打造了多件作品。后来，她返回丹麦，以伊萨克·迪内森（Isak Dinesen）为笔名，写下《七个哥特式的故事》（*Seven Gothic Tales*，1934年）和《巴贝特之宴》（*Babette's Feast*，1958年）等文艺小说，享誉文坛。美国作家伊迪丝·华顿是第一位获得普利策奖的女性，其获奖小说《纯真年代》（*The Age of Innocence*）于1920年出版，1993年由马丁·斯科塞斯（Martin Scorsese）改编成电影，并由丹尼尔·戴-刘易斯（Daniel Day-Lewis）和米歇尔·菲佛（Michelle Pfeiffer）担纲主演。她也是第一位获得耶鲁大学荣誉博士学位的女性。她为学位服搭配的是一款来自CHAUMET世家的珍珠和钻石短颈链，中央镶嵌一颗圆凸面形猫眼石。1907年，她移居巴黎，并结识了安娜·德·诺瓦耶（Anna de Noailles）、让·科克托和安德烈·纪德（André Gide）。她因第一次世界大战期间募集捐款和访问前线医院的义举而被授予荣誉军团勋章。1996年，她在去世六十年后入选美国国家女性名人堂（National Women's Hall of Fame），此前的入选者包括艾米莉·狄金森（Emily Dickinson）、比莉·荷莉戴（Billie Holiday）、玛德琳·奥尔布赖特（Madeleine Albright）、格蕾丝·霍普（Grace Hopper）、露易丝·布尔乔亚（Louise Bourgeois）及贝西·科尔曼（Bessie Coleman）。

在安德烈·马尔罗的鼓励下，露易丝·德·维尔莫兰（参见第367页）于1934年发表第一部著作。她是巴黎文学界的标志性人物，以才貌双全而美名远扬。她巧用文字游戏，对加斯东·伽利玛（Gaston Gallimard）说："Je méditerai. Tu m'éditeras"（我将集思成书，由你编辑出版）。未曾想，戏言成真。伽利玛出版了她的小说《德夫人》（*Madame de...*），故事情节围绕一对钻石耳环展开。马克斯·奥菲尔斯（Max Ophüls）执导的同名影片（参见左下图）中含有不少令人难忘的连续镜头和精彩对白，而珠宝是拉辛式悲剧的导火索。片中将军的情妇萝拉（Lola）直言："女人可能会拒绝她还没见过的珠宝，见过以后再拒绝，就是英雄壮举。"露易丝·德·维尔莫兰绝不会拒绝朋友们于1955年为她从CHAUMET订购的镶嵌蓝宝石的金色手袋（参见左页上图）。

左页上图
编织黄金手袋的两幅
设计图，CHAUMET
绘画工坊，约1955–60年，
以石墨、水彩薄层和
水粉绘制。
巴黎，CHAUMET典藏。

左页下图
电影《德夫人的耳环》（*The Earrings of Madame de...*）
剧照，马克斯·奥菲尔斯
执导，改编自露易丝·德·
维尔莫兰写于1951年的小说，
1953年。

CHAUMET 与 建 筑

CHAUMET创立于光明之城，其店址正对着芳登广场纪念柱，埃菲尔家族是其顾客，因此，致敬建筑艺术可谓其义不容辞的使命。从首款饰以希腊棕榈叶图案的冠冕，到现代织网和涡旋纹饰以及1994年为摩洛哥哈桑二世国王的女儿拉拉·哈斯娜公主出嫁打造的摩尔风格钻冕（参见第55页和第200页），CHAUMET世家以独特而前卫的作品，咏赞建筑。2020年，为纪念芳登广场12号全面翻新，CHAUMET推出 *Trésors d'Ailleurs* 琼宇瑰宝高定戒指，以戒托演绎世界各地的地标建筑。巴黎大皇宫最初作为1900年世界博览会的场馆而建，其著名的玻璃穹顶化作一款镶钻水晶戒指，顶部镶饰圆凸面形祖母绿（参见第29页，下图）。由一颗祖母绿或枕形切割蓝宝石幻化而成的19世纪建筑屋顶，点缀精巧灵动的牛眼窗（参见第29页中图）。镶嵌青金石或孔雀石穹顶的星形戒指结合撒马尔罕兀鲁伯天文台（Ulugh Beg Observatory）与新德里绿陵（Sabz Burj）的造型（参见第147页）；日式屋顶以黑玉雕琢而成（参见第134-35页）；中式飞檐翘角化作漆面雕刻戒指，镶嵌粉色或绿色椭圆形碧玺，或一颗9.58克拉坦桑石（参见第139页）。同样在2020年，CHAUMET世家推出 *Perspectives de CHAUMET* 筑艺万象高定珠宝套系（参见第414页、422页、426页和443页），演绎从意大利文艺复兴风格到20世纪90年代初期的解构主义等各种建筑流派。巧夺天工的作品结合CHAUMET的绘画艺术和别出心裁的色彩感知，包含一款紧密贴合肌肤的黄金织网项链、棱线形如天际线的戒指、彩色圆形铭牌项链和以定制切割宝石构建的迷宫造型。工坊挥洒高超工艺，令作品如精巧建筑般呈现令人惊艳的视觉效果。2021年，CHAUMET世家推出 *Torsade de CHAUMET* 旋舞·芳登高定珠宝套系，灵感源于芳登广场纪念柱的螺旋形图案。该纪念柱于1810年CHAUMET世家迁入芳登广场15号旧址的数月前落成（参见第14-15页和第242页）。系列作品采用交织回旋的涡卷和螺旋图案，柔软灵动，曼妙动人。

Perspectives de CHAUMET
筑艺万象高定珠宝套系
Labyrinthe 建构几何主题
项链，2020年，白金，
缟玛瑙，蓝宝石和钻石。

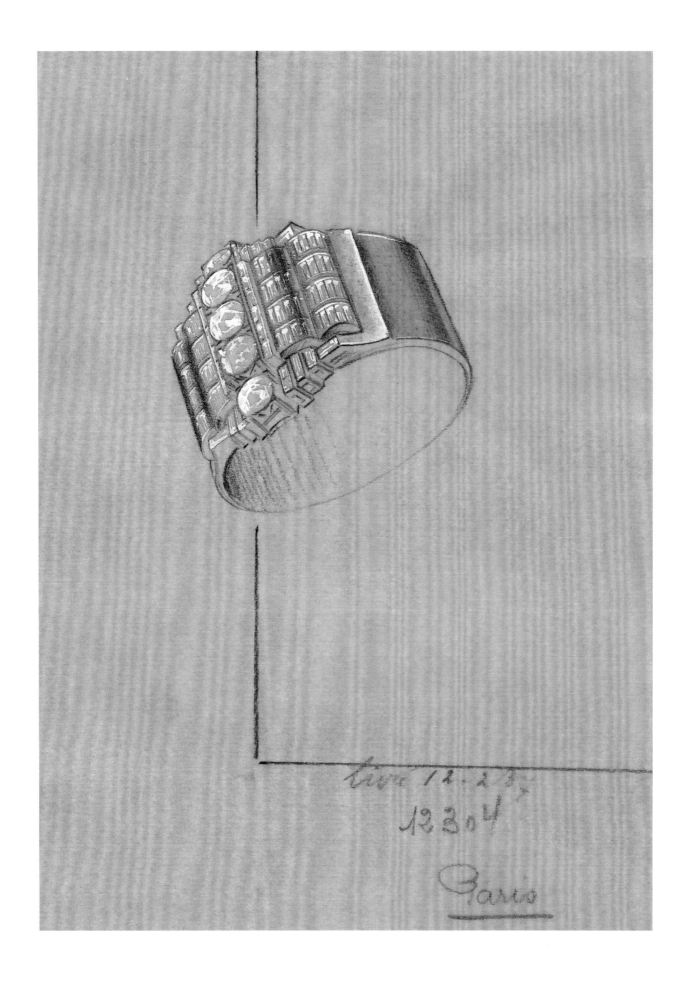

左中图
Perspectives de CHAUMET
筑艺万象高定珠宝套系
*Labyrinthe*建构几何主题手
镯，2020年，白金，
缟玛瑙，红碧玺，粉色和
绿色碧玺，翡翠和钻石。
私人收藏。

右中图
Perspectives de CHAUMET
筑艺万象高定珠宝套系
*Labyrinthe*建构几何主题可
转换戒指，2020年，黄金和
钻石。

上图
Perspectives de CHAUMET
筑艺万象高定珠宝套系
*Labyrinthe*建构几何主题
耳环，2020年，白金，
缟玛瑙，红碧玺，蓝碧玺和
钻石。

左页
镶钻宽版手镯设计图，
CHAUMET绘画工坊，
约1935年，以石墨、水墨、
水彩薄层和高亮水粉绘制。
巴黎，CHAUMET典藏。

下图
Perspectives de CHAUMET
筑艺万象高定珠宝套系
*Skyline*天际探寻主题耳饰，
2020年，黄金，钻石和
祖母绿。

突 破 创 新

芳登广场的立面由于勒·阿尔杜安·芒萨尔设计，是17世纪建筑风格的典范，为保持其原貌，任何改建均受到严格限制。因此，CHAUMET世家启动芳登广场12号的大型翻修计划时，与来自历史古迹部门的建筑师携手合作（参见第26页）。

为使被列为古迹的外墙与广场的其他建筑和谐一致，天蓬被移除，令建筑的优雅风范尽显无遗。门厅中摆放着一尊真人大小的约瑟芬皇后像（参见左图）。此为复刻品，由加布里埃-维塔尔·杜布雷创作的真迹现珍藏于凡尔赛宫。主楼层经悉心修复，恢复原始尺寸和18世纪的堂皇气派，并挂有弗朗索瓦·热拉尔于1806年绘制的拿破仑大帝在阿雅克肖费什宫中身穿加冕礼服的画作复制品。在1927年被列为历史古迹的肖邦沙龙中，弗里德里克·肖邦钟爱的普雷耶三角钢琴倚墙而立，墙面装饰14根镀金凹槽科林斯立柱（参见第32-33页）。

翻新工程汇集在绘画、雕塑、绦带、刺绣和铸造等装饰艺术领域各怀绝技的能工巧匠。来自巴黎装饰艺术学校（Atelier de l'Étoile）的工匠翻新了浅浮雕，向CHAUMET的自然主题作品致敬。装饰墙壁和天花板，以及完成圆顶天花板上月桂枝条和麦穗交错盘萦的风格化植物图案共耗费八个月。连通高级精品店底层拱廊厅和二层私人沙龙的楼梯宛如一座空中花园，由石膏、沙砾和乳胶制成的冠盖与未经润饰的粗粝材料和经平滑处理或用梳子刷磨营造出树皮效果的表面交错相间。浅浮雕饰以用锉刀雕刻的橡树叶和榆树枝。在特别订制或非凡珍品沙龙中，来自著名家具制造商Yann Jallu工坊的细木工匠以秸秆拼镶工艺装饰一面墙壁，每根秸秆经压平后，再以手工逐一镶贴（参见第42-43页）。一应精工巧艺悉数体现于2023年 *Le Jardin de CHAUMET* 游园漫步高定珠宝套系中，以现代风格诠释麦穗和树皮。

为了再现芳登广场12号的纯正氛围和独具一格的优雅气息，CHAUMET向这座建筑的第一任主人学习，召集了现代能匠。博德·德·圣詹姆斯男爵委托深受路易十六和玛丽·安托瓦内特器重的卢梭兄弟，制作主客厅（现肖邦沙龙）的木雕制品。两个世纪后，以纺织品雕塑闻名的丹麦建筑师塞西莉·本迪克森（Cecilie Bendixen）为专门接待订婚情侣的婚尚沙龙制作了一件动态艺术品：白色丝线让人联想到婚纱，营造出光影变幻的美妙效果（参见第378页）。荷兰艺术家米莱娜·纳夫（Milena Naef）为拱廊沙龙制作了一尊雕塑，探索石材与人体之间的关系。上至二层，爱丽丝·里尔（Alice Riehl）以CHAUMET世家冠冕为灵感创作的陶瓷孔雀，正对着芳登广场纪念柱展开雀屏。室内随处可见瑞典摄影师茱莉亚·赫塔在2019年于圣日耳曼大街165号举办的"别样"展览中展出的照片（参见下图）。在这些影像中，赫塔以别有趣味的视角聚焦珠宝的不同佩戴方式。

手持拿破仑肖像的约瑟芬皇后像，芳登广场12号门厅；此为复制品，由加布里埃-维塔尔·杜布雷创作的真迹现珍藏于凡尔赛宫。

左图
芳登广场12号"马勒梅松"
沙龙（Salon Malmaison）
接待寻求长伴一生的婚戒和
订婚戒指的优俪。

右图
芳登广场12号注重精微
细节：精巧家具由技艺
高超的工匠悉心制作。

世家融蕴……

莫雷尔家族与第二帝国

历史的守护者

10

"我信赖尼铎的品味。"
——玛丽-露易丝皇后的来信，1814年4月27日

左页
属于巴伐利亚王国的奥古斯塔·阿玛莉亚公主的对表，尼铎时期，约1811年，金，祖母绿和珍珠，宝玑机芯。巴黎，CHAUMET典藏。

第380页
金钟花冠冕，尚美时期，1919年，铂金和钻石。巴黎，CHAUMET典藏。

自1780年创立伊始，CHAUMET世家见证波谲云诡、紧密相连的政治变革和个人命运。创始人马利-艾虔·尼铎经常与路易十六和玛丽·安托瓦内特的御用珠宝匠安格-约瑟夫·奥伯特共事。从那时起，CHAUMET世家与法国、欧洲乃至世界各国的上流社会——帝王、王室家族、共和党、实业家及金融家安危与共。CHAUMET世家创造了冠冕或仪式佩剑等皇室和王权象征，同时挥洒非凡创意，为具有远大政治抱负之士打造作品。

Couronne de Charlemagne.

尼铎家族与拿破仑帝国

两千多年前，古希腊诗人萨福（Sappho）写道："凡不戴王冠而朝拜神祇者，神必漠然视之。"1802年，拿破仑·波拿巴以"终身执政官"的身份成为国家元首，他充分意识到权力象征物的重要性。他委托马利-艾虔·尼铎打造象征其新地位的仪式佩剑（参见第386页和第389页）。

马利-艾虔·尼铎创建了后来冠以CHAUMET之名的珠宝商行，不仅是时局的旁观者，还是投身其中的主要参与者。1791年，他受命将法国王室珠宝库中的宝石和珠宝清点造册。两年后，当王室珠宝面临被革命党人摧毁的威胁时，他积极开展拯救行动（参见第309-12页）。鉴于他的专业知识，他受委托为法国国家自然历史博物馆新成立的矿物学部门甄选二十颗至臻至美的珍贵宝石。这些宝石与法国历史息息相关，包括开采自奥地利哈巴赫塔尔古老矿场的51克拉"圣-路易"祖母绿，以及路易十四的135.8克拉蓝宝石，其与众不同的刻面与长菱形形状令人叹为观止。如今在CHAUMET赞助的自然历史博物馆中仍可一睹其风采。尼铎亦经手另一颗绝世美钻：纯净无瑕的140克拉白色"摄政王"钻石（参见第386页），曾装饰了路易十五和路易十六的加冕王冠，玛丽·安托瓦内特亦曾多次佩戴。"摄政王"钻石被抵押给一位柏林银行家西格蒙德·奥托·约瑟夫·冯·特雷斯科（Sigmund Otto Joseph Von Treskow），以换取1796年意大利战役的军费。1802年，马利-艾虔·尼铎将其镶嵌在剑柄上，剑身镶嵌42颗总重逾254克拉的璀璨钻石。1804年12月2日，拿破仑在巴黎圣母院的加冕大典上佩戴这柄剑，后来该剑又被称为"摄政王之剑"。

尼铎还为另一件礼器"查理曼王冠"（Crown of Charlemagne）镶嵌雕刻浮雕和硬质宝石（参见左图）。这顶王冠现陈列于卢浮宫。尼铎与拿破仑大帝关系亲厚，当拿破仑大帝希望以一顶教皇冠冕作为感谢庇护七世主持加冕礼的谢礼时，尼铎提供并为冠冕镶嵌了3,345颗钻石、蓝宝石、红宝石、祖母绿，以及2,990颗珍珠（参见第387页）。尼铎之子弗朗索瓦-勒尼奥受命将此珍贵器物呈交予教皇。拿破仑大帝和约瑟芬皇后当时身在米兰，他在前往罗马的途中经停此地向他们展示冠冕。他顺便携带了多件CHAUMET世家近期创作的作品，约瑟芬皇后对所展示的作品倾心不已，就此搭建起信任的桥梁。两个多世纪后，值2018年CHAUMET世家在日本举办"CHAUMET寰宇艺境珍宝艺术展"回顾展之际，梵蒂冈委托CHAUMET世家修复这顶冠冕。CHAUMET第十三任工坊总监贝诺·维胡勒有幸欣赏冠冕凝结的精湛工艺。冠冕完全未经焊接处理。重达414克拉的槽纹祖母绿自1805年冠冕制成以来首次拆下，可谓屏气凝神的激动时刻。白色丝绒经仔细清洗，以尺寸精确的培育珍珠替换遗失或破损的天然珍珠，并使用更加坚固的金丝重新串连珍珠。基于专门的钻石计算表，根据CHAUMET世家档案中（共收藏66,000份设计图）的原始设计手稿原样制作了一枚十字架。

为1804年拿破仑加冕礼制作
的浮雕装饰冠冕，又称
"查理曼王冠"的设计图，
以水墨、黑色铅笔、
水彩和水粉绘制。
巴黎，CHAUMET典藏。

左上图
拿破仑大帝御剑及其剑鞘和
剑带（剑和剑鞘侧视图）设
计图，以水墨、黑色铅笔、
水彩及水粉绘制。
巴黎，CHAUMET典藏。

右上图
140.615克拉"摄政王"钻石
的立方氧化锆复制品。
巴黎，CHAUMET典藏。

下图
饰有拿破仑肖像的鼻烟盒，
由拿破仑赠与尼铎，蒙托邦
雕金技术，1810年，
玳瑁，金，玛瑙浮雕。
巴黎，CHAUMET典藏。

右页
马利-艾虔·尼铎制作的教
皇冠冕设计图，由拿破仑大
帝赠与庇护七世，以水彩和
水粉绘制，1805年。
巴黎，CHAUMET典藏。

TIARE DONNÉE PAR S. M. I. ET R. NAPOLEON I.
À SS. PIE VII.

CHAUMET世家自始至终参与塑就拿破仑大帝的旷世传奇，在拿破仑大帝统治期间凭精明睿智和非凡才能为这一传奇添砖加瓦。正如统治者身穿礼服的肖像画是一种宣传手段，珠宝也是彰显权力的方式。尼铎父子被任命为"威斯特伐利亚王国国王和王后、皇帝和皇后陛下御用珠宝商"，尽心尽力为帝后打造珠宝。拿破仑大帝本人甚至亲赐饰有帝国之鹰图案的黄金镶边玳瑁鼻烟盒（参见第386页下图）。尼铎父子备受尊崇，拿破仑大帝委托于1809年子承父业的弗朗索瓦-勒尼奥·尼铎，使用摄政王之剑上的宝石制作一柄新剑（参见第386页左上图）。原剑上的宝石被替换成水晶，拿破仑大帝将它赐给弗朗索瓦-勒尼奥。这柄宝剑随后相继传到其后裔尼铎将军及其子埃德加·尼铎（Edgar Nitot）上校手中，并于1905年赠予维克多·拿破仑（Victor Napoléon）王子。1979年，枫丹白露拿破仑大帝博物馆（CHAUMET世家是其赞助人）购得此剑，并于2017年特别出借。宝剑因此首次离开法国，亮相在北京故宫举办的"尚之以琼华：始于十八世纪的珍宝艺术"大展，亦即CHAUMET在中国举办的首场回顾展。

为昭显帝国政权的荣耀，约瑟芬皇后佩戴CHAUMET世家为她制作的冠冕、三角胸衣胸针、项链、手链及耳环，雍容高贵，母仪天下。珠宝作品装饰麦穗、月桂和橡树叶等富有象征寓意的图案，以及她素喜以珍珠点缀的浅浮雕（参见后续数页）。她钟爱珠宝，向弗朗索瓦-勒尼奥·尼铎订制了一款耳坠，点缀两颗华美的水滴形珍珠，如今可在卢浮宫阿波罗长廊欣赏这件作品。他亦为她制作了一款由105颗珍珠组成的双股式项链，其上垂坠着七颗顶部镶嵌钻石的可拆卸珍珠。这件作品就是著名的"洛伊希滕贝格"项链，后来传给她的孙女小约瑟芬（参见第252页）。时值瑞典王储奥斯卡王子巡游欧洲，以相看出身王室的王储妃人选，他对小约瑟芬一见倾心，两人于1823年大婚，小约瑟芬由此成为瑞典和挪威王后。这条项链曾两度拍卖，但均不幸流拍，最近一次是2021年亮相香港拍卖会。尼铎为约瑟芬皇后制作的另一款浮雕冠冕亦传给她的孙女，至今仍是瑞典王室珠宝的藏品。希尔维亚·索梅尔拉于1976年6月19日与瑞典国王古斯塔夫十六世大婚之日，以及他们的女儿维多利亚公主于2010年6月19日与丹尼尔·韦斯特林成婚时，均佩戴这顶冠冕（参见第200–201页）。

1809年12月20日，拿破仑大帝因约瑟芬皇后无法孕育子嗣而与她离婚，并在沙皇亚历山大一世拒绝将妹妹嫁给他后，于1810年4月2日迎娶哈布斯堡-洛林皇朝的玛丽-露易丝。与19岁的新娘进行名门联姻之后，年届41岁的拿破仑大帝成为了路易十六和玛丽·安托瓦内特的侄孙。他对自己获得显赫血统深感得意。富丽华贵的结婚礼物——珍罕蕾丝、斗篷、鞋履、扇子、刺绣披肩、舞会礼裙和日间礼服、狩猎装束、大衣，均与一国之母的地位相衬。71套珠宝套装皆由弗朗索瓦-勒尼奥·尼铎提供，包括一套祖母绿珠宝，其中的项链镶嵌丨颗硕大的椭圆形和菱形切割祖母绿，与内嵌圆凸面形祖母绿的钻石棕榈叶图案交错相间（参见第313页）。每颗椭圆形和菱形切割祖母绿下均垂坠着一颗水滴形祖母绿。水滴形切割是约瑟芬皇后中意的切割方式，亦成为CHAUMET世家的标志性设计元素。2004年，这件保存完好的作品与同一套装中的耳环一起被纳入卢浮宫馆藏。

尼铎为玛丽-露易丝皇后创作了许多美轮美奂的珠宝作品，例如镶嵌"摄政王"珍珠的珍珠和钻石冠冕。"摄政王"珍珠的臻美无瑕是举世公认的。1811年，尼铎以40,000法郎的价格将其售予拿破仑大帝。在此之前，除了其302.68格令的惊人重量，人们对这颗珍珠一无所知。（天然珍珠以格令为计量单位，一格令相当于50毫克，

摄政王之剑，又称拿破仑大帝加冕之剑，布泰，尼铎，奥迪奥特（Odiot），1802年，金，鸡血石，钻石（其中包括"摄政王钻石"复制品），玳瑁，精钢，皮革。法国枫丹白露城堡博物馆。

左图
约瑟芬皇后加冕局部细节，
《1804年12月2日拿破仑登基
和约瑟芬皇后加冕大典》，
（Consecration of the
Emperor Napoléon and
the Coronation of Empress
Joséphine on 2 December
1804），雅克·路易·大卫，
布面油画，1805-07年。
巴黎卢浮宫博物馆。

而培育珍珠则以克拉计。）除了尺寸外，这颗稀世珍珠的其他特质同样出众，包括颜色、光泽、色彩效果、深邃感及亮度。1887年，法兰西第三共和国政府决定拍卖象征君主王权的宝石，先前纳入法国王室珠宝的"摄政王"珍珠随之出售，由CHAUMET的重要顾客，俄罗斯亲王费利克·尤苏波夫购得（参见第409页）。无人知晓此后"摄政王"珍珠的动向，直至它于1987年6月16日在纽约的一场拍卖会上再次现身，令珠宝界兴奋不已。一年后，珍珠又一次亮相，以859,000美元的价格出售给一位年轻的科威特银行家，他将珍珠作为赠予姊妹的30岁生日贺礼。"摄政王"珍珠于2005年11月16号再度易主，成交价是估价的三倍，高达250万美元。新买家身份不明。尼铎为玛丽-露易丝皇后制作的另一件作品亦曾分别于1894年、1935年和1985年被三次拍卖。这件制作于1813年的哥特长腰带（参见左图），采用当时风靡巴黎的中世纪风格。以雕花黄金打造，蜜蜂、珍珠和月桂花冠与星星和棕榈叶图案交错相间，顶部镶嵌一枚边缘环饰半月形缠丝玛瑙的缟玛瑙古董浮雕。缠丝玛瑙是一种红棕色的玉髓品种。2014年，CHAUMET通过佳士得拍卖会从一位私人藏家手中购得腰带，并纳入CHAUMET历史典藏系列。腰带保存于镀金雕花摩洛哥羊皮革原装盒中，盒身饰有帝国徽章和"M.E. Nitot & Fils à Paris no. 1"字样，如今已重返其两百年前的诞生之地——芳登广场。

玛丽-露易丝皇后在位期间一直是尼铎的忠实顾客，从她记录服装和个人开支的账簿中可见一斑。她还向尼铎订购了大量蕴含情感寓意的珠宝作品，包括藏头诗手链，以宝石英语名称的首字母组成名字、词语或日期（参见第182页）。其中一件作品意指3月27日，是她与拿破仑大帝在贡比涅初次邂逅的纪念日。另一件指代4月2日，即他们在卢浮宫方形沙龙（Salon Carré）举办教堂婚礼的日子，当时该沙龙被改为小教堂作婚礼之用。

除了提供徽章和珠宝套装作为王权象征物，CHAUMET世家亦以创意非凡的腕间珍宝享负盛名，其中包括拿破仑大帝的幼弟热罗姆为其众多情妇之一订购的腕间珍宝。20岁时，热罗姆被封为威斯特伐利亚国王。威斯特伐利亚王国是法国和普鲁士之间的缓冲国，如今归德国所有。他旋即迎娶了符滕堡的凯瑟琳（Catherine of Württemberg），她是俄罗斯皇后玛丽亚·费奥多罗芙娜（Maria Feodorovna）的侄女和维多利亚女王的表妹。1809年交付的钟表是马利-艾虔·尼铎与现代制表之父和深受路易十六和深受沙皇亚历山大一世信赖的供应商亚伯拉罕-路易·宝玑（Abraham-Louis Breguet）携手合作的结晶。这枚触摸式表以蓝色珐琅搭配黄金扭索雕纹，佩戴者可通过两种方式读取时间。第一种是打开表壳，查看表盘上的指针位置，正常读取时间。第二种是轻触表壳，凭借箭头指向不动声色地推断时间，12颗硕大的圆形钻石指示小时，12颗小巧珍珠指示半点（参见第395页）。据说，政治家夏尔·莫里斯·德·塔列朗-佩里戈尔（Charles Maurice de Talleyrand-Périgord）风流成性，当他想要摆脱女伴时，便会使用触摸式表。

弗朗索瓦-勒尼奥·尼铎青出于蓝，运用CHAUMET世家的高超工艺制作精美绝伦的腕间珍宝。1806年，约瑟芬与第一任丈夫的儿子欧仁·德·博阿尔内（Eugène de Beauharnais）与巴伐利亚王国的奥古斯塔·阿玛莉亚（Augusta-Amalia of Bavaria）公主成婚，拿破仑大帝之前解除了奥古斯塔与未来的巴登大公查尔斯（Charles）的婚约。弗朗索瓦-勒尼奥·尼铎承揽珠宝制作。在筹备期间，当尼铎询问婚戒上应镌刻的人名时，约瑟芬皇后方得知丈夫正式收养欧仁的感人决定，此前欧仁已被任命为意大利总督。尼铎为成为意大利总督夫

为玛丽-露易丝皇后打造的哥特风格腰带，中央饰有古希腊时期的古董浮雕，尼铎时期，1813年，金，珍珠，玛瑙和缟玛瑙。巴黎，CHAUMET典藏。

人的奥古斯塔·阿玛莉亚制作了一对雍容华美的祖母绿和珍珠腕间珍宝。这是CHAUMET世家最早制作的腕间珍宝，现被纳入历史典藏系列（参见第382页）。当时流行两只手腕各戴一表，分别指示小时和日期。1813年，玛丽-露易丝皇后委托尼铎打造一枚带有拿破仑大帝姓名首字母缩写的钻石和珐琅坠饰表，表背雕刻一只群星环绕的蜜蜂。她还订购了第二枚坠饰表，作为礼物送给儿子的儿时玩伴法尼·苏夫洛（Fanny Soufflot）。

上图
属于威斯特伐利亚王国国王
热罗姆·波拿巴的触摸式
怀表，宝玑，尼铎父子，
1809年，金，银，钻石，
珍珠和珐琅，内侧雕刻
"Breguet no. 615"字样。
巴黎拿破仑基金会。

下图
触摸式怀表（装饰与拿破仑
三世定制的表款相匹配），
弗森绘画工作室，
约1850-60年，以水粉、
水彩薄层和高亮颜料绘制。
巴黎，CHAUMET典藏。

左图
饰有玛丽-露易丝皇后姓名
花押首字母的坠饰表，
尼铎时期，1811年，
黄金，钻石和珐琅。
巴黎，CHAUMET典藏。

395

弗森家族、波旁王朝复辟与
七月王朝

为促进欧洲和平而被迫投降的拿破仑在枫丹白露宫中连日怒气高涨，用拐杖摧毁了狄安娜花园（Diana Garden）中成片的花丛，最终于1814年4月6日正式宣布退位。在向近卫军发表的告别演说中，他说道："法兰西自己想要另一种命运。"拿破仑流亡后，弗朗索瓦-勒尼奥·尼铎无心效力于新政权，便将业务转交给工坊总监让-巴提斯特·弗森，由此开启CHAUMET世家辉煌历史的崭新篇章。正如在拿破仑帝国时期积极入世，CHAUMET世家在波旁王朝复辟时期，即路易十六的弟弟路易十八和查理十世复位期间，亦顺应时势，发挥己用。让-巴提斯特·弗森在黎塞留街78号发表的演说，令与统治者关系密切的新晋贵族和中上层阶级印象深刻。查理十世的儿媳波旁-两西西里王朝的玛丽亚·卡罗琳娜，即百丽公爵夫人（参见左图）是当时最具影响力的女性之一，授予弗森"法兰西儿童珠宝商"的荣衔。尽管22岁妙龄守寡，她仍是巴黎社交界的风云人物。她于1829年在杜勒丽宫马森厅（Pavillon de Marsan）举办的"玛丽-斯图亚特四对方舞"（Quadrille de Marie-Stuart）化装舞会，衣香鬓影，宾客云集，可为印证。她是CHAUMET世家的重要主顾，喜爱新奇器物，尤其青睐哥特风格珠宝。斯时浪漫主义处于鼎盛时期，骑士精神和游吟诗人的诗歌大行其道，搭配"*ferronnière*"额饰（装饰单颗珍珠或彩色宝石的细链，佩戴于前额）的皇冠编发发型风靡一时。

七月王朝始于1830年，对于中世纪的迷恋仍在延续。七月王朝的统治者路易-菲利普是法兰西最后一位国王。让-巴提斯特·弗森及其子于勒被任命为宫廷珠宝匠，定期为国王及王室成员供应珠宝，并为他们制作了蜥蜴和哥特式风格手链、蝴蝶结胸针及蛇形戒指。国王的长子奥尔良的斐迪南·菲利普王子（Ferdinand Philippe）与梅克伦堡-施威林的伊莲娜大公夫人（Hélène of Mecklenburg-Schwerin）成婚时，弗森父子承接了大部分结婚礼物（参见第398页）。有人反对这桩婚事，认为法兰西王储不应迎娶德国小邦公主，况且后者是新教徒且无意皈依他教（王子是天主教徒）。据博瓦涅伯爵夫人（Countess of Boigne）描述，未来的王妃"身材高大，面色苍白，体格纤瘦，看似没有下巴和眼睫毛"，但实际上她本人风姿楚楚，法语流利，很快赢得法国人的好感。议会通过了一笔庞大的预算，用于举行世俗、天主教和新教婚礼。三场婚礼在枫丹白露宫举办，巴黎市敬献给新晋王妃的青铜和陶瓷百宝柜上描绘了婚礼场景。如今在枫丹白露宫的瓷盘廊中仍可见到此柜。

夏尔·郝赫（Charles Rauch）绘制的波旁-两西西里王朝的玛丽亚·卡罗琳娜，百丽公爵夫人肖像，布面油画，1827年。香波城堡（Château de Chambord）。

右页左图
《圣伊莲娜皇后》（Sainte
Hélène, Impératrice），
让-奥古斯特-多米尼克·安格
尔（Jean-Auguste-Dominique
Ingres），向新王妃伊莲娜致敬的
玫瑰花窗设计图。巴黎卢浮宫
博物馆。

右页右图
新哥特风格腕表设计图，
部分采用珐琅金材质，
CHAUMET绘画工坊，
19世纪晚期，以石墨、水墨、
水粉和高亮颜料在色纸上绘制。
巴黎，CHAUMET典藏。

上图
《奥尔良的斐迪南·菲利普
王子与梅克伦堡-施威林的
伊莲娜大公夫人大婚》
(The Marriage of Prince
Ferdinand Philippe
d'Orléans and Duchess
Hélène of Mecklenburg-
Schwerin)，欧仁·路易·
拉米（Eugène Louis Lami），
水彩画，1837年。尚蒂伊孔
代博物馆（Musée Condé）。

中图
哥特风格腰链表设计图，
CHAUMET绘画工坊，
约1890–1900年，以石墨、
水墨、水粉和高亮颜料在
色纸上绘制。
巴黎，CHAUMET典藏。

下图
项链设计图，表置于两簇从
蝴蝶结上悬垂而下的交叠锦
簇图案上，CHAUMET绘画
工坊，约1890–1900年，
以水墨、水粉和高亮颜料
在色纸上绘制。
巴黎，CHAUMET典藏。

莫雷尔家族与第二帝国

1848年，路易-菲利普被推翻并被迫逊位。1852年12月2日，拿破仑三世建立第二帝国，而CHAUMET世家与法国统治者的亲密往来依然如故。于勒·弗森见证了路易-拿破仑·波拿巴倾慕芳华正茂的西班牙贵族欧仁妮·德·帕拉福斯·波托卡雷罗，她的母亲蒙蒂霍女伯爵是CHAUMET世家的主顾。他们后来成为拿破仑三世和欧仁妮皇后。1852年末，拿破仑三世邀请欧仁妮参加贡比涅的聚会：百余位宾客在为期四至六周的聚会期间，远离巴黎的繁文缛节，尽情行乐，活动内容包括狩猎、郊游、游戏、音乐会、戏剧表演及舞会。某天林中散步时，欧仁妮对一片三叶草上的露珠触景生情。拿破仑三世于是在翌日的抽彩游戏中，送给她一枚祖母绿和钻石三叶草胸针。她又从CHAUMET世家订购了第二枚三叶草胸针（参见第177页），并在诸多宫廷肖像画中佩戴（参见左图）。弗森还为他们1853年1月30日在巴黎圣母院举办的婚礼制作了戒指，以及许多婚礼礼物，包括冠冕、手链、三角胸衣胸针、肩饰、钻戒、钻石耳钉和鹭羽冠饰。

拿破仑三世的外祖母约瑟芬皇后引领时尚，欧仁妮皇后亦不遑多让，她魅力非凡并善加利用。她极其仰慕玛丽·安托瓦内特，钟爱蕾丝、皮草和满饰珍珠、穗饰、亮片、流苏和褶饰的舞会礼裙，因此被戏称为"雪纺仙女"（参见第403页左下图）。她意识到宫廷礼法的森严分明，便决定拜师艺名为瑞秋（Rachel）的悲剧演员、弗森的顾客和拿破仑三世曾经的情妇爱丽莎·菲利克斯（Élisa Félix）学习礼仪课程（参见第403页右图）。瑞秋是法兰西剧院（Théâtre-Français）成员和戏剧行业身价最高的演员之一。她是首位在美国巡演的顶级法国女演员。她向欧仁妮皇后教授了各种各样的问候方式，从官方会见时的得体交谈到告别礼和屈膝礼，面面俱到。欧仁妮皇后心系帝国的恢弘盛景，同时亦是珠宝拥趸，尤其钟爱祖母绿，1873年她在伦敦委托拍卖的114件私人藏品可为佐证。20世纪伊始，圭多·亨克尔·冯·唐纳斯马克伯爵将11颗美轮美奂的水滴形祖母绿委托给CHAUMET世家，旨在为其妻子制作一顶冠冕。尽管无任何记录表明这位富有的普鲁士贵族获取祖母绿的渠道，但它们极有可能是前述伦敦拍卖会上的拍品。弗森将CHAUMET世家托付给工坊总监让-瓦伦丁·莫雷尔，之后由莫雷尔之子普洛斯普接手。在欧仁妮皇后在位的十七年间，CHAUMET世家为她制作了不少珠宝套装。工坊凭借精湛工艺赢得1855年巴黎世博会金奖。

马萨公爵尼古拉·弗朗索瓦·西尔维斯特·雷尼埃（Nicolas François Silvestre Régnier）是政府高级官员，于1816年获封贵族头衔。2019年，他的后裔拍卖名下珠宝之际，CHAUMET借此契机购得让-瓦伦丁·莫雷尔为公爵制作的一款腰链表（参见第405页）。这是CHAUMET世家购回的首枚古董男表，是珠宝工艺应用于制表领域的典范之作。表盘设有青金石计时机制，罗马数字时标嵌入翡翠圆片，衬以血碧玉背景。这些硬质宝石是不同时期制表作品的风格元素，展现CHAUMET世家独到的用色艺术。为圣多纳托的阿纳托尔·尼古拉耶维奇·德米多夫（Anatole Nokolaievitch Demidoff）王子制作的一枚时计镶贴拼镶风格宝石，血碧玉则现身于为吕纳（Luynes）公爵夫人（Jeanne d'Amys de Ponceau，让娜·德阿米·德·庞索）制作的坠饰表上（参见第402页），两件作品均制作于19世纪。硬质宝石亦应用于CHAUMET擅长的现代"神秘"表的雕刻表壳。富有象征寓意的麦穗和月桂图案点缀黑色或蓝色砂金石。2019年推出的12款 *Pierres de Rêve de CHAUMET* 腕间珍宝系列作品配备以宝石雕刻而成的表壳，每种宝石均讲述动人故事，包括红碧玉、黄碧玉、摩卡石碧玉、蔷薇辉石（带有黑色内含物的柔和粉色宝石）、树纹蛋白石、青金石和蓝硅铜石（参见下图）。蓝硅铜石是一种绿

《欧仁妮皇后肖像》（*Portrait of the Empress Eugénie*），爱德华·路易·杜布夫，布面油画，1853年。法国贡比涅城堡博物馆。

左下图
《欧仁妮皇后》（*The Empress Eugénie*），弗兰兹·哈弗·温特哈尔特，布面油画，1854年。纽约大都会艺术博物馆。欧仁妮皇后模仿玛丽·安托瓦内特的穿着。

左页
属于吕纳公爵夫人的坠饰表和挂链，莫雷尔时期，约1850年，金，银，红宝石，鸡血石，钻石，珍珠和珐琅。巴黎，CHAUMET典藏。

右下图
法兰西剧院名角和弗森的忠实顾客瑞秋（爱丽莎·菲利克斯），教导欧仁妮皇后礼仪课程。象牙油画，19世纪中期。夏尔-安德烈·科隆纳·瓦列夫斯基伯爵（Charles-André Colonna Walewski）遗产。

上图
为吕纳公爵夫人打造的坠饰表设计图，让-瓦伦丁·莫雷尔，约1850年，以石墨、水粉和高亮颜料绘制。巴黎，CHAUMET典藏。

左图
欧仁妮皇后的押花字母腰
链表，弗森时期，1853年，
金，玫瑰式切割钻石，
珍珠和珐琅。马勒梅松和
布瓦普瑞城堡国家博物馆。

右图
"MS"押花字母腰链表，
莫雷尔时期，约1860年，
金，鸡血石，钻石，
红宝石，银和珍珠。
巴黎，CHAUMET典藏。

松石矿物，发现于20世纪初，英语名称以其出产地亚利桑那州沙图克（Shattuck）铜矿命名。如同一场旅行的邀约，每款腕间珍宝均巧妙结合中国作家林语堂所描绘的"梦幻宝石"和宝石上浮现的清奇画面，如法国社会学家和评论家罗杰·卡洛（Roger Caillois）所言，它们"赏心悦目，以无懈可击的内在美直击人心，烂漫不羁，野趣天成"。

左图
Les Pierres de Rêve de
*CHAUMET*腕间珍宝系列作品，
搭载瑞士自动上链机械机芯，
2019年，白金，钻石，
矽孔雀石和鳄鱼皮表带。

右图
*Hortensia*绣球花系列腕表，
搭载瑞士石英机芯，精钢，
钻石和彩漆。

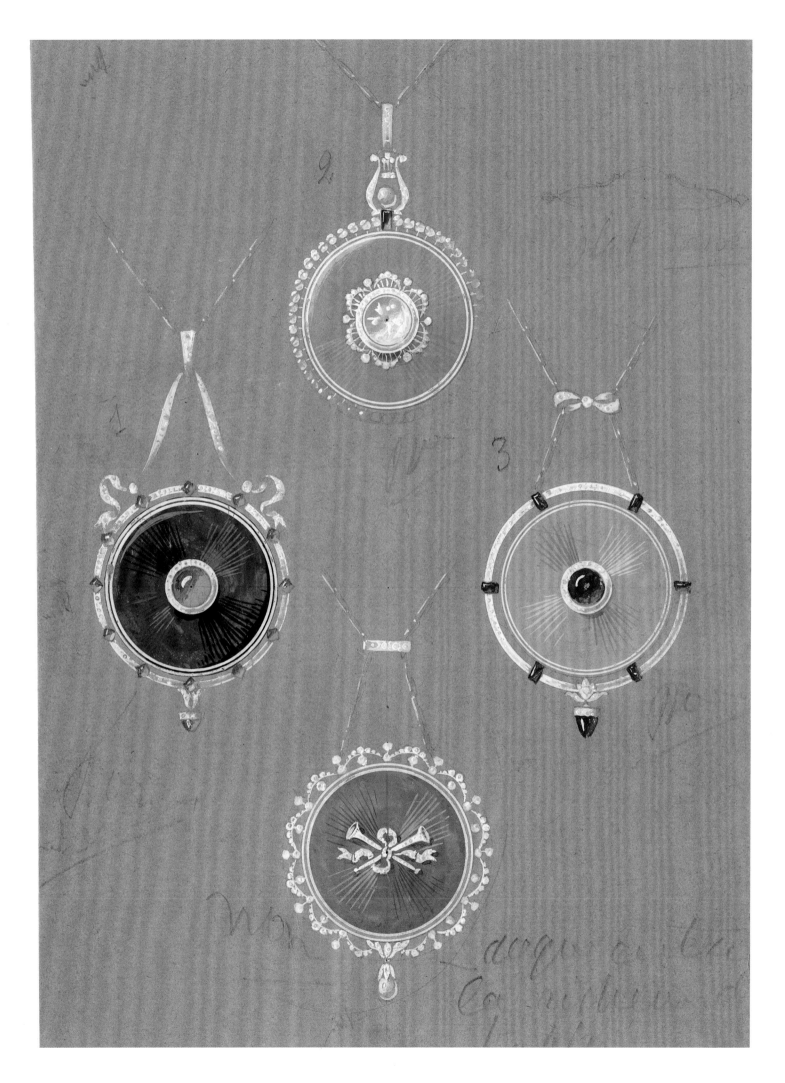

约瑟夫·尚美与20世纪

1875年，十三年前从于勒·弗森手中接掌CHAUMET世家的普洛斯普·莫雷尔的女儿布兰奇与约瑟夫·尚美结为连理。时年23岁的年轻珠宝师创意勃发，雄心万丈。约瑟夫·尚美正式接管珠宝商行，并于1889年以自己的姓氏为之冠名。在其领导下，珠宝匠们以傲然之姿迈入20世纪。与其前任尼铎、弗森和莫雷尔一样，约瑟夫·尚美与社会精英交往密切。1896年，法国王位的觊觎者奥尔良公爵路易·菲利普·罗伯特（Louis Philippe Robert）计划成婚，法国保皇派贵族女眷在吕纳公爵夫人的带领下，自然而然委托新郎祖父路易-菲利普国王的珠宝供应商打造婚礼器物，从约瑟夫·尚美处订购了一顶钻石百合花冠冕。百合花自公元5世纪以来便是法国王室的象征。新娘年近30岁，是路易-菲利普的另一个孙辈——哈布斯堡-洛林皇朝的女大公玛丽亚-多萝西娅（Maria-Dorothea）。这桩婚事主要出于外交联姻的目的，而非浪漫情缘。由于奥尔良家族被禁止踏足法国领土，因此婚礼在维也纳举办。奥尔良公爵曾经无视禁令，被判处十四个月的监禁，在两间陈设华美的牢房中服刑，其拜访者包括女高音歌唱家奈丽·梅尔巴（Nellie Melba）和舞伶奥特罗（La Belle Otéro），她们均是约瑟夫·尚美的顾客。富可敌国的公爵亦是约瑟夫·尚美的顾客，为侄女的婚礼选择了一顶带有祖母绿羽饰的缎带图案冠冕，并为妻子选购了一件较为低调的作品。除了慷慨大方，他亦具有探险精神。他周游世界各地，从北极到阿根廷皆有其足迹，而公爵夫人更偏爱居家生活。他们生前长年分居，死后仍异地而眠。公爵安葬在法国德勒（Dreux）的圣路易斯皇家教堂，公爵夫人则长眠于祖国匈牙利的阿勒苏特（Alcsùt）。

1914年2月22日，费利克·尤苏波夫亲王和伊琳娜·亚历山夫娜公主在圣彼得堡阿尼奇科夫宫（Anichkov Palace）的教堂结婚，可谓得天独厚的眷侣。他们风华正茂，才貌出众，安富尊荣。长久以来，CHAUMET世家与自1613年起统治俄罗斯的罗曼诺夫家族关系亲厚，受托制作婚礼珠宝。约瑟夫·尚美挥洒才情，以钻石、珍珠、红宝石、祖母绿和蓝宝石打造了五套瑰丽华美的珠宝套装。沙皇亦向这对伉俪赠送了29颗钻石。三年后，布尔什维克党掌权，皇室被处决，尤苏波夫一家乘坐英国国王派去营救其俄罗斯表兄的战舰出逃。1925年，莫斯科宫殿楼梯下被发现藏有许多家族珠宝（参见第118页）。宝石被拆下，去向不得而知，底座则被熔融。正因如此，2021年，CHAUMET为维多利亚·罗曼诺娃与俄罗斯王位继承人乔治·米哈伊洛维奇大公的婚礼提供一顶冠冕的善举令人感怀不已。婚礼在圣彼得堡圣伊萨大教堂（St Isaac's Cathedral）举行，是百余年来举办的首场皇家婚礼（参见第98-99页）。

CHAUMET于20世纪继续制作精巧绝伦的时计。为法国总统夫人阿道夫·多斯尼-泰尔斯（Élise Dosne-Thiers）打造的腰链表（参见第411页）装饰雕刻立柱，是1871年巴黎公社起义期间芳登广场纪念柱被毁后由其丈夫下令重建的。CHAUMET以情感珠宝享誉于世，例如*CHAUMET Liens*缘系·一生系列中的藏头诗手链（参见182页），并设计出充满诗意的腕间珠宝，其中包括1908年别称"勿忘我"的腕间珠宝，表带缀以勿忘我花（参见第413页上图），另一款创作于1911年的腕间珠宝装饰玫瑰和三色堇。怀表不再专属于男士，亦可挂戴于女士的衣裙之上，例如1924的"Régence"翻领表。然而，男士并未被遗忘。2003年，CHAUMET推出*CHAUMET Dandy*雅·绅系列，彰显CHAUMET的鲜明设计风格。精巧优雅的腕间珠宝配备灵感源自"摄政王"钻石比例的枕形表壳，拿破仑将这颗引人瞩目的140克拉钻石交由马利-艾虔·尼铎，镶嵌在他的"摄政王之剑"上（参见第386页）。表盘装饰灵感源自20世纪20年代广告宣传的"bayadère"图案，配备棒形

女士坠饰表设计图，装饰扭索雕纹珐琅，镶嵌珍贵宝石，CHAUMET绘画工坊，约1900-10年，以石墨、水粉、水彩薄层和高亮颜料绘制。巴黎，CHAUMET典藏。

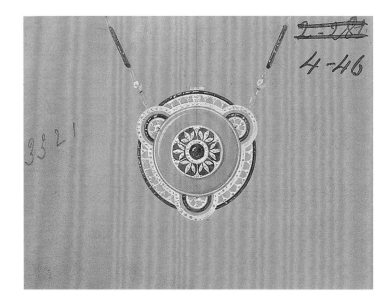

左图
"Régence" 翻领表，
尚美时期，1924年，铂金，
雾面水晶石，祖母绿，
钻石和珐琅。
巴黎，CHAUMET典藏。

右上图
坠饰表习作，CHAUMET
绘画工坊，1910年，以石墨
铅笔和高亮水粉绘制。
巴黎，CHAUMET典藏。

右下图
让-巴蒂斯特·莫塞斯
（Jean-Baptiste Mauzaisse）
绘制的爱丽莎·多斯尼-
泰尔斯肖像，1832年。

右页
腰链表，属于法国第三共和
国首任总统阿道夫·泰尔斯
的妻子爱丽莎·多斯尼-泰
尔斯，莫雷尔时期，1873年，
金，银，钻石，蓝宝石和
红宝石。
巴黎，CHAUMET典藏。

指针和时标，12点钟位置的数字时标呼应CHAUMET世家自1907年迁入芳登广场以来的历史地址。*CHAUMET Dandy*雅·绅系列搭载瑞士机芯和时、分、秒及日期显示，可通过槽纹上链表冠进行调节，表冠镶嵌一颗带有40个刻面的蓝宝石。2021年为CHAUMET成立240周年纪念而设计的*Infiniment 12 – Reverie Nocturne*腕间珠宝亦是礼赞芳登广场的致敬之作。表盘映衬着瑞士著名珐琅师安尼塔·波切（Anita Porchet）制作的大明火珐琅夜空，装饰白金和珍珠母贝精雕手绘微绘图案，点缀钻石群星（参见第414页）。

约瑟芬皇后及其女儿奥坦丝从CHAUMET世家购买了包括腕间珠宝在内的许多作品，并启发了CHAUMET世家的两个现代系列。2010年问世的首款*CHAUMET Joséphine*约瑟芬皇后系列*Aigrette*白鹭主题正装腕表，表壳灵感来自约瑟芬皇后钟爱的水滴形切工。十一年后，2021年，系列增添一款全新表款。腕表线条优雅，上方点缀鹭羽冠饰的"V"字造型，12点位置镶嵌一颗钻石，不设表扣和表耳（参见第417页）。四年后，2014年，*CHAUMET Hortensia*绣球花系列正装腕表问世。镶钻表圈间或点缀精致花朵，呈现赏心悦目的色彩效果，表盘以白色珍珠母贝、粉色蛋白石、孔雀石和绿松石雕刻而成，或采用黑色、玫瑰色或蓝色彩漆饰面（参见第407页）。

CHAUMET精于设计充满诗意、优美迷人的日装或晚装腕间珠宝，有时亦热衷于攻克技术挑战，例如极富创意的复杂功能。其中一款腕表以钻石鸽子显示时间，映衬着大明火珐琅星空。2017年*CHAUMET est une Fête*欢沁盛宴高定珠宝套系中以米兰斯卡拉剧院（La Scala）为灵感的三款腕间珠宝的表盘亦采用此类工艺，绽放璀璨华彩。每款腕间珠宝均搭载美妙动人的陀飞轮装置。陀飞轮由亚伯拉罕·路易·宝玑发明，旨在对抗地心引力对怀表规律性的影响，至今仍是精妙杰作。三年后，2020年，*Perspectives de CHAUMET*筑艺万象高定珠宝套系呈现一款跳时腕表，配备华美的青金石、蓝宝石和祖母绿拼镶表盘。2022年创作的*Déferlante*涛澜生辉主题神秘腕间珠宝同样精美绝伦，表盖镶嵌由方形、明亮式切割、狭长方形切割和公主式切割钻石构成的波浪，手工雕刻白金表盘让人联想起海拂过沙滩后留下的印迹。2023年*Le Jardin de CHAUMET*游园漫步高定珠宝套系包含四款跳时腕间珠宝，以CHAUMET世家对大自然的热爱之情为灵感，以别具一格的方式显示时间。

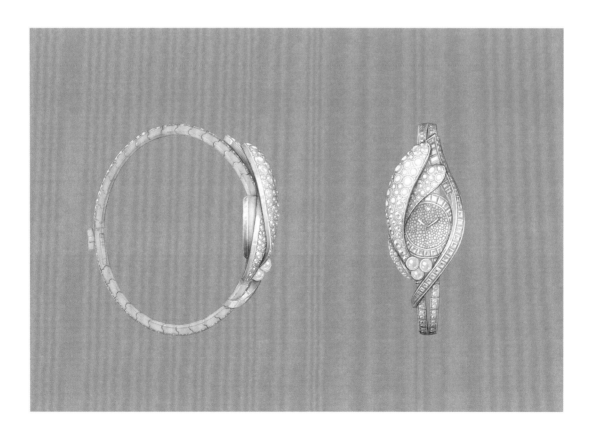

上图
"勿忘我"图案腕表，
尚美时期，1908年，金，
铂金，钻石，珍珠和珐琅。
巴黎，CHAUMET典藏。

下图
Le Jardin de CHAUMET
游园漫步高定珠宝套系
*Gui*槲寄常青主题腕间珍宝
（白金、钻石和珍珠）的
水粉设计图，2023年，
CHAUMET设计工作室，
以水粉和高亮颜料绘制于
色纸上。
巴黎，CHAUMET典藏。

左上和右上图
Lacis 光影之歌腕间珍宝，
设有隐秘隔间，搭载瑞士
自动上链机械机芯，
Perspectives de CHAUMET
筑艺万象高定珠宝套系，
2020年，白金，钻石，
砂金石和缎质表带。

左下图
名副其实的杰作，
*Infiniment 12 - Rêverie
Nocturne* 腕间珍宝融合多种
艺术形式，每款作品均以手
工逐一精工细制。

右下图
*Infiniment 12 - Rêverie
Nocturne* 腕间珍宝，
搭载瑞士自动上链机械机芯，
2021年，白金，钻石，
大明火珐琅，微型马赛克和
鳄鱼皮表带。

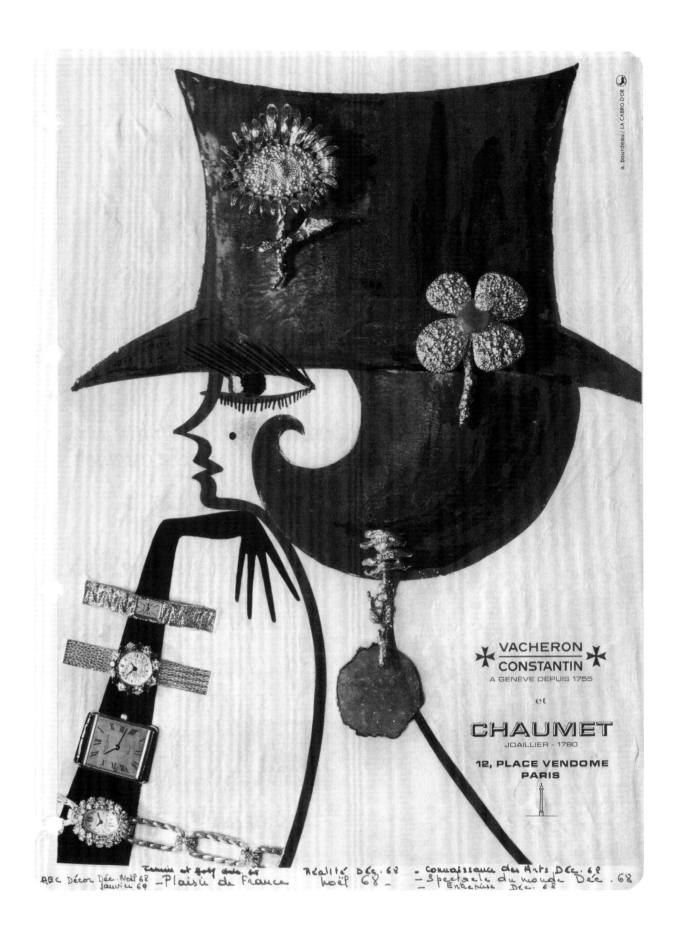

宣传CHAUMET与江诗丹顿
合作的广告，刊载于
《Plaisir de France》杂志，
1968年12月。
巴黎，CHAUMET典藏。

"最重大的事，不是喧哗的造句，
而是最静默的时候。"

——弗里德里希·尼采（FRIEDRICH NIETZSCHE），
《扎拉图斯特拉如是说》（*THUS SPOKE ZARATHUSTRA*），1883年

Joséphine 约瑟芬皇后系列
Aigrette 白鹭主题腕间珍宝，
瑞士石英机芯，白金，
钻石和缎面表带。

突破创新

"先生们，如果各位将珠宝放在手中细细把玩，
便会领略到我们的作品是多么的柔韧灵活，
镶座是多么的轻盈，线条是多么的和谐。"

——约瑟夫·尚美致圣路易斯世界博览会组委会成员，1904年

左页
丝带蝴蝶结冠冕，
尚美时期，约1890年，
金，银，钻石，碧玺和
粉色托帕石。
巴黎，CHAUMET典藏。

第418页
*Joséphine*约瑟芬皇后系列
Aigrette Impériale
鹭羽·冠冕主题冠冕，
2018年，白金，
钻石和蓝宝石。

CHAUMET世家的珠宝工艺犹如编新重写的羊皮书卷（原有文字被刮去，在上面另行书写的手稿），自1780年创建以来代代相传，不断演变创新。传统知识与全新技术相得益彰，令CHAUMET标志性设计特征——轻盈、灵动和可转换作品，以及蝴蝶结、错觉画法和金艺更臻完善。从1797年创刊的权威时尚信息来源——《女士与时尚杂志》（*Journal des Dames et des Modes*）的赞誉文章，到现代社交媒体上获"赞"无数的帖文，足见CHAUMET世家在守护其工艺的同时，坚持与时俱进。

轻 盈 翩 然

CHAUMET世家档案中收藏有66,000份设计图稿、近66,000张底片（包括33,000张玻璃底片）及350余件珠宝、腕间珍宝和金艺模型，直观地呈现了令人惊叹的轻盈造艺及其蕴含的优雅动人、诗意盎然的逼真自然元素。

20世纪初，工坊开始使用比黄金硬度更高的铂金，并运用刀锋镶嵌法，以尽量减少镶座的厚度，从而仅显露宝石，令CHAUMET世家早已享负盛名的轻盈作品更显轻灵飘逸。这项工艺尤其适用于美好年代期间的流行配饰：短颈链。此类紧贴颈部的硬质项链最初是为希望掩盖伤痕的亚历山德拉王后（Queen Alexandra）而打造，旋即成为风靡一时的"狗项圈"。路易十五的查理士王猎犬Filou戴着镶钻金项圈，他的情妇蓬巴杜（Pompadour）夫人则与戴着纯银项圈的西班牙猎狗Mimi形影不离。1906年创作的"Rohan"罗昂铰接式短颈链（参见第424页）首开先河，紧密贴合颈部曲线。十年后，工坊制作了一顶旭日鹭羽冠冕（参见第222页），外露的刀锋部分以种子镶嵌法点缀钻石，令宝石更显璀璨夺目。刀锋镶嵌法为作品注入空灵华美的气息，是现代作品的标志性元素。*CHAUMET est une Fête*欢沁盛宴高定珠宝套系的一款项链上，刀锋镶嵌底座承托着大量彩色宝石——黄色玉石、翁巴榴石、金绿玉和香槟色钻石，以及一颗29.77克拉枕形切割摩根石和一颗10.7克拉枕形切割坦桑石（参见第429页）。2020年，CHAUMET世家在*Lacis*光影之歌钻冕（参见左图和第99页）中重新演绎这一风格，细如发丝的金丝编织出一片精致细腻、华彩悦目的钻石织网。

高超匠艺绝非空穴来风：珠宝匠需要因石制宜，并考虑佩戴者的舒适体验。CHAUMET世家工匠始终追求灵活性，经常新创装饰工艺，例如2020年创作的*Ondulation*炫影漫舞主题项链（参见第443页），由900块金砖组成，贴合颈部曲线；又如2022年*Ondes et Merveilles*瀚海史诗高定珠宝套系的*Gulfstream*湾流漩涌主题项链（参见第240页），包含600个尺寸仅0.1毫米的透雕图案，在制作过程中仅用断两把锉刀，令工匠引以为豪。作品的精致美感亦归功于巧夺天工的镶座。从1890年冬青叶胸针的雪花造型镶座（参见第428页）到2022年*Déferlante*涛澜生辉主题胸针的三爪镶座（参见第427页上图），工坊无不彰显非凡创造力。与创意工作室的定期交流往往催生出原创技术，例如*Torsade de CHAUMET*旋舞·芳登高定珠宝套系中的冠冕将玫瑰式切割钻石前后反转镶嵌，以掩饰体积效应（参见第427页下图）。每种技术各有独特特性。扇形镶座营造柔和曲线；错视效果镶座凸显现代图案。镶嵌与魔术师之间往往仅有一线之隔，异曲同工。工匠运用历史悠久的工艺，将一小部分底座往上抬起，变身为光滑的圆珠镶座，神奇地"化平面为圆珠"；或在镶饰一颗7.18克拉可拆卸水滴形钻石的铰接式项链上，将榄尖形钻石以不同方向镶嵌于多个层次，以呈现起伏不定的海浪。*CHAUMET est une fête*欢沁盛宴高定珠宝套系*Rhapsodie Transatlantique*曼哈顿狂想曲主题（参见第429页）亦散发奇幻魅力，看似随机的"香槟气泡"式镶座令宝石光采四射，犹如纽约大都会歌剧院上演的曼妙表演。

Perspectives de CHAUMET
筑艺万象高定珠宝套系
*Lacis*光影之歌主题冠冕，
2020年，白金和钻石。

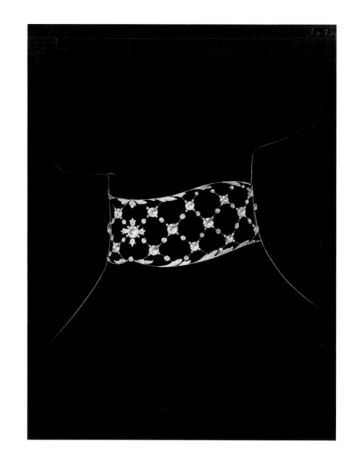

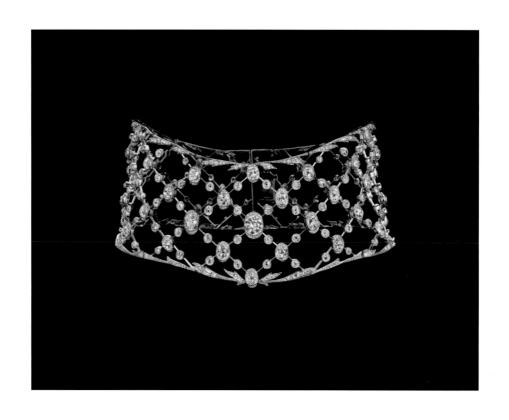

左上图
《蓬巴杜夫人》（Madame
de Pompadour），
弗朗索瓦·布歇（François
Boucher），布面油画，
1759年。伦敦华莱士收藏馆
（Wallace Collection）。

右上图
铰接式短颈链设计图，
CHAUMET绘画工坊，
约1900–10年，以石墨、
水粉和高亮颜料在色纸上
绘制。
巴黎，CHAUMET典藏。

下图
罗昂贴颈项链，
尚美时期，1906年，
铂金和钻石。
巴黎，CHAUMET典藏。

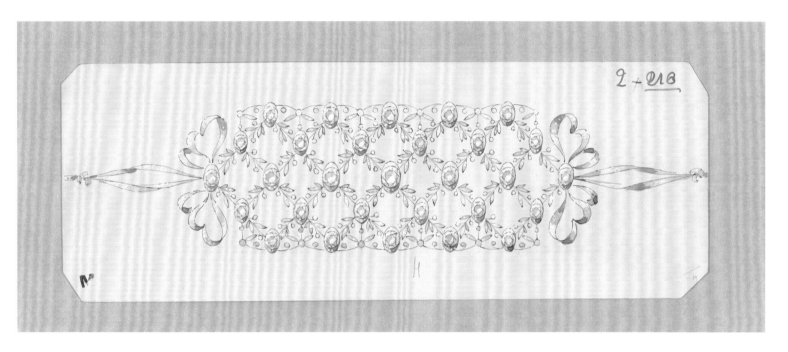

上图
花卉和蝴蝶结图案短颈链设
计图，CHAUMET绘画工坊，
约1900-10年，以水墨、
水粉和高亮颜料在色纸上
绘制。
巴黎，CHAUMET典藏。

下图
短颈链设计图，CHAUMET
绘画工坊，约1900-10年，
以水墨、水粉和高亮颜料
在色纸上绘制。
巴黎，CHAUMET典藏。

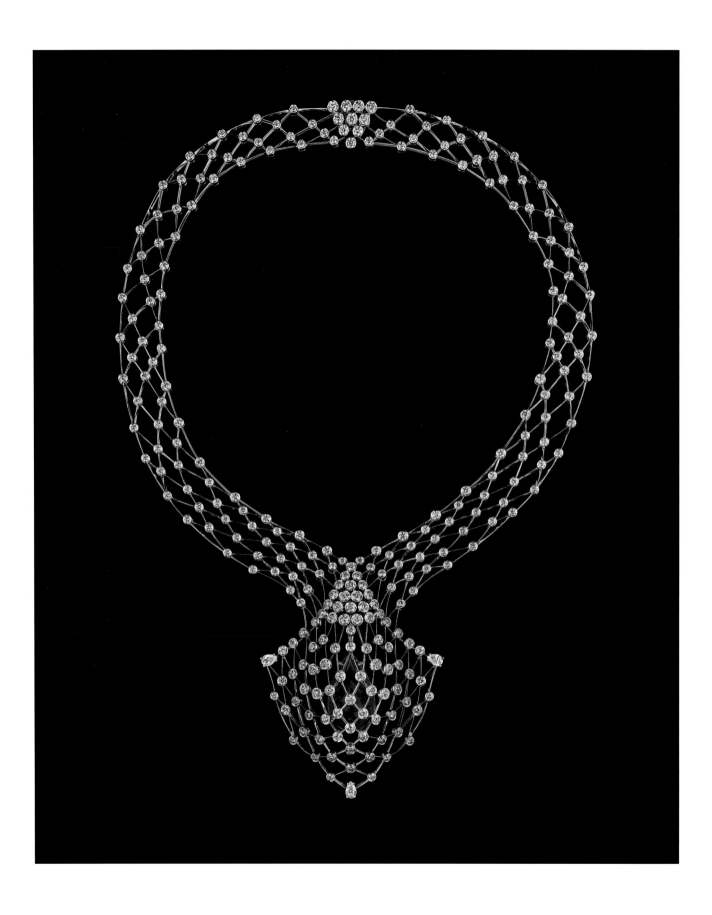

Perspectives de CHAUMET
筑艺万象高定珠宝套系
Lacis 光影之歌主题项链，
2020年，白金、钻石和
红碧玺。

上图
Déferlante de CHAUMET
波澜生辉主题作品，
镶嵌工序中。

下图
钻石螺旋纹，出自*Torsade
de CHAUMET*旋舞·
芳登高定珠宝套系。

右图
CHAUMET est une Fête
欢沁盛宴高定珠宝套系
Rhapsodie Transatlantique
曼哈顿狂想曲主题项链，
2017年，白金，黄金，
摩根石，金绿玉，
帝王托帕石，粉色玺石，
坦桑石，石榴石，钻石。
私人收藏。

左图
冬青叶胸针，尚美时期，
约1890年，金，
银，珍珠和钻石。
巴黎，CHAUMET典藏。

灵 动 韵 致

约瑟芬皇后是著名的植物学家，对鸟类亦深深着迷，在马勒梅松花园的湖滨鸟舍里豢养了金刚鹦鹉、凤头鹦鹉、虎皮鹦鹉、白鹭、雉鸡及蜂鸟。作为她的御用珠宝商，CHAUMET世家亦热爱自然。惟妙惟肖的作品捕捉植物、动物、天空、海洋和景观，与佩戴者一样焕发蓬勃生气。从蜂鸟鹭羽冠饰（参见右图）和19世纪90年代的燕子和蝴蝶胸针，到20世纪70年代呈磁悬浮列车般流线型曲线的翠鸟胸针（参见第302页），每件作品均充满动感活力。

CHAUMET世家的经典美学设计包括在图案中融入张力元素，通常营造出一种矛盾效果。1811年左右的麦穗冠冕（参见第258页）仿佛风吹麦田千层浪，散发动人诗意，同时如拿破仑所愿，亦是帝国皇权的象征。麦穗成为CHAUMET作品中反复出现的图案，不断创新演变，契合时尚风潮。麦穗是2023年 *Le Jardin de CHAUMET* 游园漫步高定珠宝套系的主题之一。以铜金雕刻而成的麦穗让人联想起丰收盛景，点缀于颈间、腕部、耳畔或指尖，融合令人惊叹的美感和意蕴深刻的象征含义（参见第269页）。CHAUMET世家作品与生俱来的精准细致深受鉴赏家青睐，当中包括后来成为知名画家的20世纪名媛罗曼尼·布鲁克斯（Romaine Brooks）。她从CHAUMET订购的尖爪形图案吊坠项链在她的情人，另一位定居巴黎的美国名门贵女娜塔莉·巴尼（Natalie Barney）举办的沙龙上备受宾客赞赏。

一个世纪后，CHAUMET世家依然创意勃发。*Torsade de CHAUMET* 旋舞·芳登高定珠宝套系中，镶嵌钻石并缀以绚丽红宝石和蓝宝石的白金螺旋图案在冠冕、蝴蝶结项链、长项链、戒指及胸针上回旋萦绕，犹如一曲致献生命和活力的赞歌（参见第14-15页）。CHAUMET于2022年推出的 *Déferlante* 涛澜生辉主题作品同样锐意进取，捕捉海浪滔天、惊涛拍岸前的动态瞬间。套系中的冠冕以44块形制各异的白金塑件制成，展现汹涌大海的磅礴气势和优雅美感（参见第68页和第331页下图）。1600颗明亮式切割、方形切割、公主式切割及狭长方形切割钻石成组镶嵌成环带状，以大面积的流线钉镶法呈现海水泡沫四溅的景象。创意工作室和工坊积极攻克挑战，经常将新老工艺共冶一炉。CHAUMET世家于1807年左右为奥坦丝皇后制作的胸针以颤动式镶嵌工艺镶嵌一簇优雅迷人的绣球花（参见第340页）。1851年，让-瓦伦丁·莫雷尔凭借一款可转换三角胸衣胸针赢得伦敦万国工业博览会的最高奖项委员会奖章（Council Medal）。这款胸针镶饰玫瑰、郁金香和旋花花束，亦采用颤动式镶嵌工艺。此般创意活力一直延续至21世纪。*CHAUMET est une fête* 欢沁盛宴高定珠宝套系 *Aria passionata* 米兰咏叹调主题的可转换项链（参见右图）装饰定制切割的鸽血红红宝石、红石榴石及红碧玺，让人联想起米兰斯卡拉歌剧院的红色天鹅绒帘幔。2018年，不懈拓新的CHAUMET世家与闻名遐迩的伦敦中央圣马丁学院展开项目，请珠宝专业的学生自由发挥，设计一顶具有21世纪风范的冠冕。摘得桂冠的斯科特·阿姆斯特朗后来加入CHAUMET创意工作室。他从德烈·勒诺特尔在凡尔赛宫为路易十四设计的法式园林中汲取灵感，曲线轮廓与简约线条与CHAUMET作品特有的轻盈律动融为一体（参见第325页）。

蜂鸟鹭羽冠冕，可转换为胸针，尚美时期，约1890年，金，银，红宝石和钻石。巴黎，CHAUMET典藏。

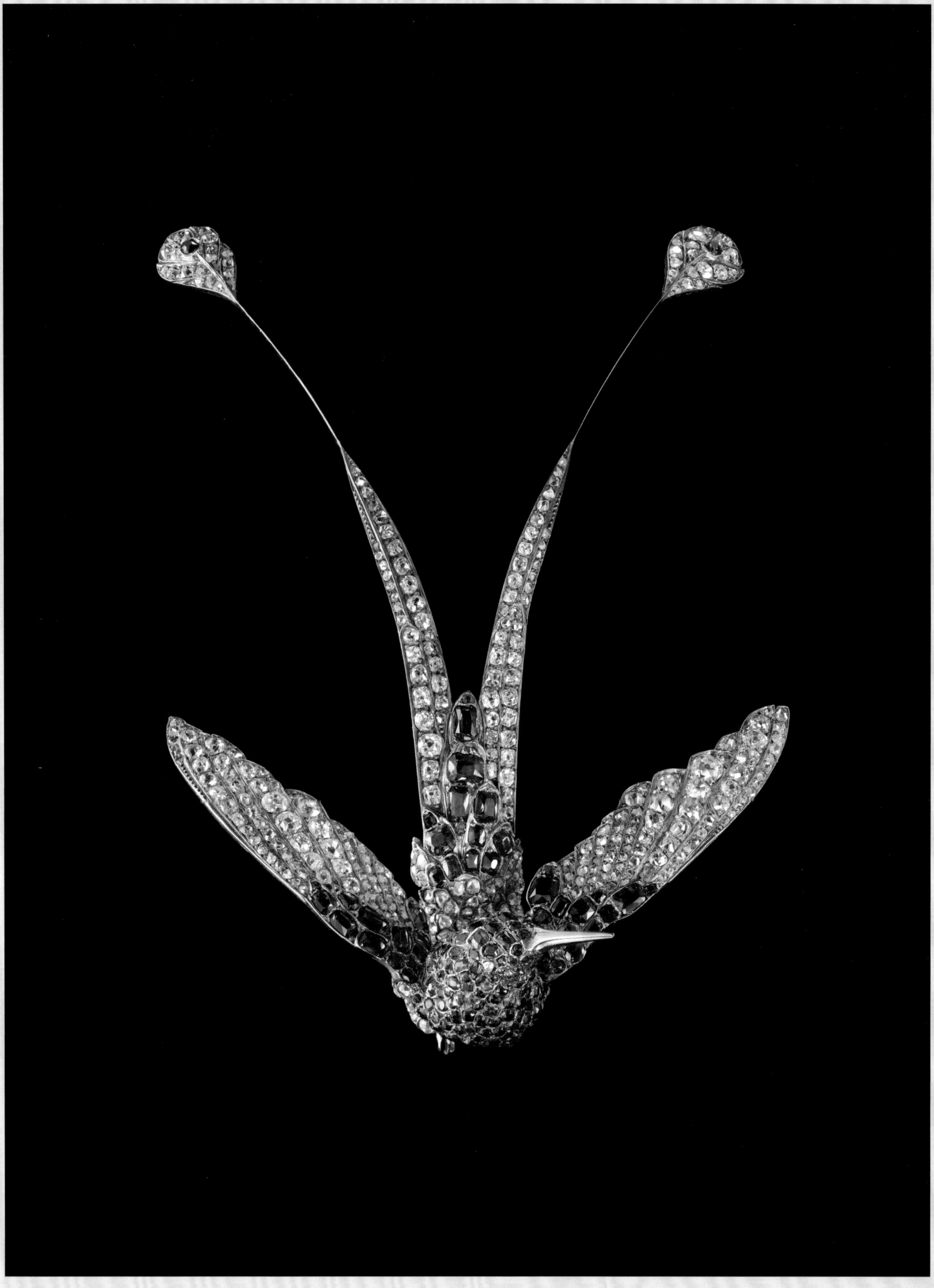

左图
钻石和蓝宝石胸针设计图，
CHAUMET绘画工坊，
约1950年，以石墨、水彩
薄层和水粉在色纸上绘制。
巴黎，CHAUMET典藏。

右图
CHAUMET est une Fête
欢沁盛宴高定珠宝套系
*Aria Passionata*米兰咏叹
调主题项链，玫瑰金，
镶嵌红宝石、红石榴石、
红色碧玺和钻石，2017年，
CHAUMET绘画工坊，
以水粉和水彩薄层在
色纸上绘制。
巴黎，CHAUMET典藏。

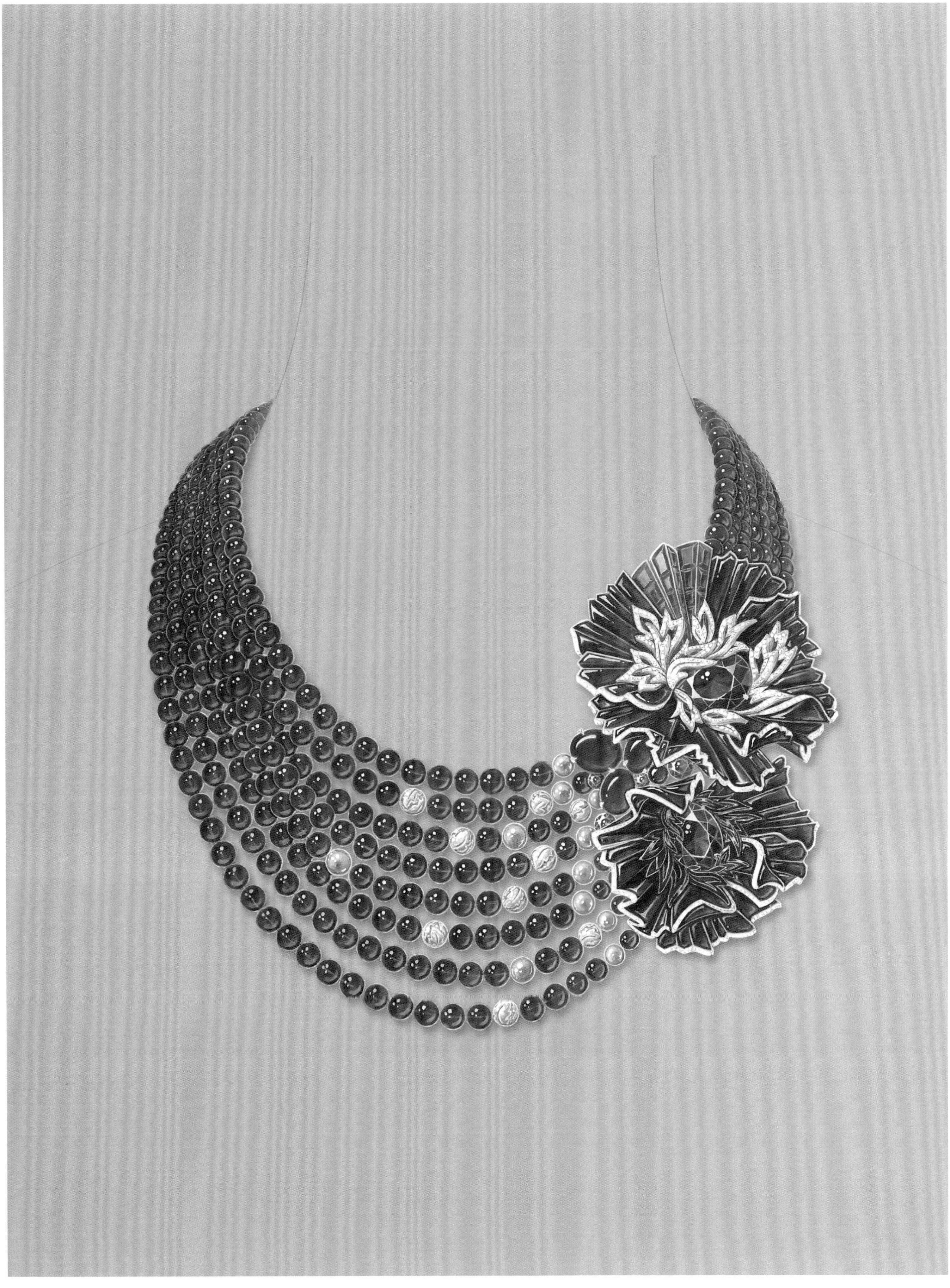

蝴 蝶 结

不同于传说中弗里吉亚（Phrygia）国王戈耳狄俄斯（Gordius）系在马车上的"戈耳狄俄斯之结"，CHAUMET之结承载欢乐意涵。

花结图案与弗森的浪漫主义花环密不可分，在20世纪初出现在冠冕和鹭羽冠饰之上，点缀橡树叶或麦穗图案，蝴蝶造型作品经常以结饰搭配珍珠吊坠（参见第437页）。无论是铰接式胸针或三角胸衣胸针，柔韧灵活或紧紧系结，采用透雕设计或点缀流苏，结饰素来是CHAUMET世家的灵感源泉（参见第188-89页）。

1913年，印多尔大公被一款Négligée项链的设计深深打动，两颗重逾46克拉的水滴形切割钻石以长短不一的不对称方式悬坠于底端（参见第126页右上图）。苏格兰结（参见第106页和第108页）在那时亦深受顾客青睐。2017年，CHAUMET重新演绎蝴蝶结图案，在高级珠宝系列中推出诸多灵感来自格林德伯恩歌剧节的格纹珠宝（参见左图）。洒脱不羁的英伦气质与巴黎风情在鸡尾酒戒指、胸针、别具一格的珠宝腕间珍宝和瑰丽华美的可转换项链中浑然相融。

CHAUMET est une Fête
欢沁盛宴高定珠宝套系
*Pastorale Anglaise*英伦田园
歌主题胸针，2017年，白金，
彩漆，祖母绿，红宝石，
蓝宝石，黄色蓝宝石和钻石。
私人收藏。

左页
CHAUMET世家的玻璃底片
收藏记录了CHAUMET世家
不断演变的风格和钟爱的
图案。

右图
蝴蝶结胸针，尚美时期，
1922年，铂金，银，
珍珠和钻石。
巴黎，CHAUMET典藏。

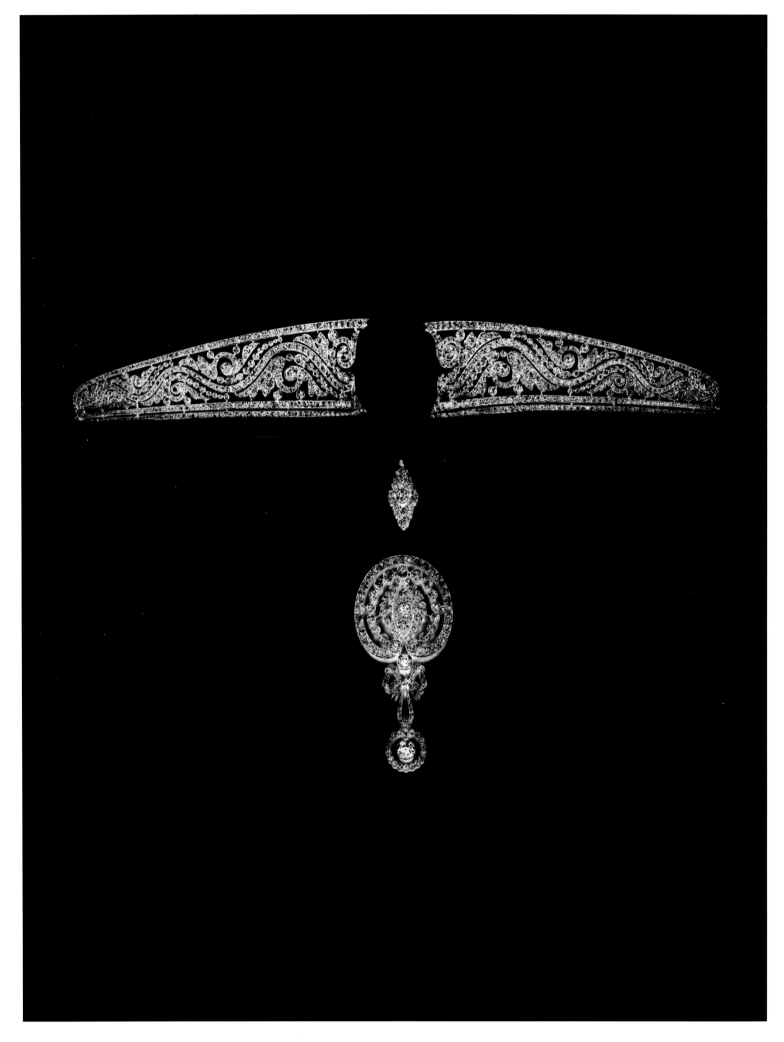

可 转 换 作 品

自CHAUMET世家创立以来，巧夺天工的可转换作品一直是CHAUMET世家专长。一切创造只为一个目标：令顾客心悦神怡。

可将项链转换为戒指或胸针的渐变宝石和吊坠图案是精髓所在，激发芳登广场12号工坊一以贯之地不断攻克难关。"克雷沃克尔"麦穗冠冕便是绝佳例证（参见第268页）。这款自然主义风格作品创作于1810年并在一个世纪后焕新呈现，可完全拆解并重新组构成形。这件作品近来被纳入CHAUMET世家历史典藏系列，连同改款所需的工具和零部件一起保存在原收纳盒中。"洛伊希滕贝格"冠冕亦可以转换为三角胸衣胸针、胸针和发饰（参见第62-63页），于1830年在工坊中诞生。由八个部分组成，以颤动式镶嵌工艺镶饰698颗钻石和32颗祖母绿，是CHAUMET精工卓艺的典范之作。

项链可变身为冠冕，发带可化作短颈链，冠冕可拆分作为三角胸衣胸针佩戴——工匠打造出丰富多变的非凡杰作，以迎合时下的潮流品味。珠宝头饰拆分为两款胸针；长项链可调短为短颈链；镶嵌一颗重逾6克拉美钻的戒指可搭配或不搭配波浪图案佩戴；*Perspectives de CHAUMET*筑艺万象高定珠宝套系*Mirage*浮光秘境主题中的冠冕具有三种佩戴方式，搭配或不搭配5.07克拉水滴形钻石或蓝色蓝宝石图案（参见第72-73页）。

CHAUMET深知其独特历史传承的意义和顺应现代品味的重要性，善于创新演绎经典作品。2023年*Le Jardin de CHAUMET*游园漫步高定珠宝套系*Fleurs*万花流芳篇章的Pensée堇色颐园主题冠冕装饰一朵可拆卸三色堇花，黄钻花蕊可作为胸针别戴。这款作品与1850年左右制作的三色堇冠冕（参见第440-41页）一脉相承，每个图案均可作为胸针或发饰单独佩戴。

为日本侯爵夫人前田菊子打造的冠冕，可转换为三角胸衣胸针，1920年，玻璃底板负片冲印的正片图像。巴黎，CHAUMET典藏。

左图
三色堇冠冕，可转换为胸针，
弗森时期，约1850年，
银，金和钻石。
巴黎，CHAUMET典藏。

右图
三色堇冠冕转换而来的胸针，
弗森时期，约1850年，银，
金和钻石。
巴黎，CHAUMET典藏。

金艺

金质向来是CHAUMET世家的重要原料，可以不同方式加工润饰——锤锻、扭转、穿孔、雕刻、镜面抛光，雕琢成涡旋状，变身为紧贴肌肤的织网或打造成蜂巢图案，非常适合搭配各种宝石和各式风格。拿破仑掌权时期的帝国珠宝和2023年 *Le Jardin de CHAUMET* 游园漫步高定珠宝套系的现代作品，足证工坊的金工卓艺不负盛名。20世纪70年代的太阳珠宝套装，装饰黄金和抛光白金花卉图案（参见第445页上图），源自19世纪80年代混搭喀迈拉、雄鹰和灵蛇等动物的华美胸针前作（参见第445页）。这一前卫风潮盛行的时期极其有利于探索黄金的新造型。CHAUMET首席艺术家勒内·莫林和皮埃尔·斯特尔挥洒天马行空般的奇思妙想，以饱满热情和娴熟技艺拓宽想象边界，其作品包括一对弥漫《星际迷航》（*Star Trek*）风格的耳饰（参见第445页）和一条 *Liana* 项链，镜面抛光黄金与原金之间形成鲜明对比（参见第444页）。

CHAUMET Bee My Love 爱·巢系列的双金手镯呈现橡树树皮般的纹理，"Y"形玫瑰金项链采用半包镶镶嵌工艺，展现抛光师严谨细致的匠艺，令每件作品绽放璀璨光采（参见第446-47页）。抛光师小心翼翼地使用丝线、棉线及抛光剂，在不改变珠宝比例的前提下，使贵金属闪耀光芒。*Nuage d'Or* 銮光漫云项链以白金雕镂出团云图案，黄金阳光穿透云层，镶嵌5,037颗宝石和一颗金黄色枕形切割蓝宝石（参见第287页）。2020年，CHAUMET推出 *Perspectives de CHAUMET* 筑艺万象高定珠宝套系，进一步展现炉火纯青的工艺。作品运用解构主义建筑美学，让人联想起高远的"天际线"，以精雕黄金缎带点缀胸针、可转换戒指、耳环、手链和项链（参见第375页和第443页）。*Ondes et Merveilles de CHAUMET* 瀚海史诗高定珠宝套系是CHAUMET世家有史以来再度完全以海洋为主题的套系，作品运用全新工艺，生动描绘岸边被海浪不断冲刷的鹅卵石。钻石细浪镶嵌于铂金底座，然后结合质感细腻的玫瑰金，使作品犹如沙滩上被海浪打磨过的鹅卵石一般圆滑细腻（参见第249页）。

Perspectives de CHAUMET
筑艺万象高定珠宝套系
Ondulation 炫影漫舞主题
项链，2020年，黄金，
蓝碧玺和黄色蓝宝石。

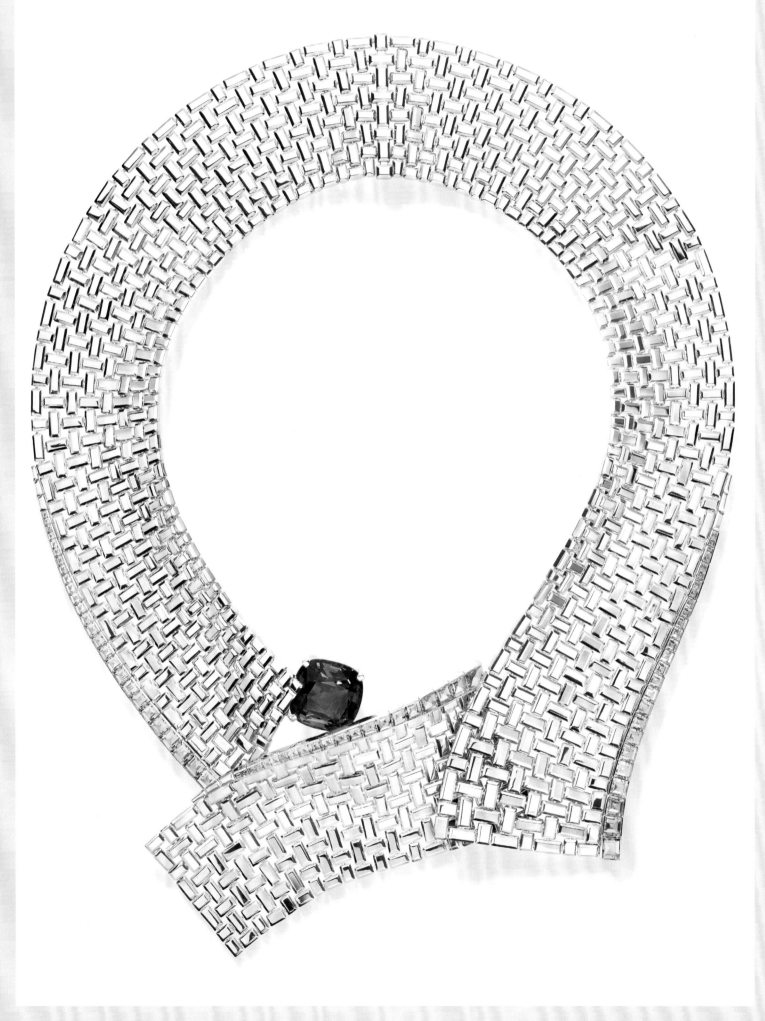

左上图
神兽胸针，尚美时期，
约1890年，雕花金，
钻石和红宝石。
巴黎，CHAUMET典藏。

右上图
耳饰，尚美时期，
1970年，黄金。
巴黎，CHAUMET典藏。

下图
金手镯设计图，CHAUMET
绘画工坊，1973年，
以石墨、水粉薄层和
水粉在色纸上绘制。
巴黎，CHAUMET典藏。

左页
*Liana*项链，CHAUMET，
1970年，拱形抛光黄金，
镜面抛光白金。
巴黎，CHAUMET典藏。

左上和右上图
逐一镶嵌的钻石与精雕细琢
的镜面抛光金料融为一体
*Bee My Love*爱·巢系列
作品。

下图
极其柔软灵活的*Bee My
Love*爱·巢系列宽版手镯。

左页
*Bee My Love*爱·巢系列
作品在高度抛光的金料中
镶嵌钻石空腔。

Bee My Love 爱·巢系列
戒指，黄金，玫瑰金，
白金，钻石。

奖 项 荣 誉

1819
–
巴黎艺术与工业展览会，奖章

1851
–
伦敦万国工业博览会，委员会奖章

1900
–
巴黎世博会，金奖

1904
–
圣路易斯世界博览会，金奖

1905
–
列日世博会，金奖

Exposition universelle de 1900. La Porte Principale

1906
—
米兰森皮奥内世界博览会，金奖

1925
—
巴黎装饰艺术博览会，大奖

1935
—
布鲁塞尔世界博览会，大奖

上图
巴黎世博会明信片，
1900年。

错 觉 画 法

约瑟芬皇后对时尚的热衷之情，不下于对自己政治职责的重视。她钟爱珍珠和形似露珠的水滴形切割钻石。CHAUMET世家与约瑟芬皇后关系密切，直至她于1814年去世，并将水滴形切工化作其风格元素，在现代时尚的 *Joséphine* 约瑟芬皇后系列中大放异彩。同样，在为哈布斯堡王朝制作的拉齐维乌冠冕（参见第339页）中运用的引人瞩目的错觉画法工艺，成为CHAUMET世家标志性工艺。错觉画法工艺是种子镶嵌的变体，将多颗钻石排列成水滴形造型，仿佛一整颗美钻。1919年，错觉画法工艺应用于未来波旁–帕尔玛王妃婚礼冠冕上与金钟花相衬的水滴形图案（参见下页）。加拿大超模可可·罗恰（Coco Rocha）在2022年戛纳电影节红地毯上佩戴轻盈无比的 *Joséphine* 约瑟芬皇后系列 *Aigrette Impériale* 鹭羽·冠冕主题项链（参见左图）亦沿用错觉画法工艺，证实其一个世纪后依旧盛行不衰。

模特可可·罗恰出席戛纳电
影节，佩戴 *Soir de Fête*
系列作品，2022年5月。

454

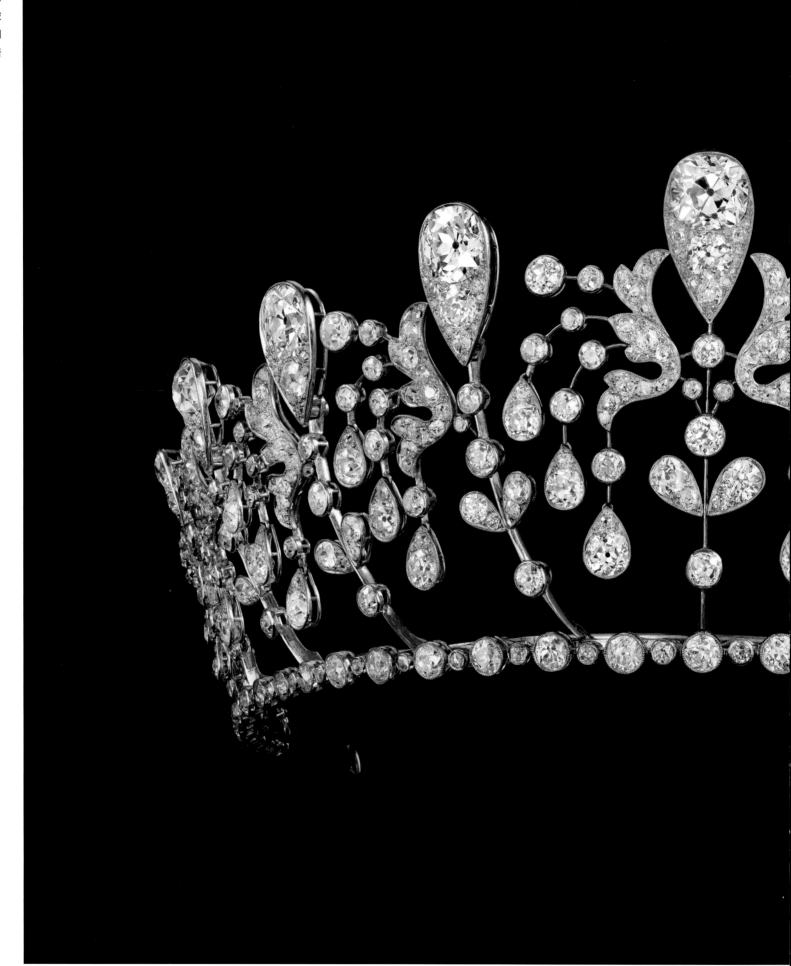

金钟花冠冕，尚美时期，
1919年，铂金和钻石。
巴黎，CHAUMET典藏。

高瞻远瞩

"我所做的一切努力，旨在寻求最方便实用的方法，
使人人都能对我们业务的核心对象——
宝石形成清晰的认知。"

——约瑟夫·尚美，面向钻石和宝石交易商和珠宝商行业协会的"红宝石"
（LE RUBIS）演讲，巴黎，1904年6月21日

左页
CHAUMET，中国香港
1881 Heritage高级精品店。

第456页
La Nature de CHAUMET
自然妙境高定珠宝套系
*Firmament Apollinien*月桂
颂歌主题冠冕，2016年，
白金，钻石和蓝宝石。
私人收藏。

1793年，CHAUMET世家创始人马利-艾虔·尼铎出手拯救法国王室珍宝，为子孙后世保留下无价的历史遗产。从那时起，遗产保护一直是CHAUMET世家的核心要务。如今，CHAUMET世家建立起以庞大规模和卓越质量而著称的独家档案库，藏有66,000张设计图稿，其中最早的可追溯至19世纪初期，以及大量影像资料，记录了CHAUMET从19世纪末叶到20世纪80年代的所有作品。如此传承体现了CHAUMET世家的前瞻理念。最早的宝石鉴定证书以红宝石为对象，颁布于20世纪伊始。宝石鉴定至今仍是CHAUMET的核心业务。此富有远见的创举彰显CHAUMET世家引以为傲的实干和诚信精神。

240多年来，CHAUMET世家始终与时偕行。究其原因，自1780年始创以来，CHAUMET倾听同辈之见，密切关注潮流趋势以确保作品契合时代风尚，同时，CHAUMET世家不懈大胆创新。

于勒与让-巴提斯特·弗森的自然主义风格作品应用两项专利，更臻优雅美感：一项专利针对装饰马赛克拼镶图案的作品，用于在金丝上镶嵌精致宝石；另一项是镀银珐琅工艺。此外，约瑟夫·尚美逢机立断，于1909年为涂施珐琅工艺申请专利。欧仁妮皇后自1843年起即是弗森的顾客，她于尚未登上后位之时，向CHAUMET世家订购了一枚透明绿色珐琅三叶草胸针（参见第177页），使普洛斯普·莫雷尔首次跻身为新任帝后的供应商，此前他已凭借新巧设计获得维多利亚女王的叹赏。

约瑟夫·尚美奠定了现代珠宝行业的基础。CHAUMET世家重返1812年最初的经营场所芳登广场，设立专门切割钻石和彩色宝石的宝石工坊，并申请多项镶嵌工艺专利。摄影实验室详细且周全地记录了CHAUMET世家作品，从顾客带来的裸石和珠宝到设计草图、蜡模及工坊自己的作品，巨细靡遗，为此拍摄了数十万张照片（参见第362页）。1890年左右，巴黎市场上开始出现合成宝石，尤其是红宝石，以及刚在日本兴起的培育珍珠，约瑟夫·尚美审时度势，开设了一家宝石分析和鉴定实验室，并运用X射线摄影、光谱学和显微照相术等新技术。其目的并非排斥新型生产方式，而是确保顾客能够获取明晰的信息。CHAUMET世家既可甄别宝石的瑕疵和真伪并鉴定其产地来源，亦已意识到可追溯性问题，因而于1904年发放首批宝石鉴定证书（参见第234-37页，第463页）。一个世纪后的2005年，CHAUMET世家成为责任珠宝委员会（Responsible Jewellery Council）成员，确证其在该领域的卓著声誉。责任珠宝委员会作为认证机构，旨在促进钻石、金质和金属从采矿到零售整个流程的负责任行业实践。CHAUMET是最早被认证为符合委员会严苛行为准则的公司之一。自此每三年一次成功通过审查，证明其供应链的完整性和可持续性。

CHAUMET世家推行伦理道德标准，并提倡为女性赋权。CHAUMET与约瑟芬皇后关系亲密，纵观其历史，始终与女性同声共气。王妃公主、慈善家、豪门贵妇、演员、公司董事：一众自由自在、积极作为、予人启迪的杰出女性，激发CHAUMET世家的灵思创意。20世纪70年代，一股变革之风席卷世界：罗塞拉·比约恩松（Rosella Bjornson）成为加拿大首位喷气式飞机女飞行员，杰奎琳·德·罗米利（Jacqueline de Romilly）成为法兰西学院（创办于1530年的法国著名研究机构）的首位女院士。1970年6月17日，CHAUMET在芳登广场12号开设新概念高级精品店拱廊厅（参见第36-37页），在《Marie France》杂志中受到盛赞："顾客可随意步入店内，围绕展示柜观览游逛，价格清晰可见，亲和友善的女店员随时讲解信息并展示珠宝……营造出轻松休闲、朝气蓬勃、令人愉悦的氛围！"女性销售团队开始在珠宝界崭露头角。

模特佩戴华丽的金和硬质宝石臂饰照片，尚美时期，1973年，胶卷负片冲印的正片图像。
巴黎，CHAUMET典藏。

左图
厚金和抛光白金项链设计图，
CHAUMET绘画工坊，
约1970年，以石墨、
水粉薄层和高亮颜料在
描图纸上绘制。
巴黎，CHAUMET典藏。

右图
两份天然缅甸红宝石鉴定
证书，可追溯至1904年
7月9日，CHAUMET摄影
实验室，1904年，玻璃底板
负片冲印的正片图像。
巴黎，CHAUMET典藏。

Photographie de la pièce

Certificat

d'authenticité et d'identité du Rubis naturel

(1°) de *Birmanie*

vendu à M

et monté le *9 Juillet 1904* sur *un Sabre,*
armature or ciselé contrôlé, perles et pierres fines variées.

Caractère *Fluorescence* 7
Densité *4.01*
Stries *très nettes*
Poids *0^{gr}, 15, '32*
Forme *Cabochon*
Couleur *Sang de pigeon foncé*

Paris, le 9 Juillet 1904

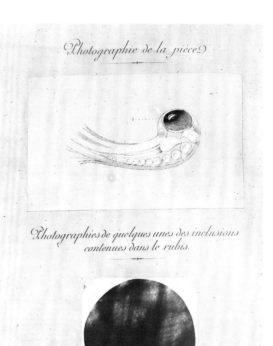

Photographies de quelques unes des inclusions
contenues dans le rubis.

(1°) *Siam, Birmanie ou Ceylan.*

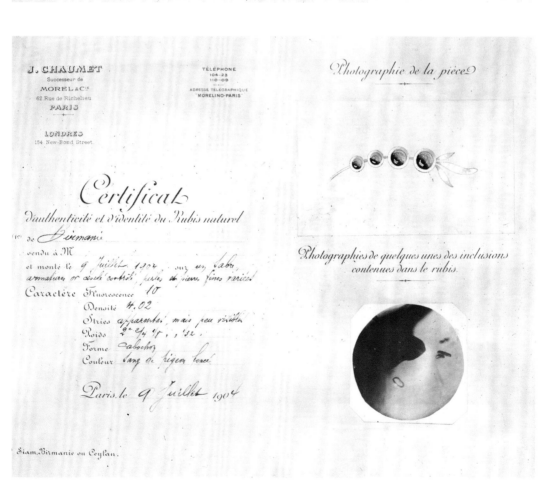

上图
CHAUMET珠宝工坊概览，
CHAUMET摄影实验室，
约1910年，玻璃底板负片
冲印的正片图像。
巴黎，CHAUMET典藏。

中图
在镶嵌宝石前，珠宝师制作
镶座，用以固定宝石。

下图
珍珠沙龙内景，CHAUMET
摄影实验室，约1920年，
玻璃底板负片冲印的
正片图像。
巴黎，CHAUMET典藏。

上图
CHAUMET世家第十三任工
坊主管贝诺·维胡勒在交付
Torsade de CHAUMET
旋舞·芳登高定珠宝套系
冠冕前视润饰工序。

中图
芳登广场12号高级珠宝工坊。

下图
珍珠经逐一精心挑选，
为作品赋予平衡和谐的
美感。

右图
在一件珠宝作品上，
将宝石镶嵌于金色底座。

2020年，CHAUMET世家决定全面整修其经营场址，以庆祝240周年华诞（参见第26页），整个项目由一位杰出女性，帕特里夏·格罗斯曼格（Patricia Grosdemange）与CHAUMET全球总裁让-马克·曼斯维特联合管理。在芳登广场12号，CHAUMET世家继续围绕三个领域开拓创新。首先，借助档案库中保存的珍宝及收藏的350件珠宝、腕间珍宝及金器，为未来世代保护历史遗产（参见第320–21页）。其次，在高级珠宝工坊中传承CHAUMET工艺。2016年，贝诺·维胡勒被任命为CHAUMET世家自1780年成立以来的第十三任工坊总监。26年前，他被第十任工坊总监招至麾下，并受到后两任总监的悉心培养，如今负责掌控CHAUMET的珍贵作品。得益于两个半世纪以来代代相传的工艺和技能，每件新作皆为CHAUMET世家的非凡遗产添砖加瓦，促使CHAUMET世家顺应时代潮流，并应用最新科技成就。最后，芳登广场12号高级精品店彰显已在迪拜、马德里和香港付诸于形的全新个性，象征着CHAUMET旗舰店址的第三项宗旨：以分享精神热忱待客。两百多年前由马利-艾虔·尼铎缔造的CHAUMET世家，始终立足当下，与时俱进。

左图
为一款珠宝作品选配宝石。

CHAUMET
历 史 年 表

1780
—

马利-艾虔·尼铎，玛丽·安托瓦内特御用
珠宝匠的学徒和合作者，创建CHAUMET。

1802–1804
—

作为拿破仑的御用珠宝商，CHAUMET
为他制作了摄政王之剑。一年后，
CHAUMET相继成为约瑟芬皇后和
玛丽-露易丝皇后的御用珠宝商。

1810–1850
—

CHAUMET在浪漫主义时期崇尚
自然主义风格。

1811
—

CHAUMET为约瑟芬皇后的儿媳制作了
一对腕间珍宝。

1812
—

CHAUMET迁址至芳登广场15号。
这座私人宅邸后来变身为丽兹酒店。

1815
—

让-巴提斯特·弗森在尼铎执掌
CHAUMET世家期间
担任工坊总监，与其子于勒接任
CHAUMET领导人。

1848
—

让-瓦伦丁·莫雷尔，于勒·弗森执掌
CHAUMET期间的工坊总监，
在伦敦开设CHAUMET分行。

1861
—

让-瓦伦丁·莫雷尔之子普洛斯普·莫雷尔
接替于勒·弗森。

1889
—

约瑟夫·尚美成为CHAUMET掌舵人，
以自己的姓氏为珠宝世家命名。

1907
—

CHAUMET工坊和高级精品店迁入芳
登广场12号，此处曾是博德·德·圣詹姆斯
男爵的私人公馆。

1920
—

CHAUMET融合"咆哮的二十年代"盛行的
装饰艺术风格。

1928
—

马塞尔·尚美子承父业。

1970
—

拱廊厅正式揭幕。

1977
—

CHAUMET创作*LIENS D'OR*系列。

1999
—

CHAUMET被LVMH集团收购。

2010
—

为向约瑟芬皇后致敬，CHAUMET推出同名
珠宝系列，重新演绎她钟爱的冠冕。

2011
—

责任珠宝委员会宣布CHAUMET通过认证。
CHAUMET发布*BEE MY LOVE*
爱·巢系列。

2017
—

CHAUMET在北京故宫举办展览。

2018
—

CHAUMET在东京三菱一号馆美术馆举办
"CHAUMET：始于1780年的珠宝艺术"
展览。

2019
—

CHAUMET在摩纳哥蒙特卡洛格里马尔
迪会展中心举办"御冕传世——
始于1780年的珍宝艺术展"。

2022
—

CHAUMET在巴黎高等美术学院举办
"植艺万千"艺术大展。

Le Jardin de CHAUMET
游园漫步高定珠宝套系
*Blé*麦秀两岐主题发饰，
2023年，黄金和钻石。
Le Jardin de CHAUMET
游园漫步高定珠宝套系
*Blé*麦秀两岐主题戒指，
2023年，铂金，黄金和钻石。

参 考 书 目

古斯塔夫·巴宾（Gustave Babin），《珠宝大师纪》（*Une pléiade de maîtres-joailliers*），*1780年–1930年*，巴黎，Frazier Soye，1930年。

薇薇安·贝克尔（Vivienne Becker），《CHAUMET，冠冕的艺术》（*Chaumet: L'Art du diadème*），巴黎，Assouline，2016年。

约瑟夫·尚美（Joseph Chaumet），*面向钻石和宝石交易商和珠宝商行业协会的"红宝石"演讲，1904年6月21日*，巴黎，Petit，1904年。

大卫·乔克朗（David Chokron），《CHAUMET，珍贵时光》（*Chaumet: Heures précieuses*），巴黎，Assouline，2019年。

贝雷尼丝·若弗鲁瓦-施内特（Bérénice Geoffroy-Schneiter），《CHAUMET的世界》（*Les Mondes de Chaumet*），巴黎，Assouline，2018年。

亨利·鲁瓦雷特（Henri Loyrette，主编），《CHAUMET：始于1780年的巴黎珠宝世家》（*Chaumet: Parisian Jeweler since 1780*），巴黎，Flammarion，2017年。

佛罗伦莎·蒙特诺（Florence Montreynaud），《20世纪女性》（*Le XXe siècle des femmes*），巴黎，Nathan，1992年。

苏菲·莫奇（Sophie Motsch），《王冠珍宝》（*Chaumet: Joyaux des couronnes*），巴黎，Assouline，2018年。

热罗姆·努泰（Jérôme Neutres），《CHAUMET：形线艺术》（*Chaumet: L'Art du trait*），巴黎，Assouline，2019年。

克莱尔·菲利浦斯（Clare Phillips）和娜塔莎·弗雷泽-卡瓦索尼（Natasha Fraser-Cavassoni），《CHAUMET冠冕：神圣珠宝》（*Chaumet Tiaras:Divine Jewels*），伦敦，Thames & Hudson，2020年。

多米奇奥·萨萨泰利（Domizio Sassetelli），《CHAUMET天穹皓境》（*Les ciels de Chaumet*），巴黎，Assouline，2019年。

黛安娜·斯卡里斯布里克（Diana Scarisbrick），《从1804年至今，CHAUMET头冠珠宝传奇》（*Bijoux de tête: Chaumet de 1804 à nos jours*），巴黎，Assouline，2002年。

克里斯托弗·瓦夏德兹（Christophe Vachaudez），斯特凡纳·伯恩（Stéphane Bern）等，《御冕传世——始于1780年的珍宝艺术》，巴黎，Flammarion，2017年。

朱莉·维尔莱纳（Julie Verlaine），《CHAUMET：风格语法》（*Figures de style*），巴黎，Assouline，2018年。

雷米·维尔勒（Rémi Verlet），《法国珠宝匠和金银匠词典》（*Dictionnaire des joailliers, bijoutiers et orfèvres en France, de 1850 à nos jours*），巴黎，L'École des Arts Joailliers，2022年。

引 文 来 源

第116页："比他国之人更喜以锦衣华服和钻石珠宝……"
《CHAUMET的世界》(*Les Mondes de Chaumet*),第10页

第116页："五套珠宝,每一套……"
《御冕传世》(*Chaumet in Majesty*),第238页

第118页："为这些女士宽衣解带着实耗费心力……"
让·科克托(Jean Cocteau),《1900年-1914年忆事》(*Portraits-souvenir 1900-1914*),巴黎,Grasset,1935年

第278页："以炉火纯青的工艺巧妙搭配托帕石、祖母绿、红宝石和钻石……"
《CHAUMET:始于1780年的巴黎珠宝世家》(*Chaumet: Parisian Jeweler since 1780*),第245页

第327页："对员工的个人自由给予充分尊重……"
《CHAUMET:始于1780年的巴黎珠宝世家》(*Chaumet: Parisian Jeweler since 1780*),第89页

第366页："它们并不属于我,我属于它们。"
维罗尼克·奥尔瓦德(Véronique Olvaldé),《我或是一片森林》(*Disons que je suis une forêt*),巴黎,Flammarion,2019年

第385页："凡不戴王冠而朝拜神祇者,神必漠然视之。"
萨福(Sappho),《残诗81》

第397页："身材高大,面色苍白,体格纤瘦,看似没有下巴和眼睫毛"
博瓦涅伯爵夫人阿黛尔·德奥斯曼(Louise-Eléonore-Charlotte-Adélaide d'Osmond),《博瓦涅伯爵夫人回忆录》(*Récits d'une tante, mémoires de la comtesse de Boigne née d'Osmond*),巴黎,Émile-Paul Frères,1922年
<https://www.gutenberg.org/files/30912/30912-h/30912-h.htm>,
2023年7月参阅

第406页："[它们]赏心悦目,以无懈可击的内在美直击人心……"
罗杰·卡洛(Roger Caillois),《宝石妙语》(*L'Écriture des pierres*),日内瓦,Albert Skira,1970年,第9页

第461页："顾客可随意步入店内,围绕展示柜观览游逛……"
《Marie France》杂志,1970年

鸣　谢

CHAUMET世家诚挚感谢挚友和作家嘉柏丽尔·德·蒙莫兰（Gabrielle de Montmorin）。有赖她的妙笔，本书得以成功面世。世家亦衷心感谢其忠实的合作者。本书向怀揣满腔热情，铸就CHAUMET世家240多年辉煌历史和卓著声誉的人士致敬。

Thames & Hudson致谢让-马克·曼斯维特（Jean-Marc Mansvelt）和拉斐尔·明安（Raphaël Mingam）、历史传承团队的克莱尔·加内（Claire Gannet）、麦克·勒帕吉（Michaël Lepage）、维奥莱恩·比格（Violaine Bigot）和蒂博·比鲁瓦（Thibault Billoir），以及内容团队的伊莎贝拉·维勒格瑞恩（Isabelle Vilgrain）、海伦娜·伊维尔特（Hélène Yvert）和阿波琳娜·德康（Apolline Descombes），他们的宝贵帮助使本书最终得以付梓。

CHAUMET，巴黎

出版总监
让-马克·曼斯维特

编务总监
伊莎贝拉·维勒格瑞恩

资深项目编辑
海伦娜·伊维尔特

编辑助理
阿波琳娜·德康

Thames & Hudson Ltd，伦敦

组稿编辑
阿德利娅·萨巴蒂尼（Adélia Sabatini）

编辑和项目经理
弗洛拉·斯皮尔格（Flora Spiegel）

制作协调员
苏珊娜·英格拉姆（Susanna Ingram）

美术设计
The BonTon

插 图 来 源

8 © Julia Hetta/Art + Commerce；**10** 图片：Francesco Riccardo Iacomino/Getty Images；**13** © The Saul Steinberg Foundation/Artists Rights Society (ARS)，NY/DACS，伦敦，2023年；**15al** Photo Tim Graham/Getty Images；**22al** 图片：adoc-photos/Corbis via Getty Images；**22br** Everett Collection Historical/Alamy Stock Photo；**23br** 图片 © Stéphane Muratet – Chaumet；**23bl** 历史遗产和摄影影像资料中心，沙朗通勒蓬（ND091130A）。图片：法国文化部历史遗产和摄影影像资料中心，巴黎大皇宫暨法国国家博物馆联合会/Paul Nadar；**25，27** 照片 © Stéphane Muratet – Chaumet；**28** © Federico Berardi @ Margot de Roquefeuil/Art direction IIIrd Man；**29c** © 版权所有；**31–41**（所有图片）图片 © Stéphane Muratet – Chaumet；**42–44**（所有图片）© Photo Julien Falsimagne – Chaumet；**45** Collection Françoise Deville – Michel Bury；**46–47**（所有图片）© Photo Julien Falsimagne – Chaumet；**49** 插图 © Emilie Ettori www.emilieettori-illustration.com；**50** © Julia Hetta/Art + Commerce；**52** 模特史蒂娜·坦娜特（Stella Tennant）@ Viva Model Management.© Richard Burbridge/Art + Commerce；**54**（从左上图起顺时针方向）© Cédric Bihr – Chaumet；Photo12/Universal Images Group via Getty Images；© Henry Clarke, Musée Galliera, Paris/ADAGP, Paris and DACS, London 2023；© 版权所有；Photo Pascal Le Segretain/Getty Images；Rosendal Palace，Stockholm，Maltesholm Castle，Kristianstad；**55**（从左上图起顺时针方向）照片 © Julien Martinez Leclerc.模特安娜·德·瑞克（Anna de Rijk）@ Viva Model Management；Photo Pool Benainous/Duclos/Travers/Gamma-Rapho via Getty Images；© Yevonde Portrait Archive/ILN/Mary Evans Picture Library；© 版权所有；照片 © Patrick Robert/Sygma/Corbis/Sygma via Getty Images；马勒梅松和布瓦普瑞城堡国家博物馆，吕埃-马勒梅松，塞弗尔工坊出借；**56** © Nils Herrmann/© DR；**58al** 法国贡比涅城堡博物馆。巴黎大皇宫暨法国国家博物馆联合会（法国贡比涅城堡博物馆）供图/Agence Bulloz；**58ar** © Nils Herrmann/© 版权所有；**60** © Robert Doisneau/Gamma Rapho；**61** © Nils Herrmann/© 版权所有；**62–63** © Nils Herrmann – Chaumet；**64** © Laurent Menec；**65** 照片 © AGIP/Bridgeman Images；**67** 来自沃本修道院收藏；**68** © Cedric Bihr – Chaumet；**69** © Claessens & Deschamps – Chaumet；**71** © Nils Herrmann/© 版权所有；**72** 照片 © Julien Martinez Leclerc.模特安娜·德·瑞克 @ Viva Model Management；**74** © Nils Herrmann – Chaumet；**77** © Nils Herrmann/© 版权所有；**78–79** © Julia Hetta/Art + Commerce；**80** © Stéphane Muratet – Chaumet；**82a，82b** © Julien Falsimagne – Chaumet；**85** © 卡塔尔博物馆/公共收藏，多哈 – 卡塔尔（PJM.TI.0483）；**86** © Cour grand-ducale/Vincent Everaerts/版权所有；**87l** © 版权所有；**87r** Photo FilmPublicityArchive/United Archives via Getty Images；**92** 照片 © Julien Martinez Leclerc.模特安娜·德·瑞克 @ Viva Model Management；**96** Photo Fine Art Images/Heritage Images/Getty Images；**98al** Heritage Image Partnership Ltd/Alamy Stock Photo；**98ar** Photo General Photographic Agency/Getty Images；**98b** Photo Sergey Mihailicenko/Anadolu Agency via Getty Images；**101** © 版权所有；**102** © Julia Hetta/Art + Commerce；**104，106，109a** © 版权所有；**109bl** © 伦敦（英国）国家肖像馆；**111** © Nils Herrmann – Chaumet；**112** 史密森尼美国艺术博物馆，华盛顿；**115** Photo Ullstein Bild via Getty Images；**117** © Cyrill Matter @ Talent and Partner/Art direction IIIrd Man；**118** Süddeutsche Zeitung Photo/Alamy Stock Photo；**120a** Konstantin Kalishko/Alamy Stock Photo；**124** 私人收藏/苏富比；**128** 私人收藏；**129br** © Khatarina Faerber；**131** © Viviane Sassen；**134，135al** © 版权所有；**135ar** © Nils Herrmann – Chaumet；**136，137** Masayuki Saito。La Boite Tokyo提供图片；**140** © 版权所有；**141a** © Photo Julien Falsimagne – Chaumet；**141bl，141br** © Nils Herrmann – Chaumet；**142al** 图片来自 History/Bridgeman Images；**142ar，142b** © 版权所有；**143** Signal Photos/Alamy Stock Photo；**144** © 版权所有；**146** AF Fotografie/Alamy Stock Photo；**148ar** 照片© Patrick Robert/Sygma/CORBIS/Sygma via Getty Images；**148b** The Stapleton Collection/Bridgeman Images. Georges Lepape © ADAGP，Paris and DACS，London 2023；**149** Philipp Jelenska/Trunk Archive；**151，152，154** © Julia Hetta/Art + Commerce；**156** © Cédric Bihr – Chaumet；**158bl** © 版权所有；**159** © Simone Cavadini @ Talent and Partner/Art direction IIIrd Man；**160** 照片 © Régis Grman；**161** © Julia Noni – Chaumet；**162** © Timothy Schaumburg – IIIrd Man；**164** © Simone Cavadini – IIIrd Man/© DR；**165** © Timothy Schaumburg – IIIrd Man；**166** © Pauline Guyon – Chaumet；**167** © Timothy Schaumburg – IIIrd Man；**168** © Julia Hetta/Art + Commerce；**170** © Paul Lepreux – Chaumet；**173** Musée du Louvre, D.A.G.巴黎（RF3829-recto）。巴黎大皇宫暨法国国家博物馆联合会（卢浮宫博物馆）/Thierry Le Mage；**174** © Chaumet – Bruno Ehrs；

索 引

与插图相关的条目以**粗体**标示。

作 者 简 介

嘉柏丽尔·德·蒙莫兰是历史学家和记者，为《观点》（*Le Point*）、《法航杂志》（*Air France Magazine*）及《费加罗夫人》（*Madame Figaro*）等杂志撰稿。她现经常在《回声报周末版》（*Les Echos Week-End*）、《回声报限量刊》（*Les Echos Série Limitée*）及《观点》（*Point de Vue*）等刊物上撰写关于珠宝的文章。她是《奢华态度》（*Luxury Attitude*）一书的合著者，亦曾为2022年在巴黎国立高等美术学院举办的"植艺万千"艺术大展撰文。该展览以艺术和珠宝杰作颂赞万千自然形态。

封面：Ondes et Merveilles de CHAUMET瀚海史诗高定珠宝套系Déferlante涛澜生辉主题冠冕，2022年，塞德里克·比尔（Cédric Bihr）摄影。

2023年在英国首次出版，Thames & Hudson Ltd出版社，地址：181A High Holborn, London WC1V 7QX

2023年在美国首次出版，Thames & Hudson Inc出版社，地址：500 Fifth Avenue, New York, New York 10110

《CHAUMET，传世风华》© 2023 Thames & Hudson Ltd, London
文稿 © 2023 Gabrielle de Montmorin

本书为法语版本的译文，由胡斌翻译，邓佳妮、廖芳谊审校

翻译和排版：DATAWORDS

美术设计：The Bon Ton与瓦伦汀娜·阿莫（Valentine Ammeux）

大英图书馆在版编目数据
可自大英图书馆查阅本书的编目记录

ISBN 978-0-500-02665-6

由中华商务彩色印刷有限公司在中国印刷和装帧